왜란과 호란 사이
38년

한국사에서 비극이 반복되는 이유

38

왜란과 호란 사이
38년

• 정명섭 지음 •

추수밭

처자식들은 나를 저버린 적이 한 번도 없는데 나는 매번 그들을 저버렸다. 그렇게 두 곳의 처자식들은 죽을 때까지 가슴에 한을 품고 살게 될 것이다. 지금 내가 이렇게 곤궁하고 궁핍한 것은 어쩌면 당연한 일인지 모르겠다.

—《김영철전》중에서

왜 왜란 다음에
호란을 다시 맞았을까?

역사와 역사 사이에는 인간이 자리 잡고 있다. 숫자로 표시되는 죽음 안에는 한 집안의 가장 혹은 부모의 자식이 존재한다. 처벌되고 수감되었다는 기록 앞에는 억울한 민초들의 삶이 뿌리박혀 있다. 전쟁이라는 소용돌이가 지나간 뒤에는 아무런 이유 없이 지옥으로 끌려 나간 민초들의 주검이 나뒹군다. 국가가 나락으로 떨어질 때 가장 큰 고통을 겪는 이들은 힘없는 보통사람이지만 그들의 얘기는 역사에서 쉽게 찾아볼 수 없다. 힘이 없기 때문에 기록을 남기지 못했고, 기록을 남기지 못했기 때문에 잊힌 것이다. 1592년에 발발해 7년간 지속된 임진왜란과 정유재란은 조선이 그때까지 한 번도 겪지 못했던 대참사다. 바다를 건너온 16만 왜군은 조선에 커다란 상처를 남겼다. 임금인 선조는 의주까지 도망갔고, 왕자 둘은 생포되기까지 했다. 그야말로 종묘와 사직이 바람 앞의 등불 같았던 시기였다.

하지만 이러한 전란에서 가장 큰 고통을 받은 이들은 백성들이었다. 다만 임금이 도성을 버리고 도망을 쳤다는 국가적 자존심의 문제나 종묘가 불에 타서 나라의 근본이 흔들린다는 사대부들의 절규에 가려졌을 뿐이다.

임진왜란이 막을 내리고 38년 후, 조선은 병자호란이라는 또 다른 재난과 맞닥뜨린다. 임진왜란이 조선이 예측하지 못한 전쟁이었다면 병자호란은 그나마 대비가 가능했다. 수십 년 전부터 여진족들이 후금을 세우고 요동 일대를 공격하면서 명과 전쟁 중이었고, 조선도 군대를 파병한 상태였기 때문이다. 십여 년 전인 정묘년 (1627)에도 후금군이 쳐들어와서 정묘화약을 맺었다. 거기다 만주족은 통신사로 간 관리들이 엇갈린 보고를 하면서 제대로 대비하지 못했던 임진왜란 때처럼 바다 건너에 있는 존재가 아니었다. 두만강 너머 지척에 있는 세력이었고, 건국 초기부터 꾸준히 접촉해오면서 정보가 부족하지는 않았다. 38년이라는 기간을 생각한다면 대비를 할 시간도 충분했다.

하지만 병자호란은 임진왜란보다 더 큰 재앙으로 막을 내렸다. 남한산성에서 항전하던 인조는 항복해서 삼전도에서 머리를 땅바닥에 찧어야 했고, 세자와 대군은 인질이 되어서 끌려갔다. 수만인지 수십만인지 알 수 없는 백성들은 노예로 끌려가서 모진 고생을 해야만 했다.

왜 우리는 대비를 하지 못했을까?

/

왜 우리는 대비를 하지 못했던 것일까? 대비를 할 상황이 아니었던 것일까? 아니면 대비를 하는 과정이 너무나 힘들고 어려웠기 때문에 차라리 포기를 한 것일까? 임진왜란과 병자호란에는 몇 가지 공통점이 있다. 침략을 당하기 전에는 불길한 조짐을 무시했고, 철저하게 대비해야 한다는 점을 간과했다. 전쟁이 발발하고 나서는 아무도 책임지지 않으려 했고, 결국 무기력하게 항복하거나 겨우 패배를 모면하는 데 급급했다.

외부 상황에 의해 내부 사정이 일방적으로 휘둘릴 수 있다는 것은 대륙과 해양 사이에 존재하는 한반도의 숙명이자 비극이기도 하다. 대륙을 차지하고 있던 기존 세력이 쇠퇴하고 새로운 세력이 흥기할 때마다 한반도는 그들의 연습 상대가 되어야만 했다. 주로 북쪽의 초원지대에서 생겨난 새로운 세력들 또한 배후에 있는 한반도를 제압해야만 비로소 중국 왕조들과의 본격적인 본 경기를 치를 수 있었다.

이러한 사정에서 조선은 건국 직후부터 명과 우호관계를 맺으려고 애썼고, 그 대가로 200년간의 달콤한 평화를 얻었다. 그리고 실제로 명을 정복하기 위한다는 구실로 조선부터 침략한 임진왜란 때에는 명에게 막대한 물적, 인적 지원을 받기도 했다. 하지만 조선과 명이 왜군과 싸우는 사이 만주에서는 새로운 세력이 꿈틀거렸다. 여진족들이 누르하치의 깃발 아래 모여들기 시작한 것이다. 세력을 키운 누르하치는 명과 동아시아 패권을 놓고 전쟁을 벌였고, 조선은 자신을 둘러싼 국제질서가 근본적으로 바뀔 수 있는 상황에 휩쓸려 어떤 세력을 선택해야 하는지에 대한 기로에 서게 되었다. 그리고 실수와 실기를 반복한 끝에 다시 전쟁을 맞게 되었다. 왜란이 끝난 지 38년 만이었다.

임진년에 시작된 전쟁이 7년이나 끌었던 반면, 병자호란은 1636년 12월 9일에 시작되어 다음 해인 1637년 1월 30일에 끝났다. 상대적으로 짧게 끝난 전쟁이지만 대비하지 못했기에 그 결과는 참혹했고, 수많은 사람들에게 씻을 수 없는 상처를 남겼다. 38년이라는 소중한 기간을 소홀히 보냈던 대가를 처절하게 치른 것이다.

난과 난 사이, 틈의 역사는 바로 지금의 이야기다
/

한반도의 지리적 위치는 오늘날에도 변함이 없다. 오히려 얼마 전까지는 이념의 대결이라는 새로운 갈등 요소가 추가되면서 냉전의 최전선이 되었고, 오늘날에는 초강대국인 미국과 중국 사이에 여전히 끼인 상태다. 소련이 몰락하고 냉전이 끝나면서 유일한 초강대국이 된 미국에게 새로 떨쳐 일어나는 중국이 도전하는 모양새다. 거기다 잘못된 과거를 부정하고 군대를 증강하면서 호시탐탐 기회를 노리는 일본과 소련의 뒤를 이은 러시아 역시 한반도에 발을 들여놓고 있다. 요즘 돌아가는 상황과 앞으로 닥칠 것 같은 일들을 생각해보면 17세기 초반 조선이 겪었던 혼란과, 21세기 초반 대한민국에게 닥친 혼돈은 크게 다른 얼굴을 하지는 않은 것으로 보인다.

우리는 역사에 휘말린 개인이 얼마나 쉽게 파괴되는지 알고 있다. 단단한 것 같은 우리의 삶이 얼마나 허약한 평화 위에 놓인 것인지는 지나온 역사가 증명한다. 최악의 경우에는 1592년과 1636년 그때와 같은 비극이 반복될 수도 있다. 그때 이순신 장군이나 최명길과 같은 이들이 우리 곁에 있으리라는 보장은 없다. 원균, 김자점과 같은 무능한 이들이나 선조나 인조와 같이 우유부단하고 의심 많은 이들이 지도자로 있을 수도 있다. 비극이 습관처럼 되지 않기 위해서는, 우리 안에서 제대로 된 사람을 가려낼 수 있어야 하고 역사를 통해 단단하게 미래를 준비해야 한다.

보통사람의 것이 아닌 난에서
보통사람들의 숨소리를 찾다
/

조선 후기 시인인 홍세태가 쓴 《김영철전》이라는 전기소설이 있다. 난과 난 사이에 태어나 거친 세월을 살아내야 했던 김영철의 고난과 회한은 연이어 난리를 맞아야 했던 17세기 조선 민중들의 고초와 겹친다. 주인공 김영철은 평안도의 무관 집안 출신으로 자연스럽게 군인의 길을 걷는다. 그는 열아홉에 이르러 명의 요청을 받은 조선군에 가담해 만주로 출병하지만 사르후 전투에서 패배하면서 후금의 포로가 되고 만다. 후금 군인의 노예가 된 그는 명 출신의 포로와 함께 명으로 탈출한다. 그리고 몇 년 후에 조선 사신을 따라 꿈에도 그리던 조선으로 돌아온다.

13년 만의 귀향이었지만 그의 고난은 끝나지 않았다. 당시 명과 후금은 전쟁 중이었고, 조선도 거기에 끼어서 이리저리 시달리는 중이었다. 김영철 역시 그 상황에 휘말리면서 온갖 고초를 겪게 된다. 그렇게 세월을 버티며 늙어갔음에도 군역에서는 쉬 벗어나지 못한다. 결국 당시로서는 고령인 환갑을 넘긴 나이에 자모산성을 지키는 임무를 맡게 된다. 그리고 20여 년이 지난 다음에야 고난과 역경에 가득 찼던 삶을 끝낸다.

김영철이라는 평범한 사람이 한 인간의 삶이라고는 믿겨지지 않을 만큼의 파란만장한 역정을 겪은 탓은 결코 스스로에게 있지 않다. 그저 그가 살던 나라가 그릇된 선택을 내려 전란에 휩싸였고, 그럼에도 제대로 대처하지 못했기 때문이다.

노인이 된 김영철이 자모산성에서 자신의 삶을 돌아보고 있을 무렵인 1675년, 조선인 한 명이 압록강 유역에 모습을 드러낸다. 안단이라는 이름의 조선인은 병자호란 때 만주로 끌려갔다가 청 군인의 노예가 되었다. 그러다가 38년 만에 탈출에 성공해 가까스로 조선으로 돌아올 수 있었다. 하지만 국경을 지키던 조선 관리는 그를 반기지 않았다. 자칫 청과의 마찰이 생길 것을 우려했기 때문이다. 결국 안단은 꿈에도 그리던 고국의 손에 붙잡혀서 끌려가고 말았다. 그 시대에 얼마나 많은 '김영철'이 실제로 존재했을지 알려주는 사례 가운데 하나다. 이 책에서는 홍한수라는 인물을 통해 대비하지 못했던 38년을 살펴볼 것이다. 물론 가상의 인물이지만 실제로 존재했던 사건이나 인물의 이야기를 바탕으로 삼았다.

이제부터 임진왜란 이후부터 병자호란 직전까지, 조선사에서도 손꼽히는 극적인 사건 사이에 끼여 주목받지 못했던 시기에 대한 이야기를 시작한다. 그럼으로써 마치 아무 일도 없었던 것처럼 넘기지만 한국사의 이후를 결정한 '틈의 역사'에서 조선은 어떤 선택을 했는지를 들여다보고자 한다.

무엇보다 시대에 매몰되어 역사에서 잊힌 사람들, 무수한 김영철과 안단과 홍한수들의 이름을 새삼 불러본다.

정명섭

차례

첫 번째 장

비극은 이렇게 시작되었다
전장의 먼지와 화약 냄새에 익숙해진 소년들

두 번째 장

그들이 모이면 천하가 감당하지 못한다
조선과 명과 왜의 전쟁으로 벌어진 북쪽의 틈

첫
번
째
장

비극은
이렇게 시작되었다

전장의 먼지와 화약 냄새에
익숙해진 소년들

1592. 4. 13

고니 유키나가의 1군,
부산 절영도 상록

1596. 11. 9

윤근수, 비효율을 근거로
아동대 폐지 주장

1598. 11. 19

조명 연합군, 철수하는
왜군을 대파. 왜란 종전

상이 이르기를 "포수가 시방할 때 어찌하여 아동들이 많은가?" 하니, 심충겸이 아뢰었다.

"동자로서 뽑힌 자가 15여 인인데 기술을 전수하여 완성시킬 생각이므로 아동대 兒童隊라 이름하여 해체하지 않고 있습니다."

— 《선조실록》 27년(1594) 6월 26일

홍한수 전, 첫 번째

선조 28년(1595) 5월, 한양 훈련도감

"야! 너 이름이 뭐야?"

옆에 선 아이가 어깨를 꾹 찌르면서 물었다. 아이는 부스럼이 난 뺨을 긁으면서 고개를 돌렸다. 오랫동안 굶어서 어깨뼈가 앙상하게 드러났고, 제대로 씻지 못해서 몸에는 부스럼이 났다. 질문을 한 아이 역시 마찬가지 행색이었다. 다만 키가 좀 더 크고 어깨가 넓어서 조금 어른스러워 보였다. 아이가 대답했다.

"홍한수. 너는?"

"난 전영갑이야. 아까 초관에게 얘기할 때 들었는데 계미년(1583) 생이라며?"

"맞아. 너도 계미년생이야?"

홍한수의 물음에 전영갑이 고개를 끄덕거렸다. 동갑내기를 만나

38년

자 홍한수는 다소 안심했다. 부모와 헤어져서 한양에 흘러들어왔지만 먹고살 길이 막막했다. 계사년(1593)에 왜군이 물러나면서 궁궐이며 민가에 불을 질러서 쑥대밭을 만들어버렸기 때문이다. 피난을 갔다가 돌아온 백성들은 물론이고 가족들을 잃고 무작정 한양으로 올라온 유민들까지 그 폐허 위에서 굶주렸다. 아이는 하루는 소공주골에 있는 명군 진영을 어슬렁거리면서 먹을 것을 구했고, 하루는 임금이 있는 정릉동 행궁 근처로 갔다. 하지만 어른들도 굶어서 죽는 판국에 어린아이가 버틸 재간은 없었다. 그러다가 우연찮게 새로 만들어진 훈련도감이라는 군대에서 아동들을 모아서 군대를 편성한다는 얘기를 들었다. 최소한 굶어죽지는 않겠다는 생각에 홍한수는 얼른 동대문에 있는 훈련도감으로 향했다. 그리고 책상 앞에 앉아 있던 초관에게 이름과 생년월일을 얘기한 후에 안으로 들어왔다.

초관이 가보라고 한 곳에는 수십 명의 또래 아이들이 서 있었다. 벙거지에 조총을 든 병졸이 중간 중간 돌아다니면서 똑바로 서 있으라고 소리를 질러댔다.

"대체 언제까지 서 있으라는 거야? 배고파 죽겠는데 말이야."

바닥에 침을 뱉은 전영갑의 투덜거림에 주변에 서 있던 몇몇이 동조했다. 그러다가 기적을 느낀 병졸이 다가오자 얼른 입을 다물었다. 기다림은 잠시 후 끝났다. 웅성거리는 소리와 함께 몇 명이 그들 앞에 나타난 것이다. 대부분은 철릭에 전립을 쓴 무관이었지만 그들 중에 두 명은 낯설고 두려운 차림이었다. 그들을 본 아이들의 입에서 왜놈이라는 말이 흘러나오면서 술렁거렸다. 그러자 푸른색 철릭을 입은 무관이 허리에 손을 짚은 채 외쳤다.

"진정하라! 여기 있는 왜인은 바로 항왜인이니라. 너희 아동대를 가르칠 교관들이니 걱정하지 말고 시키는 대로 하여라."

"항왜인이 뭐야?"

전영갑이 낮은 목소리로 묻자 홍한수가 역시 속삭이듯 대꾸했다.

"우리한테 항복한 왜놈들. 한양에 올라오면서 직산에서 본 적이 있어."

"머리에 뿔이 난 귀신인 줄 알았는데 우리처럼 생겼네?"

"그러게. 막 날아다니면서 사람 피를 먹는 줄 알았어."

아이들이 얘기를 주고받는 사이 왜인들이 앞으로 나섰다. 둘 다 깡마르고 까무잡잡해서 분간하기 어려웠지만 한 명은 눈매가 가늘었고 옆사람보다도 더 말라 보였다. 반면 머리띠를 두른 항왜인은 나이가 제법 많아 보였고, 입가에는 밤송이 같은 수염이 나 있었다.

"한 놈은 찢어진 눈이고 또 한 놈은 늙은이네."

전영갑의 속삭임에 홍한수는 가볍게 키득거렸다. 잠시 침묵이 흐르고 찢어진 눈이 어설픈 조선말로 입을 열었다.

"내 이름은 산소우, 이쪽은 여여문이다. 앞으로 너희 아동대에게 철포 쓰는 법을 가르쳐 주겠다."

"철포?"

찢어진 눈 산소우의 말이 끝나자 옆에 서 있던 늙은이 여여문이 한 손에 든 막대기 같은 것을 번쩍 들어올렸다. 그걸 본 홍한수가 온

몸을 부르르 떨었다.

"조총이야."

"나는 새도 맞춰서 떨어뜨린다는 그 조총?"

전영갑의 말에 홍한수는 고개를 끄덕거렸다. 몇 년 전 부모 손에 이끌려 진주성으로 피난을 갔을 때가 떠올랐다. 성을 새까맣게 에 워싼 왜구들은 밤낮으로 조총을 쏘아댔는데 거기에 맞아서 죽는 사람이 부지기수였다. 콩 볶는 것 같은 총소리가 울려 퍼지고 잠시 후에 누군가 피를 토하고 쓰러졌다. 창에 찔리거나 화살에 맞지도 않았는데 비명을 지르면서 몸을 부르르 떨다가 그대로 숨이 끊어졌다. 그때 지켜보던 사람들이 손가락질하면서 외쳐댔다.

"조총이다! 조총!"

그렇게 무시무시한 조총을 쏘는 법을 배워야 한다니, 홍한수는 당장이라도 도망치고 싶은 심정이었다. 하지만 지금 나가버리면 다시 길거리를 다니면서 구걸을 하거나 도둑질로 연명을 해야만 했다. 어금니를 바짝 깨문 홍한수는 마른 침을 삼켰다. 그 사이 산소우가 외쳤다.

"따라서 외쳐라! 이것은 철포다!"

"이, 이것은 철포다!"

"더 크게!"

"이것은 철포다!"

아이들은 너도 나도 큰 목소리로 외쳤다. 그러자 홍한수와 전영갑도 분위기에 휩쓸려서 목청껏 소리쳤다.

"이것은 철포다!"

아이들의 목소리가 제법 커지자 산소우와 여여문은 흡족한 표정을 지었다. 푸른 철릭의 무관들은 몇 발자국 떨어진 곳에서 지켜보다가 손짓을 했다. 그러자 군졸 하나가 지게를 짊어진 채 나타났다. 지게에는 가마니에 둘둘 싸인 조총들이 있었다. 다른 군졸들은 짚으로 만든 표적 같은 것을 멀찌감치 세웠다. 산소우가 가마니 위에 놓인 조총 한 자루를 집어들었다. 그러고는 아무 말 없이 총구에 화약과 탄환을 넣고 삭장으로 쑤시다가 번쩍 들어서 군졸이 세워놓은 표적을 겨냥했다. 그리고 천천히 방아쇠를 당겼다. 화약이 터지는 연기와 함께 불이 번쩍하고 굉음이 터지자 대부분의 아이들은 손으로 귀를 막고는 주저앉았다. 그러나 총소리를 많이 들었던 홍한수는 겁을 먹지 않았다. 그 모습을 본 여여문이 다가와서는 서툰 조선말로 물었다.

"안 무섭니?"

"총소리 많이 들어봤어요."

"어디서?"

"진주성에서요."

홍한수의 대답을 들은 여여문은 움찔하고는 말없이 돌아섰다. 총소리의 충격에서 벗어난 아이들이 하나둘씩 바라보자 산소우가 연기가 풀풀 나는 조총을 내려놓으며 말했다.

"이제부터 너희들이 다룰 무기다."

조총을 다루는 훈련은 다음날부터 시작되었다. 산소우는 조총을 쏘는 법을 가르쳤고, 여여문은 화약을 다루는 법과 조총을 손질하는 방법을 알려줬다. 조총의 숫자가 많이 부족했기 때문에 돌아가면서 훈련을 해야 했고, 급한 대로 나무를 조총 모양으로 깎아서 들고 다니기도 했다. 홍한수는 조총 소리가 지긋지긋했지만 그나마 아동대에 있어서 먹고살 수 있었기 때문에 참아야만 했다. 푸른 철릭 차림의 무관이 종종 들러서 훈련을 지켜보곤 했다. 가을이 되면서 조총이 새로 들어와 이제는 돌아가면서 쓰지 않아도 되었다. 조총과 함께 흉흉한 소문이 함께 들어왔다.

"한수야, 소문 들었어?"

짚으로 조총을 닦던 홍한수는 전영갑의 물음에 고개를 들었다.

"무슨 소문?"

"왜놈들이 다시 쳐들어온다는 얘기 말이야."

"진짜?"

"풍신수길이 왜장들에게 다시 조선으로 쳐들어가라고 명령했대."

"그래봤자 삼도수군이 바다를 지키는 데 무슨 수로 넘어와."

"왜에서 부산까지는 우리 수군도 못 건드린대."

주변을 슬쩍 돌아본 전영갑이 속삭였다.

"우리도 전쟁터에 나간다는 소문이 돌고 있어."

"정말?"

먹고살기 위해 아동대에 들어오긴 했지만 전쟁터에 나간다는 생각은 한 번도 해본 적이 없던 홍한수는 바짝 긴장했다. 시간이 지나면서 한양은 차츰 안정을 찾아갔다. 왜구들은 저기 남쪽 바닷가에 몰려 있고, 천병이라고 부르는 명군이 잔뜩 들어와 있었다. 백성들은 불타버린 집터 위에 거적과 나뭇가지로 움막을 짓고 살았다. 여전히 거지떼들이 득실거렸고, 먹을 것을 찾아온 피난민들이 몰려들긴 했지만 전쟁은 멀리 있는 것 같은 평온함을 충분히 만끽할 수 있었다.

"그런데 전쟁이라니."

홍한수의 중얼거림에 전영갑이 한 마디 거들었다.

"남쪽 민심도 뒤숭숭하대."

"그게 무슨 소리야?"

전영갑은 아예 홍한수의 옆에 앉아서 속삭였다.

"무슨 소리긴, 지긋지긋한 전쟁은 끝날 기미를 보이지 않는데 군량미다 뭐다 해서 싹 다 끌어가니까 그렇지. 굶주린 유민들이 관아를 습격해서 창고를 털어버린 일이 한두 번이 아니래."

"아무리 그래도 그렇지."

홍한수가 말끝을 맺지 못하자 전영갑이 한숨을 깊게 내쉬었다.

"목구멍이 포도청이라잖아. 먹고살 길이 없는데 나라고 나랏님이고 무슨 소용이야."

얘기를 나누는 사이 산소우와 여여문이 나타났다. 그러자 여기저기 흩어져 있던 아동대는 조총을 들고 모였다. 오늘은 조총 시험이 있는 날로 여기서 떨어지면 요미料米(관료들에게 주는 곡식)를 받지 못한다. 가뜩이나 부족한 요미를 받지 못하는 일을 피하기 위해 아동대에 소속된 아이들은 필사적으로 조총 쏘는 연습을 했다. 아이들이 모여들자 산소우가 쉰 목소리로 외쳤다.

"지금부터 조총 장전 시험을 보도록 하겠다. 구령에 맞춰 장전을 한 다음에 방포를 해서 표적을 맞추도록 한다. 만약 방포를 못하거나 표적을 맞추지 못하면 얘기한 대로 요미를 지급하지 않겠다."

얘기를 들은 아이들의 표정이 굳어졌다. 군졸들이 표적을 담장 앞에 세워놓고 물러났다. 조총을 집어든 아이들이 표적 앞에 나란히 서자 여여문이 짧게 끊은 화승을 건네줬다. 여여문은 홍한수에게 화승을 건네면서 말했다.

"진주, 잘해라."

그날 이후, 여여문은 홍한수를 늘 진주라고 불렀다. 홍한수는 가볍게 고개를 끄덕거리고는 화승을 손목에 감았다. 향불처럼 천천히 타들어가는 화승의 매캐한 연기가 코를 찔렀다. 산소우가 구령을 외쳤다.

"세총!"

아이들은 일제히 삭장을 꺼내서 조총의 총구를 쑤셔서 안을 깨끗하게 닦았다.

"하화약! 이삭장! 송약실!"

연달아 구령이 떨어지자 조총을 든 아이들의 손길도 빨라졌다. 홍한수는 화약을 담은 죽관의 뚜껑을 열고 총구에 가져다 댔다. 화약을 다 붓고 난 다음에는 삭장으로 꾹 눌러서 단단하게 다졌다. 화약이 점화되려면 꼭 뭉쳐져야 하기 때문이다.

"하연자! 이삭장! 송연자!"

이번에도 구령이 연달아 떨어지자 손이 더 빨라졌다. 누군가 조총을 떨어뜨리는 소리가 들렸지만 홍한수는 쳐다보지도 않고 사격에 집중했다. 까마귀 부리 모양을 닮았다고 해서 오구鳥ㅁ라고 불리는 주머니를 총구에 대고 살살 흔들어서 탄환을 하나 떨어뜨렸다. 재빨리 삭장으로 누른 다음 한숨을 쉴 찰나, 산소우의 다음 구령이 들려왔다.

"하지, 송지, 개화문!"

홍한수는 똘똘 뭉친 종이를 총구에 넣고 삭장으로 쑤신 다음 조총의 옆에 붙은 화문 뚜껑을 열었다.

"하선약! 요화문!"

삭장을 내려놓은 홍한수는 옆구리에 차고 있던 귀약통을 들고 화문에 화약을 살살 뿌렸다. 총구에 넣는 화약보다 더 곱게 다진 화약은 바람에 쉽게 날리기 때문에 극히 조심해야 했다. 적당히 화약을 부은 다음 살살 흔들어서 두 가지 화약이 서로 섞이게 만들었다.

"잉폐화문! 용두안화승!"

그 다음은 화문 뚜껑을 닫아서 화약이 밖으로 흘러나오지 않도록 해야 했다. 그리고 용두에 불이 붙은 화승을 끼웠다.

"개화문!"

이제 거의 끝났다는 생각에 작게 한숨을 쉰 홍한수는 화문의 뚜껑을 열었다. 용두에 끼운 화승 끝이 피처럼 붉게 타올랐다.

"준적인!"

산소우의 구령에 조총을 든 홍한수는 담장 앞에 나란히 늘어선 표적을 겨눴다. 문득 몇 년 전의 진주성이 떠오르자 갑자기 손끝이 떨리고 식은땀이 났다. 필사적으로 정신을 가다듬는데 귓가에 여여 문의 속삭임이 들렸다.

"진주, 정신 차려라! 표적을 똑바로 봐!"

퍼득 정신을 차린 홍한수는 눈을 크게 뜨고 표적을 바라봤다. 산소우가 절규하듯 외쳤다.

"거발!"

줄지어 늘어선 조총의 총구에서 연기와 함께 탄환이 날아갔다. 정신없이 들려오는 총소리 사이로 이를 악문 홍한수가 방아쇠를 당겼다. 용두에 물린 불붙은 화승이 개문에 닿는 것을 본 홍한수는 불빛에 상하는 것을 막기 위해 눈을 질끈 감았다. 어둠 사이로 벼락같은 총성이 들렸다.

재해처럼 돌연 들이닥친 난리, 임진왜란

/

시작은 임진왜란壬辰倭亂이다. 왜구들이 일으킨 난리라는 뜻의 왜란이라는 말로는 담기 어려운 7년간의 비극과 그간 벌어진 무수한 죽음이 끝나고 남은 것은 폐허와 상처였다. 조선은 건국 무렵에 명과 심한 갈등을 겪었다. 그래서 심지어는 왜와 손을 잡고 결전을 벌이자는 허무맹랑한 주장까지 나올 지경이었다. 당시 조선에서는 결전 대신 정성을 택했다. 의심 많은 명 태조 주원장이 죽고 난 이후에는 그나마 전쟁의 위협은 사라졌지만 명에서 요구하는 말과 공녀, 환관, 매를 바치느라 조선의 허리가 휠 지경이었다.

실록에는 이와 관련된 웃지 못할 사례들이 많이 기록되어 있다. 세종대왕이 명에 보낼 공녀들과 그 가족들을 경회루에 초대해서 위로하는 잔치를 베풀어준 적이 있다. 임금이 경회루에서 베풀어주는 잔치였음에도 불구하고 아무도 웃지 않았다. 아니 못했다. 매를 잡아서 바치는 일은 차라리 한 편의 희극이었다. 간신히 붙잡아서 명에 바치기 위해 가져가던 매가 중간에 죽어버리자 진응사 이사검은 그때부터 밥도 못 먹고 울면서 북경으로 향했다. 그리고 죽어서 축 늘어진 매를 끌어안고 황제 앞에서 하염없이 울었다. 보다 못한 명 선종(성덕제)이 괜찮으니 물러가라고 했지만 그 후로도 눈물을 멈추지 않아 명 조정의 관리들이 당황할 정도였다.

자존심을 내던진 비굴함은 손가락질을 받긴 했지만 결과는 달콤했다. 명과의 관계가 안정화되면서 조선은 전쟁의 위협에서 벗어났다. 북쪽의 여진족과 남쪽의 왜구들이 말썽을 부리기는 했지만 크게 위협이 될 만한 수준은 아니었다. 여기에 세종대왕이 파저강 야인정벌과 4군 6진의 설치, 그리고 대마도 정벌을 감행함으로써 대규모 전쟁의 가능성은 사라진다. 조선은 태평성대를 맞이했다.

정치는 끊임없이 요동치면서 반정과 역모가 벌어지기는 했지만 저잣거리의 백성들에게는 남의 얘기였다. 임진왜란은 그런 오늘이 어제와 같고, 내일 또한 그러할 것 같은 안온한 일상의 한복판에서 갑작스럽게 터진 폭탄이었다. 왜군이 부산포에 상륙한 지 닷새 후인 1592년 4월 17일, 경상 좌수사 박홍의 장계가 한양에 도착한다. 조선의 임금과 백성들이 누리고 있던 평온함이 끝나는 날이었다.

누구도 예상하지 못한 7년의 고통
/

경상좌수사 박홍의 보고를 받은 조정은 대책을 논의했다. 하지만 그 누구도 왜군이 16만여 명에 달하는 대군일 것이라고 생각하지는 못했다. 대신들의 머릿속에는 약 40여 년 전인 명종 10년(1555)에 벌어진 을묘왜변이 떠올랐을 것이다. 왜 그중에서도 특히 곡식이 부족한 대마도는 조선에게 손을 내밀었다. 대마도 정벌 이후 조선은 무역을 허락하면서 달래는 정책을 취했다. 조선이 승인한 무역선인 세견선이 부지런히 조선과 대마도를 오갔다. 하지만 왜의 요구는 줄지 않았고, 조선이 받아들이지 않으면 행패를 부렸다. 1510년 삼

수직 왜인 고신
1569년(선조 2) 신시라信時羅에게 내린 고신. 신시라에게 승의부위承義副尉 호분위虎賁衛 사맹을 제수한다는 내용이 담겨 있다. 수직 왜인의 성명인 '신시라'는 본명이 아니라 조선인이 부르기 쉽게 세 글자로 바꾼 이름이다.
조선은 조선과 통교하는 일본인, 여진인에게 관품만 존재하는 무관직을 수여했다. 이를 수직이라고 한다포왜란이나 1544년 사량진왜변처럼 수십 척의 배를 타고 쳐들어와서 약탈을 벌이기도 했다.

을묘왜변은 세견선 규모가 줄어든 데 불만을 품은 왜구들이 앞선 왜란이나 왜변보다 더 큰 규모로 벌인 행패였다. 1555년 5월, 70여 척 규모의 왜선들이 전라도 영암 지역에 나타났다. 왜구들의 습격으로 영암의 달량성이 함락되면서 수많은 사람들이 목숨을 잃었고, 이어서 강진과 장흥도 노략질을 당했다. 조정에서는 급히 호조판서인 이준경을 도순찰사로 임명해서 구원하도록 한다. 기세등등하던 왜구들은 조선군이 몰려오자 황급히 물러났다.

이 일로 인해서 조선과 대마도의 교역이 중단되었다. 얼마 후 대마도주가 달량성을 공격했던 왜구들의 목을 바치면서 교역 재개를 호소했다. 무작정 교역을 막다가는 또 왜구들이 쳐들어올 것을 우려한 조선에서는 세견선 다섯 척 규모의 교역을 허락하고 곧 그 수를 늘렸다. 적은 피해는 아니었지만 왜구들의 잦은 침입으로 도읍을 천도하고 나라가 거의 무너질 지경까지 이르렀던 고려에 비하면 조선이 받은 충격은 새발의 피였다. 평화가 지속되면서 전쟁은 잊혀갔고, 공포는 사라졌다. 1592년 4월 17일, 왜구가 부산에 쳐들어왔다는 박홍의 장계가 오기 전까지는 그러했다.

조정에서는 일단 이일을 순변사로 삼아 상주로 보내서 적을 막고, 경상도에서 한양으로 넘어올 수 있는 고개인 죽령과 추풍령, 조령을 막을 방어사와 조방장을 파견했다. 그리고 신립을 삼도순변사로 삼아 보냈다. 아마 이일이 싸우면서 적을 막는 사이 고개의 방어를 강화해서 진격을 막고, 마지막으로 신립이 이끄는 주력부대가 적을 격멸하는 방식을 구상했을 것이다. 하지만 왜군의 빠른 진격은 조선의 그런 계획을 물거품으로 만들어버렸다. 신립은 탄금대에서 패배한 조선군을 뒤로 한 채 스스로 물에 뛰어들었다.

패배 소식을 접한 선조는 서둘러 한양을 버리고 북쪽으로 피난을 떠났다. 5월 2일, 왜군의 선봉부대가 임금이 떠난 한양에 입성했다. 예상 밖의 성공에 도요토미 히데요시豊臣秀吉를 비롯한 왜군 수뇌부들은 기뻐했고, 조선의 선비들은 비통함을 감추지 못했다. 하지만 어느 쪽도 전쟁이 7년이나 이어질 줄은 꿈에도 생각하지 못했다.

"전쟁은 그대들의 몫이 아니니 돌아오라!"

/

임진왜란 당시를 바라보는 이들이 쉽게 오해하는 것 가운데 하나는 조선을 침략한 왜군이 처음부터 닥치는 대로 살육을 저질렀을 것이라는 점이다. 그러나 전쟁 초기 왜군은 학살 대신 회유를 택했다. 물론 자신들의 진격에 대항한 부산진성이나 동래성에서는 잔인하게 학살을 저질렀지만 이는 저항에 대한 본보기였다. 조선군이 도망친 곳에 무혈입성한 경우에는 포고문을 내걸었다. 피난 간 사람들은 해치지 않을 것이니 안심하고 돌아와 평소처럼 농사를 짓고 수확을 준비하라는 권유와, 왜군에게 저항하면 처벌하겠지만 왜군 또한 조선 백성을 죽이거나 약탈하는 일을 금한다는 내용이었다.

조선 백성들을 회유하려고 했던 목적은 1592년 5월, 한양이 함락되었다는 소식을 들은 도요토미 히데요시가 반포한 명 정복계획에서도 찾아볼 수 있다. 도성을 버리고 도망친 조선 임금을 서둘러 찾고, 난폭한 행동을 금지해서 피난민들을 정착시킨 다음 군량을 비축하고, 길을 정비한다는 내용을 담고 있었다. 조선을 명 정복의 발판 겸 보급기지로 삼겠다는 도요토미 히데요시의 속마음을 그대로 드러낸 것이다.

다음달인 6월에는 조선으로 건너간 장군들에게 각 도를 분할해 통치하라는 조선 분할계획을 지시한다. 여기에서는 좀 더 구체적인 점령정책과 방향이 제시되어 있다. 예를 들어 조선의 감영과 비슷한 다이칸조代官所를 설치해 통치하고, 법을 엄격하게 집행해서 도망친 조선 백성들을 정착시키라는 내용이 담겨 있다. 또한 각 도에서 거둘 군량미의 수량까지 지정했다. 한마디로 점령한 조선 땅을 안정화시켜 말썽의 여지를 줄이고 군량미를 순조롭게 확보하겠다는 의지를 표현한 것이다.

왜군은 조선 백성들을 회유하기 위해 신분제를 없애고 세금을 줄이겠다는 약속도 했다. 강원도를 점령한 제4번대의 지휘관 모리 요시나리森可成는 아예 강원감사를 자처하기도 했다. 백성들을 진정시키고, 실무를 맡은 하급관리들을 이용하기 위해 조선의 관직을 그대로 이용한 것으로 보인다. 이런 방식은 일본에서 흔하게 사용되었고, 효과도 즉각 나타났다. 앞서 벌어진 일본 전국시대에서 백성들은 철저하게 구경꾼이었다. 그게 누구든 '전쟁에서 이기는 놈'이

"너희가 왜를 돕는다 하여도 본 마음이 아님을 알고 있다.
왜를 편들었다고 나라에서 죽일까 두려워 나오지 아니하지만
이제는 그런 의심을 하지 말라.
이 뜻을 각처의 장수에게 다 알렸으니 모두 나오라."
보물 제951호, 개인 소장(권이도)

새로운 영주가 될 것이니 심드렁할 수밖에 없었다. 그래서 전쟁이 나면 도시락을 싸서 높은 산봉우리에 올라가서 구경하는 일이 비일비재했다. 왜군은 도요토미 히데요시 같은 수뇌부부터 말단 병졸에 이르기까지 같은 경험을 가지고 있었기 때문에 조선 백성들도 잘만 다루면 순종할 것이라고 믿었다.

왜군 종군승인 덴케이天行가 쓴 《서정일기西征日記》에도 왜군이 한양을 점령하고 배포한 포고문에 관한 내용이 남아 있다. 포고문에는 가혹한 정치를 배제하고 선정을 베풀어서 백성들을 도탄에서 구해낼 것이니 안심하고 돌아오라는 허무맹랑한 얘기가 담겨 있다. 포고문 덕분인지 도망쳤던 조선 백성들이 돌아와서 금방 일상으로 복귀했다. 심지어 덴케이가 머물던 주막집 주인은 이름을 일본식으로 바꾸는 창씨개명까지 감행했다. 왜군은 관료들을 대상으로 별도로 포고문을 썼는데 돌아와서 복종하면 용서하고 그렇지 않으면 처벌하겠다는 내용을 담았다. 왜군의 빠른 진격과 함께 이런 회유책은 조선 백성들 사이에서 적잖은 파장을 일으켰다.

임진왜란 당시 평창군수였던 권두문權斗文이 쓴 《남천선생문집南

임진왜란 당시 선조의 한글 교서. 1593년 9월 의주에 가 있던 선조가 일본군에게 협조하는 백성들을 회유하고자 한글로 써서 내렸다. 자연재해나 다름없는 외침을 받은 상황에서 어떻게든 살아남고자 하던 백성들이 선택할 수 있는 삶의 방식은 제한적일 수밖에 없었다

川先生文集》에는 당시 조선 관료들과 백성들이 얼마나 큰 충격을 받았고, 살아남기 위해 어떻게 발버둥을 쳤는지가 잘 나와 있다. 왜군과 싸우다가 포로로 잡힌 권두문은 평창군의 서리들이 왜군에게 협력하는 모습을 보면서 화를 냈다. 강원감사를 자처한 모리 요시나리의 포고문은 효과가 있어서 도망쳤던 백성들이 돌아와 다시 농사를 짓기도 했다.

남겨진 기록들을 보면 실제로 왜군에게 협력한 부역자들, 순왜順倭라고 불리는 이들이 없었던 것은 아니었다. 함경도의 주민들은 피난을 왔던 임해군과 순화군을 붙잡아다가 왜군에게 바치면서 적극적으로 협력했다. 종3품 공조참의까지 지냈던 성세령은 한양에 입성한 왜군을 환영하고 왜군 총대장 우키다 히데이에를 찾아가 충성을 맹세하며 첩이 낳은 손녀를 바쳐 경기도 관찰사라는 벼슬을 받는다. 군수를 역임했던 김종려가 관직 임명장을 받고 밭을 경작한다는 소식을 들은 의병장의 한탄이 적힌 기록도 있다. 실록에는 진주성 근처에 일본으로 귀순한 조선 백성들이 마을을 이루고 살고 있다는 사실도 적혀 있다.

이런 식의 사례들은 왜군 수뇌부로 하여금 조선 점령이 예상보다 빨리, 그리고 쉽게 마무리될 것이라는 환상을 심어줬다. 그러한 환상은 여름에 접어들면서 곳곳에서 봉기한 의병들에 의해 깨져나갔다. 임진왜란에 의병장으로 참전한 정경운鄭慶雲이 쓴《고대일록孤臺日錄》을 보면 이미 5월에 선조가 한양을 버리고 몽진을 떠날 때부터 선비들이 모여서 의병을 일으킬 논의를 하고 있었다. 6월에는 의병들이 곳곳에서 왜군의 보급로를 습격해 타격을 주기 시작했다. 이런 의병들의 활동은 이순신 장군이 이끄는 조선 수군이 왜 수군을 곳곳에서 격파하고 제해권을 장악한 상황과 맞물리면서 왜군에게 골칫거리가 되었다. 보급로가 해상과 육상에서 모두 위협받게 되면서 물자 보급에 심각한 차질이 생긴 것이다. 설상가상으로 명군이 조선을 도와 참전할 기미가 보이자 왜군은 더 이상 진격을 하지 못하게 되었다.

1592년 8월, 왜군 총대장 우키다 히데이에宇喜田秀家는 한양으로 각 군의 지휘관들을 소집해서 대책을 논의한다. 초기의 기세가 사라지면서 조선 백성에 대한 통치에도 문제가 생겼다. 사실 왜군이 조선의 백성들을 최대한 배려해준 까닭은 저항을 줄이고 식량을 확보하기 위해서였다. 하지만 의병이라는 생각지도 못한 존재의 등장으로 인해 이러한 태도가 흔들리게 되었다.

같은 시기, 도요토미 히데요시의 측근으로 조선에 파견된 이시다 미쓰나리石田三成의 보고서에는 당시 왜군이 처한 암울한 상황이 그대로 나와 있다. 이시다 미쓰나리는 보고서에서 왜군은 식량 확보에 실패했고, 보급로가 심각하게 위협을 받는 상황이라고 전한다. 아울러 점령 정책도 실패로 돌아갔으니 더 이상의 진격을 포기하고 점령지의 안정화에 힘을 써야 한다고 덧붙였다. 한마디로 초기의 점령정책이 실패로 돌아갔다는 이야기였다.

전란에서 소외된 보통사람들

/

진격이 정체되고 식량이 부족해지자 왜군은 가면을 벗어던진다. 패배가 주는 분노와 의병에 대한 공포감은 잔혹한 학살과 보복으로 변했다. 한양을 점령했던 왜군은 퇴각하면서 경복궁에 불을 질렀고, 남아 있는 백성들을 무자비하게 학살했다. 왜군 제3번대가 주둔했던 경북 개령開寧(김천의 옛 지명)에서도 왜군들이 퇴각하면서 성을 축조하기 위해 끌고 온 주민들 800여 명 가운데 절반이 넘는 400여 명을 죽였다.

이런 사례들과 더불어서 약속과 달리 수확량의 거의 전부를 빼앗아가는 횡포에 적잖은 백성들이 의병에 가담하거나 도망을 쳤다. 왜군은 '착한 정치'라는 환상을 통해서 민심을 얻으려고 했지만 전쟁이 불리해지자 본 모습을 드러냈고, 그럼으로써 점령 정책은 결국 실패로 돌아갔다. 하지만 그 와중에 가장 큰 피해를 입은 이들은 왜군도, 조선군도 아닌 백성들이었다.

조선은 폐쇄적인 농업국가였다. 따라서 평상시에도 농사를 망치게 되면 굶주림에 시달릴 수밖에 없었다. 임진왜란은 7년에 걸쳐 진행되었고, 한반도 거의 모든 곳에서 전투가 벌어졌다. 전란 속에서 농민들은 농사도 제대로 짓지 못한 채 굶주림에 시달려야만 했다. 간신히 농사를 지었다고 해도 조선군과 명군, 그리고 왜군에게 빼앗기는 일이 일상이었다.

설상가상으로 회유에 실패한 왜군이 본격적인 인간 사냥에 나서면서 백성들은 사냥감이 되고 말았다. 조선으로 건너온 왜군 장수들은 막대한 출병 비용을 감당하기 위해 약탈에 열을 올렸다. 약탈에는 사람도 포함되어 있었다. 그들은 조선인들을 포로로 끌고 와 포르투갈 상인에게 팔아버리기도 했고, 자기 영지로 데리고 가서 농사를 짓게 하기도 했다. 그렇게 끌려간 백성들의 숫자는 적게 잡아도 10만을 헤아린다.

가장 끔찍했던 일은 정유재란 때 벌어진 코와 귀 사냥이었다. 왜군들이 전공을 입증하기 위해 머리를 자르는 대신 코와 귀를 잘라가는 바람에 수많은 사람들의 목숨이 희생되었다. 또 다른 종군승인 케이넨의 기록으로 영암 지역에서 벌어진 끔찍한 일화가 전해진다. 왜군이 산모는 물론 태어난 지 며칠 되지도 않은 갓난아이의 코까지 잘라가 버린 것이다. 도요토미 히데요시의 헛된 야망과 그것에 제대로 대응하지 못했던 조선의 위정자들 때문에 죄 없는 백성들은 끝없이 고통을 받고 희생되어야 했다.

전쟁 후의 상황도 크게 나아지지 않았다. 사람들이 굶주리고 흩어지면서 씨를 뿌릴 시기를 놓쳤고, 논밭을 경작할 소의 수도 많이 줄었기 때문이다. 물론 백성들만 고통을 받은 것은 아니었다. 양반들 역시 의병에 가담해서 싸우다가 목숨을 잃거나 가산이 기울어지기도 했다. 정경운 역시 원래는 먹고사는 데 지장이 없었던 양반이었지만 전쟁이 끝난 다음해인 1599년에는 고등어를 팔러 다녀야만 했다. 체면을 목숨보다 중요하게 여기던 양반이었지만 농토가 폐허로 변하고 종들이 모두 도망친 상황이라 먹고살기 위해서는 어쩔

수가 없었다.

총을 들어야 했던 소년들

/

전쟁은 모두에게 잔혹하지만 특히 어린이와 노인, 여성과 같은 약
자들에게 잔인한 면모를 드러낸다. 누군가의 보호를 받아야만 하는
상황에서 모든 보호망들을 없애버리기 때문이다. 임진왜란은 조선
이 이전에 겪어보지 못했던 길고 참혹한 전쟁이었다. 한쪽에는 잔
인한 왜군이 있었다면, 다른 한쪽에는 굶주림과 질병이 있었다.

전쟁이 길어지면 적의 손에 그리고 굶주림과 병에 걸려서 죽는
사람들이 늘어나면서 전쟁을 수행할 군인들의 수도 줄어들게 된다.
이런 악조건에서 전쟁을 계속 이어가기 위해 국가가 제시한 해결
방안은 징집 연령대를 낮추는 것이다. 오늘날 끊임없는 내전들로
곳곳이 혼란스러운 아프리카 대륙에서 볼 수 있는 소년병이 임진왜
란 때 나타난 것이다. 조선시대에서 징집 연령은 16세였고, 성인식
인 관례도 대략 15세에 치렀다. 따라서 '아동대'라는 이름을 붙였다
면 그보다도 어린 아이들이 분명하다. 아마 10대 초반이었을 것이
고, 더 어렸을 가능성도 배제할 수 없다.

1594년《선조실록》에 처음 등장한 아동대는 훈련도감에서 모집
했는데, 주로 조총을 다루는 포수로 편성되었다. 나이가 어리니까
활이나 칼은 다루기 어렵지만 조총은 다룰 수 있을 것이라고 판단

했던 모양이다. 아이들이기 때문에 급료로 주는 쌀이 적어 유지가 쉽다는 점도 아동대를 모집하는 데 한몫했다.

　이들에게 조총을 가르친 교관은 항왜降倭(조선에 귀순한 일본인)들인 여여문呂汝文과 산소우山所于였다. 약 200명으로 편성된 아동대는 편을 갈라 시험을 쳐서 고과를 매겼다. 그렇다면 어떤 아이들이 아동대에 들어왔을까? 아무리 먹고살기 힘들다고 해도 자식을 전쟁터로 내몰 부모는 없다. 따라서 전쟁 중에 부모를 잃은 고아거나 혹은 전쟁통에 먹고살 길이 막막해진 다른 가족들의 손에 이끌려왔을 아이들이었을 것이다.

　이렇게 편성해 훈련시킨 아동대가 실제 전투에 투입되었는지에 대해서는 알 수 없다. 실록을 비롯한 다른 기록에서 이들이 전쟁에 참전했다는 사실은 나오지 않기 때문이다. 아예 전쟁터에 나가지 않고 해체되었을 가능성도 높다.《선조실록》1596년 11월 9일의 기록을 보면 해평 부원군 윤근수가 '지금 군졸들에게 줄 식량도 부족한 판국이니 폐지하는 것이 어떻겠느냐'고 하면서 아동대 폐지를 주장한다. 이에 선조는 좋은 충고를 해줘서 고맙다고 답한다. 이러한 언급을 마지막으로 아동대에 관한 기록은 실록에서 찾을 수 없다. 어려서부터 포술을 익혔을 아동대원들의 미래 또한 알 수 없다. 이들이 총을 내려놓고 가족들을 찾아갔기를 바란다. 하지만 그들에게 펼쳐진 세상은 전쟁 전과는 비교할 수 없을 정도로 삭막하고 잔혹했을 것이다.

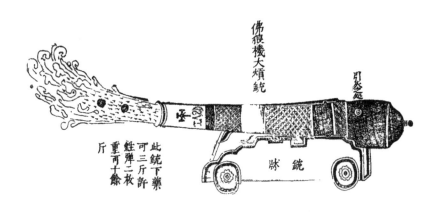

佛狼機大煩銃

引藥延

此銃下藥
可三斤許
鉎彈二枚
重可十餘
斤

咏銃

---

1. 《경국웅략經國雄略》에 실린 불랑기포佛郞機砲. 포탄을 장전하는 자포子砲와 이를 발사하는 모포母砲로 구성된 후장식 대포로 빠르게 연속 사격하는 것이 가능했다

—

〈임란전승평양입성도병壬亂戰勝平壤入城圖屛〉. 1593년 1월 조명 연합군이 왜군이 점령한 평양성을 탈환하던 당시의 전투를 기록했다. 당시 평양성에서는 명의 불랑기포와 왜의 조총 등 당시 동아시아 최신 화력이 모두 동원되었다. 고려대학교 박물관 소장

—

2. 타네가시마 텟포種子島 鐵砲로 사격하는 아시가루. 1543년 일본 큐슈 타네가시마에 포르투갈제 화승총이 전래된다. 이후 타네가시마에서 일본 최초로 생산된 화승총은 곧 일본 전역으로 확산되었다

막지 못한 전쟁, 막아야 했던 전쟁

/

한국인들은 학교를 비롯해 다양한 경로에서 한국사를 공부하며 임진왜란이라는 비상한 역사를 알게 되고, 그 비극을 막지 못한 이유에 대해서도 배운다. 중고등 한국사 교과서들을 살펴보면 그 분석과 비판이 너무나 구체적이고 신랄해서 위정자 몇 명만 제대로 정신을 차렸으면 비극을 막을 수 있었던 것처럼 느껴지기도 한다.

하지만 임진왜란은 조선으로서는 갑자기 들이닥친 천재지변과 같은 사건이었다. 심지어 전쟁이 날 것이라고 예상했던 이들조차 이렇게 길고 참혹하리라고 예상하지는 못했다. 류성룡이 임진왜란을 반성하고자 집필한 《징비록懲毖錄》에서도 이런 분위기를 엿볼 수 있다. 통신사가 일본에 다녀온 후 전쟁에 대비하기 위해 성을 새로 쌓으라는 지시가 내려지자 사람들 사이에서 쓸데없는 일을 한다는 반발이 터져 나왔다.

사실 일본에서도 왜 도요토미 히데요시가 임진왜란을 일으켰는지에 대한 명확한 이유를 찾지 못하고 있다. 지금까지 꼽힌 추측들에는 모두 반론을 제기할 만한 부분들이 있기 때문이다. 그나마 임진왜란 초기 도요토미 히데요시의 지시사항을 보면 전쟁의 원인을 어느 정도 엿볼 수 있다. 그는 한반도를 대륙 침략을 위한 전초기지로 삼을 생각이었다. 자식을 잃고 망상에 빠졌거나 전쟁이 끝난 후에 남아도는 무사들을 처리하기 위해 일부러 전쟁을 구상한 것이 아니었다. 진지하게 명을 정복할 생각으로 조선부터 공격했던 것이다. 북방의 유목민족들이 중원으로 진출하기 전에 한반도를 먼저 공격해서 배후를 안정시키는 것과 같은 이유라고 할 수 있다. 상대가 일본으로 바뀌었을 뿐 한반도가 공격받은 이유는 변하지 않은 것이다. 그런 측면에서 임진왜란은 설령 전쟁의 징조를 진지하게 받아들이고 준비했다고 하더라도 조선의 노력만으로는 막기 어려운 전쟁이었을지 모른다.

갑자기 들이닥친 천재지변과 같은 왜군이 물러나자 사람들은 지긋지긋한 전쟁이 끝났다고 기뻐했을 것이다. 그러나 다들 남쪽에 정신이 팔려 있는 사이, 북쪽에서는 새로운 더 짙고 검은 전쟁의 먹구름이 피어났다.

조선은 과연 이번 전쟁에서 얻은 교훈을 계기로 새로운 전쟁을 막을 수 있었을까?

그들이 모이면 천하가
감당하지 못한다

조선과 명과 왜의 전쟁으로 벌어진
북쪽의 틈

1596. 1. 5

신충일,
누르하치와 면담하고 귀국

1598. 2. 28

조선, 누르하치의
원군 파병 제안을 거절

1605. 5.

조선군,
건퇴에서 여진족에게 패배

동양재의 말이 '만포에서 연회를 베풀었을 때 나열한 군사가 삼사백 명이 있었다. 등에는 화살통을 지고 앞에는 활집을 안았는데, 화살은 깃이 떨어지고 활촉이 없으며 활은 앞이 터지고 뒤가 파열되었으니 타국의 웃음거리가 될 뿐이었다. 이와 같은 무리에게는 궁전弓箭을 쓰지 않고 한 자 되는 검만 가지고도 사오백 명도 능히 벨 수 있는데, 오직 팔의 힘에 한계가 있음이 유감일 뿐이다'고 하면서 서로 낄낄대고 웃었습니다.

— 신충일의 《건주기정도기建州紀程圖記》 중에서

선조 28년(1595) 12월, 압록강

얼어붙은 압록강 위로 눈이 바람처럼 쓸려왔다. 남부주부이자 사절단을 이끄는 신충일의 철릭도 깃발처럼 펄럭거렸다. 입김조차 얼어붙을 것 같은 추위였지만 여진족 길잡이인 동녀을고와 동퍅웅고는 물론이고 향통사인 나세홍과 하세국 역시 아무 말 없이 묵묵히 걸었다. 홍한수는 천으로 둘둘 감싼 조총을 바짝 끌어안은 채 조심스럽게 걸었다. 신충일이 바짝 마른 목소리로 앞장서 걷던 여진족 길잡이들에게 물었다.

"얼마나 더 가야 하느냐?"

대답한 이는 향통사인 하세국이었다. 이미 여러 번 압록강을 건너 누르하치를 만나러 갔던 그는 눈바람으로 가려진 강 너머를 쳐다보면서 말했다.

"강만 건너면 바람은 좀 잠잠해질 겁니다. 누르하치가 있는 불아납성佛阿拉城까지는 대략 엿새 정도 걸릴 겁니다."

대답을 들은 신충일은 길게 한숨을 쉬고는 발걸음을 옮겼다. 홍한수는 잠자코 그의 곁을 지켰다. 하세국의 말대로 압록강을 건너자 바람은 좀 가라앉았다. 한숨을 돌린 일행은 나무가 우거진 숲 속에 자리를 잡고 잠깐 쉬었다. 눈을 털어낸 돌 위에 걸터앉은 일행은 미숫가루를 나눠 먹었고, 여진족 길잡이들은 말린 고기를 씹었다. 한숨 돌리게 되자 향통사 하세국이 홍한수를 슬쩍 바라보면서 신충일에게 물었다.

"그런데 저 꼬마는 왜 데리고 가는 겁니까?"

"쓸 데가 있으니까 그렇지."

"혹시 여진족들에게 조총을 자랑하실 생각이십니까?"

신충일이 아무 대답도 하지 않자 하세국이 고개를 저었다.

"누르하치와 그 부족들은 옛날 여진족이 아닙니다."

"그러니까 데려가는 것일세. 여진족이 조총을 쓰지 못해서 노획하는 대로 녹여서 철로 만든다고 보고한 것이 바로 자네였어. 아직 왜구와의 전쟁이 끝나지 않았으니 섣불리 군대를 움직일 수 없네. 그러니 이런 것이라도 하는 수밖에 없지 않은가."

신충일의 호통에 하세국이 입을 다물었다. 홍한수는 잠자코 듣고만 있었다. 훈련도감에서 만든 아동대는 대부분 해체되었다. 하지만 홍한수와 친구인 전영갑을 비롯해서 솜씨 좋고 나이가 찬 몇 명은 훈련도감 소속의 포수로 남았다. 그러다가 이번에 갑자기 차출되어서 압록강을 건너게 된 것이다. 아직 혼인을 치르지는 않았지만 미리 상투를 튼 홍한수는 그저 무사히 돌아가고 싶었다. 그래야 동대문에서 주막집을 하는 포천댁의 딸 막실이와 혼인을 할 수 있기 때문이다.

잠시 쉬었던 일행은 다시 발걸음을 옮겼다. 어느새 눈이 그치고 해가 보였다.

엿새간의 여행 끝에 신충일이 이끄는 사절단은 누르하치의 본거지인 불아납성에 도착했다. 지칠 대로 지쳤지만 도착했다는 사실에 피곤함을 어느 정도 씻을 수 있었다. 신충일은 불아납성에 들어가기 전에 먼저 근처의 언덕에 올라가서 안팎을 살폈다.

"외성과 내성으로 나눠져 있군. 외성은 십리 정도 되고, 내성은 두 마장 정도로군. 성벽은 돌로 쌓고 그 위에 나무를 서까래처럼 얹었군. 얼추 십여 척은 되겠어."

신충일의 얘기를 들은 홍한수도 이리저리 살펴보다가 대답했다.

"주변에 집들이 많이 있습니다."

"어느 정도 되는 것 같으냐?"

"내외성을 합치면 사백 채쯤 되어 보이고, 성 밖에도 대략 사백채 정도 되는 것 같습니다."

얼굴을 찌푸린 신충일이 중얼거렸다.

"각 집에 군인들이 세 명씩이라고만 해도 삼천 명이 넘겠군."

홍한수도 같은 생각이라는 듯 고개를 끄덕였다. 신충일이 하세국에게 물었다.

"누르하치의 거처는 어디에 있느냐?"

고개를 길게 빼고 불아납성을 살펴보던 하세국이 손가락을 들어서 내성 쪽을 가리켰다.

"저깁니다. 내성 위쪽에서 남쪽 방향으로 지어진 커다란 집이 보이십니까?"

하세국의 얘기를 듣고 내성을 살피던 신충일이 대답했다.

"보이네. 그 집 남쪽에 북향으로 지어진 집도 제법 커 보이는군."

"그건 누르하치의 동생인 슈르하치의 집입니다. 내성에는 누르하치의 일가족이 살고, 외성에는 장수와 친척들, 그리고 외성 밖에는 군인들이 살고 있지요."

"외성에는 치첩도 없고, 사대도 보이지 않는군. 목책도 우리나라처럼 단단하지 않고 허술해 보이고 말이야."

신충일의 말을 들은 하세국이 말했다.

"원래 여진족들은 성첩을 짓는 데 크게 관심이 없습니다. 말을 타면 천 리를 하루에 달릴 수 있고 질풍처럼 적을 쓸어버릴 수 있는데 왜 필요하겠습니까?"

"하긴."

"단지 근거지가 있어야 하니까 만들었을 뿐이지요."

"살펴볼 만큼 봤으니 이제 가보세."

여진족 길잡이들을 앞세운 일행은 불아납성으로 향했다. 성문에 가까이 다가가자 망루에서 깃발이 올랐다. 그걸 본 여진족 길잡이들이 멈춰섰다. 잠시 후 성문 밖으로 변발을 한 여진족 몇이 나와서 여진족 길잡이들과 얘기를 나눴다. 신충일 일행을 힐끔 쳐다본 여진족들이 들어가라는 손짓을 했다. 앞장서서 성문을 통과한 신충일이 홍한수에게 속삭였다.

"임금께 보고해야 하니 빼놓지 말고 살펴보아라."

"예."

짧게 대답한 홍한수가 주변을 두리번거렸다. 신충일이 방금 들어온 성문을 슬쩍 돌아봤다.

"성문은 그냥 나무판자로 만들었군. 자물쇠가 없고 나무를 가로질러서 막아놓는 모양이야."

성 안에 있는 집들은 널빤지를 세우고 흙을 발라서 벽을 만들고, 짚으로 지붕을 만들었다. 곧게 뻗은 길을 지나자 곧 내성이 나왔는데 높다란 망루가 성문 양 옆에 서 있는 게 보였다. 두리번거리던 홍한수는 바로 옆에 얼음을 잔뜩 실은 수레가 내성으로 들어가는 것을 보고는 하세국에게 물었다.

"왜 얼음을 가져갑니까?"

"성 안에 샘물이 몇 개 없어서 그런다. 얼음을 녹여서 물로 쓰는 거지."

내성 안에는 목책이 한 겹 더 둘러져 있었고, 안에는 크고 작은 집들이 보였다. 신충일은 하나하나 기억하려는 듯 열심히 주변을 돌아봤다. 목책 안으로 들어간 일행은 객청이라는 곳에 들어섰다.

성 안에 있는 다른 집들보다 좀 더 큰 편이었지만 별다른 장식 없이 가구라곤 탁자 하나뿐이었다. 다들 어정쩡하게 둘러보는 가운데 변발을 한 여진인 둘이 들어섰다. 그 중 한 명이 하세국에게 말을 건넸다. 가만히 귀를 기울이던 하세국이 고개를 돌려서 신충일에게 말했다.

"저에게 말을 한 사람은 누르하치의 책사인 마신이고, 그 옆은 누르하치의 먼 친척이자 장수인 동양재입니다."

"뭐라고 했느냐?"

"먼 길을 오느라고 고생이 많았답니다. 그 뜻이 깊으니 사례하여 마지않는다고 건주도독 누르하치가 말했답니다. 서신을 가지고 왔는지 물어봅니다."

"오는 도중에 별다른 일이 없어서 고생하지 않았다고 전하게. 서신도 가져왔네."

신충일이 품속에서 봉투를 꺼내자 여진인 중 한 명이 다가와서 받아갔다. 봉투를 열고 서신의 내용을 살펴본 그가 하세국에게 말을 하고는 돌아서서 나갔다. 가볍게 고개를 숙여서 인사를 한 하세국이 신충일에게 말했다.

"며칠 후에 도독이 연회를 베푸니까 꼭 참석하라고 했습니다."

"알겠네. 우리가 머물 곳은 어디인가?"

"외성에 있는 집입니다. 따라오시지요."

짐을 챙긴 일행은 객청을 나와 외성으로 향했다. 거리를 지나는데 갑자기 말발굽 소리가 요란하게 들려왔다. 고개를 든 홍한수는 멀리 성 밖의 언덕 위로 백여 기의 여진족 기마병들이 깃발을 앞세우고 달리는 것을 봤다. 홍한수의 시선을 본 하세국이 말했다.

"성 밖에 순찰을 나가는 모양이다."

"말을 타고 달리는 솜씨가 보통이 아닙니다."

"어릴 때부터 말과 함께 자랐으니까. 여진인 일만이 모이면 천하가 감당하지 못한다는 얘기가 있지."

"지금은 백여 명이지만 나중에는 일만이 될 수도 있겠군요."

"일만이 아니라 오천만 되도 감당하기 어려울 거다."

이런저런 얘기를 주고받는 사이 일행이 머물 집에 도착했다. 다른 집보다 조금 크고 뒷마당에 별채도 따로 있었다. 집 주인으로 보이는 여진족이 문 밖으로 나와서 기다렸다가 일행을 별채로 안내했다. 미리 불을 피워놨는지 방 안이 후끈했다. 짐을 내려놓은 하세국이 벽 쪽에 걸터앉았다. 홍한수도 적당한 곳에 자리를 잡고 앉았다. 신충일은 옷을 벗고 짐을 내려놓자마자 챙겨온 작은 벼루에 먹을 간 다음 종이를 펴놓고 뭔가를 열심히 적었다. 그렇게 잠깐 쉬거나 일을 하는 사이 금방 해가 떨어졌다. 집 주인이 기름으로 불을 밝히는 등잔을 가져다줬다. 저녁을 기다리고 있는데 아까 객청에서 봤던 여진인들이 찾아왔다. 안으로 들어선 그들이 한 얘기를 하세국이 통역해줬다.

"도독이 먼 길을 오느라 고생했으니 오늘 가서 위로를 해주고 필요한 것들이 있는지 물어보라고 했답니다."

자리를 권한 신충일이 노비가 짊어지고 온 짐 꾸러미에서 보따리를 꺼내 그들에게 내밀면서 하세국에게 말했다.

"별것 없지만 이곳에 머물면서 신세를 져야 해서 선물을 좀 챙겨왔다고 전하게."

보따리를 건네받은 마신이 슬쩍 펼쳐보고는 옆에 있던 동양재에게 귓속말을 했다. 고개를 끄덕거린 동양재가 밖에 있던 부하를 불러서 보따리를 넘겨줬다. 그 사이 하세국이 마신이 한 얘기를 신충일에게 통역해줬다.

"도독께서 무척 기뻐하실 거랍니다."

집 주인이 가져온 음식들이 차려지고, 저녁식사가 시작되었다. 닭과 돼지고기 요리가 나왔고, 술도 곁들여졌다. 홍한수는 잠자코 있었지만 어린 나이 탓인지 그들의 눈길을 끌었다. 하세국이 눈치 빠르게 먼저 얘기를 하자 동양재가 슬쩍 뭔가를 물었다. 하세국이 그에게 말했다.

"조총을 보고 싶어하는구나."

신충일이 허락한다고 하자 홍한수는 천에 말려 있던 조총을 꺼내서 건넸다. 신기한 눈으로 이리저리 살펴보던 동양재가 하세국을 통해 이것저것 물었다.

"작은 것도 맞출 수 있느냐?"

"날아가는 새도 맞출 수 있다고 해서 조총鳥銃이라고 불립니다."

"그럼 내가 쓴 투구도 꿰뚫을 수 있는가?"

"조총은 박철을 씌운 참나무 방패도 뚫습니다. 그 투구 정도는 쉽게 뚫습니다."

혀를 내두르며 조총을 살펴보던 동양재에게 마신이 물었다.

"장군이 보시기에 조선군은 어떻습니까?"

질문을 받은 동양재가 술잔을 들면서 코웃음을 쳤다.

"예전에 만포滿浦에서 연회를 베풀었을 때 나열한 군사들을 봤었네. 대략 삼사백쯤 되었고 등에는 화살을 매고 옆구리에는 활을 끼우고 있었지. 그런데 화살은 깃이 다 떨어지고, 촉도 없더군. 그뿐만이 아니라 활도 상태가 아주 안 좋았어. 하나같이 허약해서 활을 쓸 필요 없이 칼만 가지고도 나 혼자 다 없앨 수 있을 것 같았지. 팔은 제법 아프겠지만 말이야."

동양재의 말을 들은 마신이 이를 드러내며 낄낄거렸다. 두 사람의 얘기를 들은 신충일이 발끈해서 입을 열었다.

"우리 첨사가 군사의 위엄을 과시하고자 하였다면 마땅히 그런 모습을 보이지는 않았을 것이다. 여진족 장수가 본 것은 군병이 아니라 관청에서 일하는 자들을 급하게 모은 것이 분명하다."

분위기가 어색해지자 역관들이 나서서 말머리를 돌렸다. 동양재의 얘기를 듣던 홍한수는 문득 훈련도감의 늙은 포수에게 들었던 얘기가 떠올랐다. 어느 해인가 왜국 사절단이 길가에 도열한 병사들의 창을 보고 너무 짧아서 쓸모가 없어 보인다고 비아냥거렸다고 했다. 그리고 얼마 후, 긴 창과 조총으로 무장한 왜군이 쳐들어왔다면서 고개를 절레절레 내저었다. 누르하치의 여진족들은 조선을 전혀 겁내지 않았다.

멧돼지 가죽이라고 불린 변방의 남자

/

임진왜란이 막바지로 접어들던 1596년 1월, 무과에 급제해서 선전
관과 현감을 거쳐 남부주부로 있던 신충일이 얼어붙은 압록강을 건
넜다. 그의 일행은 여진족 길잡이와 역관, 일꾼들로 구성되었다. 그
는 대체 무슨 일로 한겨울에 추운 압록강을 건너가야 했을까? 바로
압록강 너머 여진족들의 동태가 심상치 않았기 때문이다.

만주 지역에 사는 여진족은 이미 금金(1115~1234)을 세운 적이 있
었고, 부족 상태로 나뉜 여말 선초 시절에도 강력한 기병 집단을 이
루고 있었다. 여진족 일만이 모이면 천하가 감당할 수 없다는 말이
나온 이유도 바로 여기에 있었다. 따라서 명과 조선은 여진족에 대
한 견제를 늦추지 않았다. 특히 명은 여진족을 건주와 해서, 야인 여
진으로 나눠놓고 추장과 유력자들에게 관직과 교역허가권을 주는
방식으로 분열시켜서 간접적으로 지배했다. 조선 역시 우호적인 여
진족들에게 관직을 주고 물품을 주는 한편, 노략질을 일삼는 부족
에 대해서는 보복 공격을 감행하는 방식을 썼다. 세종대왕 당시 두
차례 있었던 파저강 정벌이 대표적인 사례다.

이런 시스템이 잘 작동되는 동안 여진족은 명과 조선에게 고개를
숙였다. 달콤한 먹이를 줘서 자기들끼리 싸우게 만들고, 그중에서
유독 반항적인 자들은 골라서 제거하는 방식으로 분열시키는 방침
은 매우 효과적이었다. 하지만 누르하치의 등장으로 그런 체계들이
모조리 깨져버렸다.

누르하치는 만주어로 '멧돼지 가죽'을 가리킨다. 누르하치는 아버지와 계모의 미움을 받아 처가살이를 해야 했고, 장성한 후에는 여진족을 장악하고 있던 요동총병 이성량의 집에서 인질살이를 해야만 했다. 그런 그가 어떻게 만주의 패자가 되었을까?

누르하치는 어떻게 동아시아의 패자가 되었을까?

/

1583년, 이성량李成梁은 군대를 이끌고 요동으로 향한다. 자신에게 반항적인 여진족이 웅거하고 있는 고륵성을 공격하기 위해서였다. 선봉에는 또 다른 여진족인 도륜성의 성주 니칸 와이란이 있었다. 당시 이성량이 이끄는 군대에는 여진족들이 가담했는데 그중에는 누르하치의 할아버지와 아버지도 포함되어 있었다. 한창 성을 공격하는 와중에 니칸 와이란이 누르하치의 할아버지와 아버지를 죽이고 만다. 근거지인 혁도아랍성을 차지하기 위해 저지른 짓이었다. 니칸 와이란의 배후에는 이성량이 있을지도 모른다.

누르하치는 할아버지와 아버지의 죽음에 직간접적인 영향을 끼친 명의 요동총병 이성량에게서 말과 갑옷을 선물받는다. 배후가 분명하지 않은 그 사건은 눈칫밥을 먹고 자라 기껏해야 건주 여진의 작은 부족 족장으로 끝날 수 있었던 누르하치의 삶을 바꿔버렸다. 곧장 자신의 부족으로 돌아온 누르하치는 눈엣가시 같던 계모와 이복동생을 쫓아냈다. 하지만 주변 부족들은 모두 그에게 적대적이었다. 누르하치는 그들을 굴복시킨 후, 아버지와 할아버지의 원수인 니칸 와이란을 공격한다. 1586년, 니칸 와이란을 공격하던 누르하치는 오히려 역습을 받아 온몸에 상처를 입으면서 죽을 위기에 처하기도 했다. 간신히 위기를 넘긴 누르하치는 니칸 와이란을 계속 추격했고, 결국 그의 목을 친다.

할아버지와 아버지의 원수를 죽이고 부족을 통합한 누르하치에게 이성량은 은과 비단을 보낸다. 새로운 실력자를 관리하기 위한 그의 방식이었다. 하지만 누르하치는 오랫동안 이성량의 곁에서 지내면서 그의 속셈을 잘 알고 있었다. 이후에도 누르하치의 고난은 계속된다. 그의 성공을 바라지 않은 친척들의 모략과 배신이 계속된 것이다. 외삼촌인 룽돈이 누르하치를 미워했던 계모의 동생인 삼잔을 포섭해서 암살을 시도하기도 했다. 누르하치는 목숨을 건졌지만 매부가 목숨을 잃고 말았다. 하지만 이런 고난과 역경이 누르하치의 앞길을 막지는 못했다.

건주 여진을 통합한 누르하치는 차츰 해서와 야인 여진에게로 세력을 뻗친다. 만약 조선과 명의 감시체계가 제대로 작동했다면 이즈음에 원정군이 쳐들어가서 누르하치의 근거지를 쑥대밭으로 만들어놨을 것이다. 하지만 누르하치에게는 대단히 운이 좋은 사건이 연달아 터진다. 1591년에는 누르하치에게도 버거운 존재였던 요동 총병 이성량이 부정부패와 거짓보고를 이유로 파직되었고, 다음해에는 임진왜란이 터진 것이다.

조선보다 요동의 여진족들에게 더 큰 영향을 미친 것이 바로 명이다. 원을 몰아내고 건국한 명은 북방의 유목민들이 하나로 뭉치는 것을 극도로 경계했다. 따라서 여진족들을 항상 감시하며 철저하게 통제했다. 하지만 시간이 흐를수록 그 지배와 감시는 약화되어갔다. 본래 요동 지역에는 명 건국 초기에 이주시킨 주민들이 있었지만 시간이 지나면서 여진족의 약탈과 과도한 세금으로 인해 도망치는 사례가 늘어났다. 거주민의 감소는 기나긴 방어선을 유지할 만한 물자와 인원의 부족을 가져왔다. 십오만에 달했을 것으로 추정되는 명의 요동방어군은 시간이 지나면서 차츰 줄어서 삼만 명 수준으로까지 떨어진다. 그러면서 방어선을 지키는 병사가 함께 감소했고, 이는 방어선의 약화를 가져왔다.

누르하치와 이성량 간의 관계에서 알 수 있듯 명이 여진에 미치는 영향력은 절대적이었다. 따라서 요동에서 명 세력이 약화되는 현상은 누르하치에 의한 건주 여진족의 통합을 방치하는 결과를 낳았다. 조선과 명이 7년 동안 일본과 싸우느라 발이 묶여 있는 동안 누르하치는 질풍처럼 세력을 넓혀나간 것이다. 원래 명은 건주와 해서, 야인 여진들을 돌아가면서 후원하는 방식으로 서로를 견제하도록 만들었다. 하지만 건주 여진의 누르하치는 조선과 명이 왜와의 전쟁에 힘을 쏟느라 북방에 대한 감시를 소홀히 한 틈을 놓치지 않았다.

물론 누르하치에게는 기회뿐 아니라 위기도 있었다. 임진왜란이 한창이던 1593년, 그의 세력이 급속도로 확대되자 예허와 하다를 비롯한 다른 여진족들은 물론 몽골족까지 합세한 3만의 연합군이 쳐들어온다. 임진왜란이 터졌을 때 누르하치는 수만 명의 원군을 보내주겠다고 큰소리를 쳤지만 아직까지 그가 동원할 수 있는 병력은 수천 명 수준이었다. 실제로 연합군의 숫자가 삼만에 달한다는 얘기를 들은 누르하치의 부하들은 모두 겁에 질렸다. 하지만 누르하치는 대담하게도 먼저 공격을 감행해서 연합군의 중심세력이었던 예허 여진족을 구러산에서 격파하고 부족장을 죽이는 한편, 울라 여진족 족장의 동생 부잔타이도 생포한다.

이 전투로 누르하치는 사천에 이르는 적을 죽이고, 천여 벌의 갑옷을 얻는 전과를 거뒀다. 그리고 여진족은 물론 조선과 명, 나아가 몽골에게까지 명성을 떨치게 된다. 선조가 보낸 신충일이 그의 본거지인 불아납성에 도착한 때는 구러산 전투가 벌어진 지 3년 후인 1596년이었다.

"그들은 치질이고 옴이다!"

/

1595년 여름, 위원군 군수 김대축이 인삼을 캐러 온 건주 여진인 27인을 죽인 일이 벌어졌다. 단 한 명만 살아서 돌아갔는데 그에게 소식을 들은 누르하치는 부하들을 만포진으로 보내서 항의한다. 평안도 병마사 유림은 이 사실을 조정에 전하면서 크게 걱정한다. 왜군과 싸우느라 북방의 병력이 없는 상태에서 누르하치가 쳐들어오면 막을 방도가 없었기 때문이다. 선조는 명의 유격장군 호대수에게 중재를 부탁한다. 다행히 중재가 성공하면서 통사인 하세국이 누르하치의 서찰을 가지고 오게 된다. 선조는 여진족 문제를 치질과 옴이라는 표현을 써가면서 극단적인 혐오감을 드러냈다. 그럼에도 이 문제를 마무리 짓고 여진족의 동태도 살필 겸해서 남부주부이자 무관인 신충일을 사절로 보내기로 결심한다.

1595년 12월, 만포진에 도착한 신충일은 여진족 길잡이들을 앞세우고 압록강을 건너간다. 누르하치가 머물고 있는 불아납성에 도착한 신충일은 외성에 머물면서 연회에 참석하고, 부하들을 만나 얘기를 나누면서 정보를 캐낸다. 정월 초하루에는 누르하치가 개최한 연회에도 참석했는데 누르하치의 일가족은 물론이고 몽골에서 온 족장들과 명 역관들, 그리고 항복한 여진족 족장인 부잔타이도 자리를 함께했다. 누르하치의 동생인 슈르하치가 베푼 연회에도 참석한 그는 숙소를 찾아온 휘하 장수인 동양재를 비롯한 누르하치의 부하들과 이런저런 얘기를 나눈다. 이때 양쪽의 자존심을 건 말다툼이 벌어지는데 여진인들은 말로 싸우는 데 익숙한 신충일을 이기지 못한다. 하지만 동양재는 만포에서 본 조선군의 허약함을 비웃으면서 자기 혼자서도 수백 명을 너끈히 죽일 수 있다고 큰소리를 친다. 이 시점부터 이미 여진족들은 조선을 군사력으로는 압도할 수 있다는 자신감을 가진 듯했다.

신충일 일행은 1596년 1월 5일, 불아납성을 떠나 조선으로 돌아온다. 귀국한 신충일은 자신이 보고 들은 것들을 정리해서 선조에게 보고한다. 1596년 1월 30일자 실록에 남아 있는 그의 기록에는

'건주기정도기'라는 제목이 붙었다. 기록에는 노심초사해하는 조선과 한창 힘을 과시하는 누르하치의 여진족이 아슬아슬하게 균형을 맞추고 있는 분위기가 생생하게 담겨 있다. 신충일은 《건주기정도기》에 자신이 보고 들은 것을 정말 꼼꼼하게 남겼다. 불아납성의 크기와 성벽의 형태는 물론, 밤에 순찰을 도는지 안 도는지, 성문은 닫는지 안 닫는지까지 살폈다. 연회에 참석한 누르하치의 외모와 옷차림은 물론이고, 동생인 슈르하치와의 사이에서 흐르는 미묘한 긴장감까지 그대로 포착했다. 나아가 봉수대의 운용에 관한 정보까지 캐냈는데 심지어 돌아오는 길에 만난 몽골족과 얘기를 나누면서 동태를 파악하려고까지 했다.

신충일의 보고를 받은 선조는 크게 걱정한다. 일본과 싸우고 있는 상황에서 여진족이 쳐들어오면 앞뒤로 적을 맞이하게 되어서 낭패를 보게 될 것이라고 예측한 것이다. 선조는 그런 상황을 치질과 옴을 함께 앓는 격이라고 푸념을 늘어놓는다. 그래서 승정원을 통해 비변사에 대책을 세우라고 지시한다. 선조가 내린 대책은 병사들을 훈련시키는 한편 군량미를 비축하고, 격식에 얽매이지 말고 지형지물을 최대한 이용해서 산성을 쌓아야 한다는 것 등이다.

임진왜란이 끝날 즈음에는 누르하치의 세력은 엄청나게 거대해진다. 수만의 병력을 보내서 도와주겠다는 몇 년 전의 얘기는 허풍이었지만 이때는 사실이 되었다. 1599년에는 예허 여진족과 손을 잡고 오랫동안 누르하치와 대적해왔던 하다 여진족을 멸망시켰다. 근거지인 성을 불태운 누르하치는 하다 여진족들을 불아납성으로 끌고 온다. 뒤늦게 명이 나서서 누르하치에게 하다 여진족들을 모두 돌려보낼 것을 명령한다. 누르하치는 겉으로는 들어주는 척하면서 뜻을 따르지 않았다. 이후 누르하치는 동해안 쪽의 야인 여진족들을 공략해서 굴복시키는 한편, 다른 부족들에게도 손을 뻗친다. 누르하치는 항복하거나 패배한 여진족들을 불아납성으로 끌고 가 직접 통치를 하면서 세금을 걷고 군대를 조직했다.

뒤늦게 상황이 심상치 않게 돌아간다고 느낀 명은 1601년 이성량을 다시 요동총병으로 세운다. 그가 자리에서 물러난 십 년 동안 여진족의 기세는 급속도로 커졌고, 후임자들이 세운 대책은 번번이 실패로 돌아가고 말았기 때문이다. 복귀한 이성량은 시장을 열어서 여진족을 달랬지만 이미 때는 늦고 말았다. 그의 시대는 저물었고, 이제 누르하치의 시대가 열린 것이다.

조선을 지키는 울타리, 강과 번호
/

조선이 4군 6진을 설치하고 압록강과 두만강을 국경선으로 삼은 까닭은 전적으로 세종대왕의 고집 덕분이었다. 신하들은 험준한 고갯길을 지키자고 했지만 세종대왕의 생각은 달랐다. 고갯길은 지키기도 어렵고, 얼마든지 우회할 수 있기 때문이다. 세종대왕이 생각한 이상적인 국경선은 강을 경계로 하고, 건너편에는 웅번雄藩, 즉 우호적인 여진족들이 자리 잡고 있는 형태였다. 레이더 같은 감시체계가 없던 시절이라 국경선을 지키는 데 웅번은 꼭 필요한 존재였다. 여진족의 동태를 파악할 수 있고, 그들 자체가 방어망 구실을 할 수 있기 때문이다. 조선은 이들에게 물품을 하사하고 관직을 제수하는 방식으로 통치했다. 만약 반항하거나 이탈할 기미가 보이면 군대를 보내 토벌하는 방식으로 통제했다. 조선은 강온 양면책을 통해 국경선 근처의 여진족을 통제하면서 간접적으로 영향력을 미쳤다. 이들은 성저야인으로 불렸다가 '번호'라는 명칭을 얻게 된다.

이런 체제는 선조 때까지 이어졌는데 이 시기에 이르면서 조선의 지배체제에서 벗어나는 번호들이 늘어났다. 선조는 번호들의 통제에 큰 관심을 기울였는데, 왜군과 싸우기 위해 북방의 병력들이 대부분 남쪽으로 이동한 임진왜란 시기에는 더욱더 중요해졌다. 그런 상황에서 누르하치의 등장은 선조의 머리를 아프게 만들었다.

하지만 원래 선조를 괴롭힌 것은 누르하치의 라이벌이라 할 수 있는 올라 여진의 부잔타이였다. 이 시기가 되면 흩어져 있던 여진족들이 차츰 통합되면서 그 규모가 커진다. 그 가운데 하나인 부잔타이는 막강한 군대를 거느렸는데 이들과 싸웠던 조선군 장수들이 하나같이 여진족의 기세가 예전과는 다르다는 보고서를 올렸다.

백두산 인근에 살던 여진족을 이끄는 추장인 노토는 본래 조선의 번호로 지내면서 정헌대부라는 관직과 물품을 받았다. 하지만 누르하치의 세력이 커지자 그에게 귀속했다. 신충일은 불아납성에 머물면서 노토가 말과 담비가죽을 바치고 충성을 맹세했다는 정보를 입수한다. 노토는 누르하치에게 충성을 맹세하는 한편, 그와 대적하는

1. 《북관유적도첩》 가운데 〈야전부시夜戰賦詩〉. 신숙주가 함경도 도제찰사 시절 여진족을 물리친 역사를 담았다. 고려대학교 박물관 소장

2. 《북관유적도첩》 가운데 〈일전해위도一箭解圍圖〉. 신립이 화살 한 발로 적장을 쓰러뜨려 여진족을 물리친 무공을 그렸다. 고려대학교 박물관 소장

3. 《북관유적도첩》 가운데 〈수책거적도守柵拒敵圖〉. 1587년 둔전에 침입한 여진족을 당시 조산만호造山萬戶였던 이순신이 방어했다는 기록을 담았다. 고려대학교 박물관 소장

4. 〈장양정토시전부호도將襄公征討時錢部胡圖〉. 1588년(선조 21) 함경북도 병마절도사 이일이 여진족을 정벌하는 장면을 그렸다. 육군박물관 소장

《해동지도海東地圖》 가운데 〈조선여진분계도朝鮮女眞分界圖〉. 조선 북방에 맞닿은 여진과의 접경을 표시했다. 서울대학교 규장각 한국학연구원 소장. 1750년경

조선은 일찍이 여진족의 잠재력을 파악하고, 항상 주시하며 성장하는 세력이 있으면 견제하고, 지나치게 위축되면 지원하는 방식으로 관리해왔다.

예허와 부잔타이와도 손을 잡았다. 하지만 결국에는 누르하치의 공격을 받게 된다. 설상가상으로 1600년 이일이 이끄는 조선군이 노토의 여진족 부락을 급습한다. 노토의 활발한 움직임을 조선에 대한 침략 준비로 오해한 것이다. 조선군의 급습에 노토의 여진족은 큰 피해를 입고 만다. 조선군이 약 40여 리에 걸쳐 만들어진 일곱 곳의 마을을 불태우고 경작지를 짓밟은 것이다. 조선군의 기습에 여진족은 제대로 대응하지 못하고 산속으로 도망쳐서 지켜봐야만 했다. 조선군은 천여 채에 달하는 가옥을 불태우고 백여 명이 넘는 여진족의 목을 베었다. 반면 피해는 전사자 7인에 불과했다.

한때 기세를 떨쳤던 노토의 여진족은 조선군의 공격을 받고 세력이 급속도로 약화된다. 근거지를 잃은 노토가 인근의 다른 여진족들을 약탈하다가 공격을 받으면서 피해가 늘어난 것이다. 위기에 빠진 노토는 조선에 항복을 요청할 정도로 궁색한 처지가 되면서 결국 누르하치에게 몸을 맡기게 된다. 이 일은 조선이 마지막으로 성공한 여진족 정벌이 되었다. 노토와는 비교할 수도 없는 강력한 세력을 자랑하는 부잔타이가 조선을 노린 것이다.

조선의 통제에서 벗어난 여진
/
구러산 전투에서 누르하치에게 생포되고 인질로 끌려간 부잔타이는 충성을 맹세하고 그의 딸과 혼인한다. 하지만 누르하치 밑에서 인질 생활을 끝내고 올라 여진으로 돌아온 부잔타이는 곧바로 배신한다. 누르하치와 대적하기 위해서는 군대를 모아야 했기 때문에 부잔타이는 인근의 여진족들을 공략했고, 그들 가운데에는 함경도의 6진 근처에 있는 번호들도 포함되어 있었다. 부잔타이는 번호들을 공격해서 끌고 가는 한편, 조선의 국경선을 자주 침범했다. 임진왜란이 끝난 직후라 제대로 방비하지 못하던 조선은 대응책을 찾지 못했다. 그러는 사이 조선의 울타리 역할을 하던 번호들은 차츰 사라져갔다.

결국 1604년 즈음부터 조선 조정에서는 군대를 출병시켜서 쓴맛을 보여줘야 한다는 논의가 오가기 시작한다. 목표는 부잔타이에게 협조한 두만강 근처의 여진족들이었다. 이런 논의는 올라 부잔타이의 공격으로 동관진이 함락당하고 장수 이하 병사들이 전멸당하는 일이 벌어지면서 가속화되었다.

1605년 4월, 북병사 김종득이 이끄는 삼천 명의 조선군이 여진족의 근거지인 건퇴를 공격하기 위해 두만강을 건넌다. 하지만 여진족의 반격에 휘말려 삼백여 명 이상의 전사자와 실종자를 내는 패전만 겪었다. 여진족의 기세가 달라졌다는 것을 확인한 조선은 정벌을 포기하고 여진족에 대한 회유에 나서는 한편, 국경 지역에서 성을 쌓는 작업에 박차를 가한다.

건퇴 전투 이후 선조는 이시발을 함경도 관찰사로 보냈고, 이시언을 순변사로 삼았다가 곧 북병사로 임명했다. 두 사람에게 주어진 임무는 부잔타이가 이끄는 올라 여진족을 막는 것이었다. 중국

어에 능통했던 이시발은 명 군대의 병법서인 《기효신서紀效新書》를 번역했고, 그것을 토대로 충청도에서 병사들을 성공적으로 양성했다. 선조는 그가 병사의 양성, 특히 포수를 제대로 양성해주리라 기대했다. 이시언은 선전관 출신의 무관으로 임진왜란 때 의병을 일으켜서 정기룡 등과 함께 경주성을 함락시키는 공을 세웠다. 그 공로를 인정받아 1594년에 전라도 병마절도사가 되었고, 임진왜란이 끝난 직후에는 삼도수군통제사가 되어서 통영에 진남관을 세우기도 했다. 그의 다양한 실전 경험을 높이 산 선조는 그를 함경도 병마절도사에 임명했다.

두 사람은 평안도 지역의 성을 고치거나 새로 쌓았고, 조총을 다루는 포수를 양성해서 이곳에 배치했다. 아울러 여진족이 공격해오면 반격하는 대신 성에 의지해서 방어에만 힘쓰도록 했다. 이런 조치들에 대해서 선조와 대신들은 만족했지만 이제 조선이 여진족에 대해서 더는 영향력을 미치지 못한다는 것은 기정사실이 되었다. 이후에는 부잔타이가 이끄는 여진족들이 국경선을 넘나들면서 번호들을 수색해서 끌고 가는 일을 막을 수 없었다. 번호의 소멸은 여진에 대한 조선의 영향력이 급속도로 사라지는 것을 의미했다. 하지만 군사력이 약화된 조선으로서는 직접적으로 대응할 수 있는 조치들이 그다지 없었다.

결국 무너진 세종의 방어체계

/

한편 부잔타이는 생포한 조선군을 돌려주는 조건으로 관직을 요구했다. 누르하치와의 결전을 앞둔 부잔타이 역시 굳이 조선과 갈등을 일으킬 이유가 없었기 때문이다. 이에 앞서 누르하치 역시 조선에 관직을 달라고 요청했다가 거절당한 적이 있었다. 선조는 고심 끝에 부잔타이의 요구를 들어주는 한편, 북방의 축성 작업에 열을 올린다. 야전에서 여진족과 전투를 벌여서는 승산이 없다는 것이 밝혀진 이상 성에 의지하는 수밖에 없었기 때문이다. 여기에 조총을 다루는 포수를 배치해서 부잔타이의 공격을 막도록 했다. 이런 방식은 부잔타이의 침략을 막는 데에는 효과적이었지만 번호들을 공격해서 끌고 가는 것을 막지는 못했다.

하지만 부잔타이의 전성기는 오래 가지 않았다. 함경도 경원 근처에 살던 번호들이 부잔타이의 공격을 견디지 못하고 누르하치에게 도움을 요청한 것이다. 예전 같았으면 원조를 요청하는 대상이 조선이었겠지만 조선은 이제 방관자가 되고 말았다. 부잔타이의 행동이 곧 자신을 향한 것임을 눈치챈 누르하치는 동생인 슈르하치에게 삼천의 병사들을 이끌고 대응하도록 한다. 슈르하치는 부잔타이보다는 점잖게 행동해서 조선에 미리 서찰을 보내고 약탈도 하지는 않았지만 국경선을 넘나들면서 번호들을 수색해서 끌고 갔다. 슈르하치의 움직임을 눈치챈 부잔타이는 고심 끝에 군대를 동원한다.

1607년, 슈르하치의 부하 오이한의 건주 여진족과 부잔타이의 올라 여진족이 함경도 나선에 있는 오갈암에서 대치한다. 수적으로는 올라 여진족이 우세했지만 오이한이 산꼭대기에 방어진을 만들어서 버티는 사이 슈르하치의 본대가 도착해서 전세를 역전시킨다. 문제는 이 전투에서 슈르하치는 수적 열세 때문인지 움직이지 않았고, 누르하치의 아들 추엥과 다르샨이 전투를 승리로 이끌었다는 점이다. 이 문제는 훗날 형제간의 갈등으로 이어지지만 당장의 전투는 슈르하치의 승리로 끝났다.

이 전투에서 부잔타이는 삼천의 병력을 잃고, 오천 필의 말을 빼앗겼다. 전투가 끝나고 조선의 관리가 오갈암에 가서 확인한 시신의 수만 2,600구였다. 이 전투로 인해서 번호에 대한 부잔타이의 영향력은 완전히 사라지고 만다. 조선은 당장에는 한숨을 돌렸지만 곧 더 강력한 세력인 누르하치와 마주치게 된다.

누르하치와 부잔타이가 결전을 벌인 오갈암이 조선의 영토였다는 점은 여진족과 조선과의 관계가 어떻게 변하는지를 상징적으로 보여준다. 승리한 누르하치는 부잔타이처럼 번호들을 복속시켜서 자신의 세력을 확대한다. 조선은 누르하치의 이런 행동을 제지하지 못하고 지켜만 봤다. 건퇴에서 조선군을 격파한 부잔타이의 여진족을 누르하치는 더 적은 숫자로 격파했기 때문이다.

이후에도 누르하치의 행보에는 거침이 없었다. 1613년, 누르하치는 삼만의 병력을 동원해 올라 여진족을 재차 공격했다. 오랫동안 누르하치에게 대적해왔던 부잔타이는 필사적으로 막으려고 했지만 실패하고 만다. 결국 올라 여진족은 누르하치에게 복속했고,

부잔타이는 예허 여진족에 몸을 의탁한다. 누르하치는 부잔타이의 망명을 허락했다는 이유로 예허 여진족에게도 공세를 펼쳤다. 위기에 처한 예허 여진족은 명에게 도움을 요청한다. 명은 누르하치에게 공격을 멈출 것을 지시하지만 누르하치는 명의 무순과 청하성을 공략하는 것으로 대답을 대신한다.

누르하치가 조선과 명에 공공연하게 적대행위를 시작하는 것에 발맞춰 조선이 통제하던 번호는 계속해서 줄어들어갔다. 조선에 복속한 번호들은 선조 대를 시작으로 광해군과 인조 때까지 지속적으로 줄어들었고, 정묘호란 이후에는 사실상 사라지게 된다. 번호들의 소멸은 조선의 눈과 귀 역할을 해주면서 필요할 때에는 울타리 역할까지 해주던 존재가 사라짐에 따라 조선이 북방 국경선을 지키기가 더욱 어렵게 되었음을 의미한다. 조선이 건국하면서 만들었고, 세종대왕 때 완성된 시스템이 약 이백 년 만에 무너지고 만 것이다.

이미 누르하치의 동태를 여러 차례 파악했던 조선은 그의 근거지인 건주 여진과 가까운 평안도에도 서둘러 성을 쌓고 포수들을 배치한다. 이런 방어체계는 선조의 사후 광해군이 그대로 이어받는다.

북쪽에서 부는
검은 바람

동아시아 패권의 교체와
선택을 강요받게 된 조선

1618. 4. 13

누르하치,
〈칠대한〉으로 명에 선전포고

1619. 3. 5

강홍립, 사르후 전투에서
후금군에 투항

1621. 10. 10

정충신, 후금 요양성을
정탐하고 귀국

겨우 대열을 이뤘는데 적의 기병들이 일제히 돌진해왔다. 그 기세가 마치 거센 폭
풍우 같았다. 총과 포를 한 번 발사하고 다시 장전하기 전에 적의 기병이 들이닥
쳤다. 나는 당시 중영에 있었는데 원수에게 병력을 합쳐서 힘껏 싸우자고 요청했
지만 이미 늦고 말았다. 순식간에 좌영과 우영이 전멸당했다.

— 이민환의 《책중일록》 중에서

광해군 11년(1619) 2월 27일, 요동 배갈동령 십리 밖

"팔렬박, 앵아구, 양마전, 진자두."

같이 모닥불을 쬐던 전영갑이 중얼거리자 홍한수가 물었다.

"그게 뭔데?"

"뭐긴, 압록강을 지나서 우리가 지나온 곳이잖아."

어찌어찌 불을 피우긴 했는데 젖은 나무라 매운 연기가 굉장히 많이 나왔다. 하지만 두 사람은 눈물 콧물 다 흘리면서도 옆에서 떠나지 않았다. 잠시라도 자리를 비우면 자리를 빼앗길 게 뻔했기 때문이다. 모닥불 옆에는 두 사람이 벗어놓은 장화 모양의 짚신인 둥그니신이 나란히 놓였다. 아동대가 해산된 이후에 훈련도감 소속의 포수로 자리를 옮긴 두 사람은 20년 동안 친구로 지냈다. 십대 초반 꼬마에 고아나 다름없던 두 사람은 각각 혼인을 하고 자식들을 낳으면서 어느덧 30대 후반의 나이가 되었다. 그리고 이번에도 나란히 출정했다.

도원수 강홍립이 이끄는 조선군 만삼천 명은 평안도의 창성에서 머물다가 2월 19일 압록강을 건넜다. 날로 기세를 떨치고 있는 후금을 공격하기 위해 출정하는 명군과 합류하기 위해서였다. 진중에서는 후금과 누르하치라는 이름 대신 여진족이나 야인, 노적이나 노추라는 말을 썼다. 그 얘기를 들을 때마다 홍한수는 십여 년 전, 신충일을 따라 불아납성으로 가서 만났던 누르하치를 떠올렸다. 기억 속에서 건장한 체구에 우뚝한 코를 한 그는 연회 때 악기 연주에 맞춰 몸을 앞뒤로 흔들면서 춤을 추던 호쾌한 모습이었다. 그리고 이제는 조선과 명에게 두려운 존재가 되었다.

"무슨 생각해?"

옆구리를 툭 친 전영갑의 물음에 홍한수가 코를 훌쩍거리면서 대답했다.

"그냥, 올해 혼인한 딸내미는 어때?"

"망할 사위 놈이 툭하면 주먹질이야."

"생긴 건 얌전하던데 말이야."

"마지막 날 저녁에 왔는데 한쪽 눈이 퉁퉁 부었더라고, 물어보니까 한사코 문에 부딪혔대. 서둘러 혼인을 시키는 게 아니었는데 말이야."

홍한수는 전영갑이 아내를 십여 년 전에 역병으로 잃고 자식들을 힘들게 키우는 것을 지켜봤다. 물론 홍한수를 비롯해 동료들의 아내가 아이들을 봐줬지만 어미가 있는 것에는 턱없이 미치지 못했다. 그래도 전영갑의 아이들은 잘 자라줬고, 얼마 전에는 막내딸까지 시집을 갔다. 다만 출정하기 전에 혼인을 서두른 게 문제가 된 듯했다. 땅이 꺼져라 한숨을 쉬는 전영갑에게 홍한수가 말했다.

"이번에 돌아가면 우리 둘이 사위 녀석을 따끔하게 혼내주자고."

홍한수의 말에 전영갑이 살짝 얼굴을 찡그렸다.

"무사히 돌아갈 수 있을까?"

"한두 명도 아니고 만삼천이나 가는데 문제가 있겠어?"

"넌 전기수한테 수나라 백만 대군이 살수에서 몰살당했다는 얘기 못 들었어? 고작 일만밖에 안 되는데 흉악한 여진족 놈들을 무슨 수로 이겨?"

"명나라 군도 와 있잖아. 너무 겁먹지 말라고."

"너도 그 놈들이 얼마나 비리비리하고 무기도 형편없는지 봤잖아. 왜란 때랑 다를 바가 없다고."

추운 날씨에 군량까지 부족한 데다가, 명 장수들이 서둘러 진격하라고 닦달하는 바람에 조선군의 사기는 형편없었다. 19일에 압록강을 건넌 이후 강행군의 연속이었다. 거기다 군량이 계속 부족해서 죽을 쑤어먹거나 굶어야만 했다. 덕분에 창성에 집결했을 때만 해도 나름 높았던 사기가 푹 꺾이고 말았다.

강홍립이 이끄는 만삼천의 조선군에는 다양한 이유로 참가한 병사들이 있었다. 두 사람처럼 훈련도감 소속의 포수와 항왜는 물론이고, 병사들 중에서 시험을 쳐서 선별한 별무사와 무과에 급제한 병사들인 신출신新出身도 있었다. 자진해서 입대한 자모병과 군공을 세워서 죄를 씻으려는 입공자효군도 포함되었다. 그리고 그들 모두 압록강을 건넌 후에 불어닥친 찬바람에 음습한 불안감을 느꼈다. 후금이라는 낯선 적에 관한 두려움이 불안감을 더 키웠다. 나뭇가지로 모닥불을 힘없이 쑤시던 홍한수가 중얼거렸다.

"어휴, 이런저런 생각 안 하게 차라리 빨리 붙었으면 좋겠어."

그 얘기를 들은 전영갑이 코웃음을 쳤다.

"수급 챙겨서 공을 세우려고?"

"모가지가 우리 같은 포수에게 오겠어?"

"하긴, 백 보 밖에서 맞추는 게 우리 일이니까."

"이왕 여기까지 온 거 공을 세워서 상이라도 받아야지."

두 사람의 푸념은 거의 동시에 배에서 울려 퍼진 꼬르륵거리는 소리에 막혀버렸다. 어제부터 아무것도 먹지 못한 두 사람은 쓴웃음만 지었다. 나뭇가지를 불 속에 던져 넣은 홍한수가 한 손으로 배를 쓰다듬었다.

"이러다가 조총들 힘도 없어지겠어."

타오르는 불을 하염없이 바라보던 전영갑이 투덜거렸다. 홍한수가 대답하려는 찰나, 출발을 알리는 나팔소리가 들렸다. 여기저기 누워 있거나 쪼그리고 앉아 있던 병사들이 짜증 섞인 신음소리를 내면서 몸을 일으켰다. 두 사람도 못내 아쉬운 눈길로 모닥불 곁을 떠날 준비를 하는데 도원수의 종사관 이민환이 병사들 사이를 돌아다니면서 외쳤다.

"각 영에서 육백씩 뽑아서 이곳에 노영을 설치할 것이다. 호명되는 병사들은 숙천부사 이인경과 함께 이곳에 남도록 하라!"

이민환이 지나가자 전영갑이 홍한수의 옆구리를 꾹 찔렀다.

"여기에 노영을 왜 설치하는 걸까?"

"명나라 군이 하도 빨리 움직이라고 닦달을 하니까 그런가 봐. 여기에 무거운 짐 같은 걸 놓고 가겠지."

"그럼 여기 남으면 여진족이랑 싸울 일이 없겠네."

"얼굴도 못 볼지 몰라. 왜, 남고 싶어?"

홍한수의 물음에 전영갑이 고개를 저었다.

"아니, 애들한테 뭐라도 주려면 공을 세워야 하잖아."

"네 몸부터 챙겨. 그러다 목 없는 귀신 될라."

"내가 못 돌아가면 나를 대신해서 사위 녀석 좀 혼내줘."

"재수 없는 소리 하지 말고 같이 가야지."

홍한수가 짜증을 내자 전영갑이 고개를 저었다.

"혹시나 해서 말이야. 알았지?"

"그럼, 득길이랑 같이 다시는 손찌검 못하게 해줄게. 됐냐?"

"이 와중에도 아들 자랑하냐?"

피식 웃은 전영갑이 조총을 움켜잡고 일어났다.

잠시 후, 노영에 남게 된 병사들을 제외하고 나머지 병사들이 북쪽으로 향했다. 홍한수의 예상대로 행군 속도를 높이기 위해서 무거운 짐과 무기들을 내려놓고 이동하기로 결정되었고, 그것들을 지키기 위해 일부 병력을 남겨놓기로 한 것이다. 훈련도감 소속의 포수들 가운데 일부가 남았는데 홍한수도 남은 무리에 끼어 있었다.

홍한수의 권유를 끝까지 거절한 전영갑은 출정하는 병사들 틈에 끼어서 발걸음을 옮겼다. 이곳까지 왔는데 빈손으로 돌아갈 수 없다는 생각이 전영갑을 비롯한 많은 병사들을 북쪽으로 가게 만들었다. 숙천부사 이인경은 노영 주변에 목책을 설치하도록 지시했다. 조총을 내려놓고 도끼를 든 홍한수는 나무를 베어왔다. 그렇게 며칠이 지나는데 북쪽에서 은은하게 포성과 총성이 울렸다. 한창 일을 하던 홍한수와 병사들은 손을 멈추고 북쪽을 물끄러미 바라봤다. 그날 저녁, 조선으로 돌아가던 군관 일행이 노영에 도착하자 다들 몰려가서 무슨 일인지 물었다. 군관은 침을 튀기면서 상황을 설명해줬다.

"어제 마가채에 도착했는데 산 위에 여진족 수백이 진을 치고 기다리고 있더라고, 명나라 군이 먼저 공격했고, 우리가 뒤를 따랐지. 기세 좋게 올라갈 때는 좋았는데 놈들이 절벽처럼 가파른 산등성이 위에 숨어서 버티더라고. 호준포가 있었으면 한방 갈기는 건데 방법이 없었지."

"그래서요? 놈들이 물러갔습니까?"

홍한수의 물음에 군관이 고개를 저었다.

"오히려 역습을 해왔어. 아차 하는 사이에 명나라 군이 무너졌고, 듣기로는 명나라 유정 제독이 총애하던 유길룡도 화살에 맞아서 죽었다고 하더군. 우리 쪽도 다친 자들이 제법 되었지. 명나라 군이랑 우리 군대랑 주춤주춤 물러나니까 여진 놈들이 기세를 올리면서 쫓아왔지. 그때 포수 하나가 선두에 선 적장을 맞춘 거야."

주변을 둘러싼 병사들이 다들 감탄사를 내뱉는 사이 군관의 설명이 이어졌다.

"쓰러진 적장에게 우리 병사가 다가가서 목을 쳐버렸지. 그러자 여진 놈들이 죄다 흩어져 버렸지 뭐야. 쫓아갔어야 했는데 해가 저물 때라 어쩔 수 없이 진을 치고 숙영을 했지."

"우리 쪽 피해는 얼마나 됩니까?"

군관은 홍한수의 물음에 고개를 갸웃거렸다.

"다친 사람은 제법 되네. 문희성 중영장께서도 손에 화살을 맞았으니까 말이야. 그날 밤에 여진 놈들이 명나라 진영에 야습을 감행했다가 화포를 두들겨 맞고 퇴각했지."

"후금의 도읍인 혁도아랍성이 코앞인데 적들이 너무 없어서 불안합니다."

"도원수께서도 그걸 염려하시는 모양인데 명나라 군에게 붙잡힌 여진족 포로 얘기로는 지금 명나라의 서로군이 공격을 하니까 우리 쪽을 제대로 방비하지 못하고 있다고 하더군."

홍한수는 군관의 대답에 살짝 고개를 갸웃거렸다.

"아무리 그렇다고 해도 걱정입니다."

"명나라 군이 쓰는 신호용 대포 소리를 들었네. 너무 걱정하지 말게나."

호언장담한 군관이 남쪽으로 떠난 후에 노영에서는 잠시 동안 활기가 돌았다. 하지만 다음날 낮이 되자 지난번과는 비교할 수 없을 정도의 커다란 총성이 연거푸 들렸다.

"이건 윤방輪放(조총의 연속 사격) 소리 같은데?"

홍한수의 중얼거림에 같이 남은 훈련도감 소속의 포수 하나가 대꾸했다.

"야인들이랑 제대로 한판 붙는 모양이군."

윤방 소리는 한 번 정도에 그쳤다. 그것은 조총을 쏘는 대열이 흩어졌다는 뜻으로 어찌 생각해도 좋은 상황은 아니었다. 절친한 친구인 전영갑이 어찌 되었을까 걱정하던 홍한수는 북쪽에서 눈을 떼지 못했다. 해가 질 무렵, 피투성이가 된 패잔병들이 하나둘씩 도착했다. 그들이 전해준 소식은 끔찍했다. 앞장선 명군은 전멸당한 것 같고, 조선군도 도원수가 이끄는 중영을 제외한 좌영과 우영은 사르후의 벌판에서 후금군의 철기에게 단숨에 쓸려나갔다는 것이다. 딱 한 번 윤방을 한 것이 저항의 마지막이었다는 얘기를 들은 홍한수는 등골이 오싹해졌다.

"훈련도감 포수들은 어찌 되었소?"

"중영 빼고는 모두 전멸당했소이다. 죄다 말이요."

겁에 질린 병사들이 어찌할 바를 모르는 사이, 숙천부사 이인경에게서 서둘러 퇴각하라는 명령이 내려왔다. 서둘러서 짐을 챙기는 홍한수의 뒤로 스산한 북풍이 불어왔다.

조선군, 압록강을 건너다

/

광해군 11년(1619) 2월, 도원수 강홍립이 이끄는 만삼천 규모의 조선군이 평안도 창성을 출발해 압록강을 건넜다. 조선 초기와 15년 전인 1605년에 조선군이 강을 건넌 적은 있었지만 그때와는 병력 규모가 비교도 안 될 정도로 컸다. 조선군의 목표는 요동에서 새롭게 떠오르는 강자인 누르하치였다. 조선과 명이 임진왜란을 겪는 사이 누르하치는 힘을 모아서 여진족을 복속시켜 나간다. 여진족 일만이 모이면 천하가 감당하지 못한다는 말이 있듯이 이들은 타고난 전사들이었다. 누르하치는 처음에는 명과 조선에 고분고분한 모습을 보였지만 곧 본색을 드러냈다.

1618년 그는 여진족이 명에게 가진 일곱 가지 원한(칠대한七大恨)을 하늘에 고하면서 본격적으로 명과의 전쟁에 나선다. 그해 4월, 누르하치는 명의 영토였던 무순성과 청하성을 차지했다. 이미 2년 전에 여진족이 예전에 세웠던 금을 계승한다는 명분으로 후금을 세운 그의 행보에는 거침이 없었다.

청하와 무순의 상실로 인해 명의 요동 방어선은 요양성까지 밀려나게 되었다. 요양성까지 잃게 되면 요동 전체를 상실할 수 있기 때문에 명은 반격에 나서야만 했다. 누르하치에 대한 반격의 총책임을 맡은 것은 임진왜란 때 조선에 왔던 양호楊鎬였다. 요동경략에 임명된 그는 후금의 기세를 꺾을 원정을 준비하면서 장수와 병력들을 모으고 군수물자를 비축했다. 아울러 조선에 사신을 보내 군대의 파병을 요청했다. 말이 요청이지 사실상 강요나 다름없었다. 명의 파병 요청은 광해군의 즉위 이후 바람 앞 등불 같던 조선 정국에 커다란 태풍으로 다가왔다.

명과 후금 사이에 선 광해군의 선택

/

임진왜란 기간 동안 분조分朝(비상 상황에서 대피한 임금을 대신해 국정을 다스리기 위해 분리되어 나온 임시 조정)를 이끈 광해군은 자연스럽게 능력을 인정받으면서 선조의 뒤를 이을 것으로 예상되었다. 하지만 선조가 인목대비와 새로 혼인해 둘 사이에서 영창대군이 태어나자 상황이 바뀌었다. 방계 혈통이었던 선조는 정실 소생인 영창대군에게 왕위를 물려줄 생각을 했고, 그에 동조하는 신하들이 늘어나면서 광해군의 세자 자리는 점점 위태로워졌다. 만약 선조가 1608년에 승하하지 않고 몇 년 더 살아 있었다면 정말로 광해군은 폐세자가 되고 영창대군이 세자의 자리에 올랐을지도 모른다.

그런 급박한 상황에서 왕위에 오른 광해군은 자연스럽게 자신을 지지했던 북인의 일파인 대북에게 의지하면서 자신의 집권에 방해가 될 만한 세력들을 제거해 나간다. 광해군의 형 임해군을 시작으로 선조와 인목대비 사이에서 태어난 영창대군이 차례로 죽었다. 인목대비의 아버지 김제남도 역모에 휩쓸려 목숨을 잃었다.

마지막 목표는 인목대비였지만 쉽지 않았다. 충과 효를 강조하는

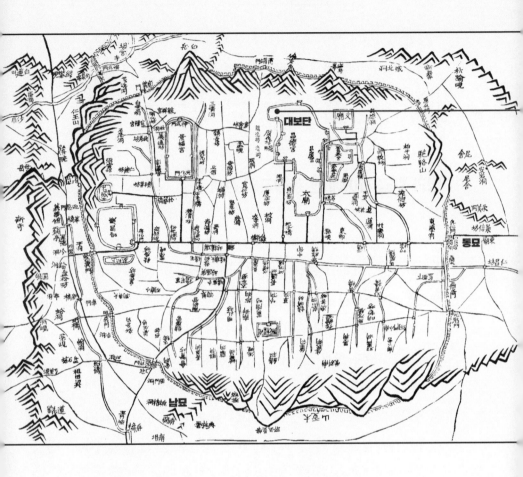

〈한성도漢城圖〉. 동대문과 남대문 밖에 관왕묘들이 표시되어 있다. 18세기 제작. 국립중앙박물관 소장

관왕묘는 임진왜란 당시 명의 재조지은을 기리는 상징물로, 남묘는 명 장수 진인陳寅의 주도로 세워졌고 동묘는 명 신종의 칙령에 의해 건립되었다. 남묘의 경우 왜국으로 가는 통신사 일행이 임금에게 숙배한 다음 들르는 곳이었다

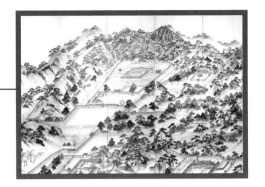

〈동궐도〉에 나와 있는 대보단
大報壇. 조선에서 명의 황제인
태조와 신종, 의종의 제사를
지내던 제단으로, 숙종 30년
(1704) 임진왜란 당시 원조해준
명 신종의 은덕을 기린다는
취지에서 창덕궁 금원 서쪽에
세워졌다. 국보 제249호

조선에서 비록 계모이긴 하지만 어머니를 핍박하는 일은 어마어마
한 반대에 부딪혔다. 그 와중에 광해군은 신하들의 반대를 무릅쓰
고 궁궐의 증축을 계속했다. 선조 때 시범적으로 시행되었던 대동
법의 확대 역시 반대했다.

일제 강점기에 접어들면서 비운의 개혁군주라는 이미지가 만들
어지기 전까지 광해군은 조선시대 내내 폭군이자 암군으로 비춰졌
고, 그럴 만한 이유가 충분히 있었다. 그럼에도 불구하고 광해군에
게는 높이 평가받아야 할 부분도 있다. 바로 당시 명과 후금과의 전
쟁에서 조선이 어떤 위치에 있어야 하는지 분명하게 알고 있었던
국제정세를 파악하는 감각이다. 세자 시절에 분조를 이끌면서 전쟁
을 겪어봤고, 명군의 실태를 눈으로 똑똑하게 봤던 광해군은 후금
과의 충돌이 명에게 유리할 것이 없는 싸움이라고 확신했다.

1618년 봄, 명으로부터 요동 원정 계획을 전해 들은 광해군은 단호하게 실패를 예언했다. 명 병사들이 후금의 기병들을 이겨내지 못할 것이고, 적진 깊숙이 들어가는 것은 너무 위험하다고 생각한 것이다. 성을 높이 쌓고 수비를 하는 것이 후금을 막을 수 있는 유일한 방법이라면서 여름에 원정에 나설 것이라는 명의 계획을 듣고는 코웃음을 쳤다. 수풀이 우거지고 장마가 지는 여름철에 원정을 떠나는 것이 얼마나 위험 부담이 큰지 알고 있었기 때문이다.

광해군은 지원군을 요청하는 명의 문서에 섣불리 군대를 움직이지 말라는 답변을 하려다가 대신들의 만류로 그만두기도 했다. 이 문제에 있어서 광해군의 입장은 명쾌하다 못해 단호했다. 조선이 후금을 적대하지 않으면 된다는 것이다. 그러면 명과의 싸움에 집중할 후금이 조선을 공격할 이유가 없다고 봤다. 그런 상황에서 만약 조선이 명의 요청을 받아들여서 파병을 할 경우 후금은 조선이 명과 손을 잡은 것으로 보고 침략을 시도할 수 있는 명분이 생긴다. 따라서 광해군은 명의 지원군 요청을 절대로 들어줘서는 안 된다는 입장을 고수했다.

광해군이 명의 지원 요청에 시큰둥했던 이유에는 한 가지가 더 있었다. 바로 자신의 세자 책봉을 명 조정에서 내부 사정을 이유로 번번이 거부했던 것 때문이다. 덕분에 가뜩이나 흔들리던 광해군의 입지는 위태로울 지경에 이르렀다. 광해군이 즉위한 이후에도 마찬가지였다. 형인 임해군을 제치고 광해군이 왕위에 오른 이유를 알아내기 위해 명의 사신이 직접 찾아와서 임해군을 만나보기까지 했다. 이런저런 문제를 해결하느라 조선 조정에서는 명의 사신에게 막대한 뇌물을 바쳐야만 했다.

　이러한 일련의 과정은 광해군으로 하여금 명의 지원 요청에 시큰 둥하게 대할 명분을 제공했다. 반면 대신들은 달랐다. 그들은 명의 지원군 요청을 거절하는 광해군에게 마법의 단어, 재조지은再造之恩 을 외쳤다.

재조지은이라는 마법의 주문 또는 저주

/

재조지은이란 원래 죄를 지어서 처벌받아야 하는 사람의 죄를 용서해주는 은혜를 가리킨다. 하지만 조선의 사대부들에게 재조지은이란 명이 군대를 보내 조선을 구해준 일을 일컫는다. 임진왜란이 터졌을 때 선조와 대신들은 의주까지 피난을 가서 전전긍긍해야만 했다. 반면 선비와 백성들이 똘똘 뭉친 의병은 왜군과 혈전을 벌이면서 땅을 지켰다.

　임금과 조정의 권위가 땅으로 떨어질 수 있는 상황에 처하자 그들은 의도적으로 명을 치켜세웠다. 사실 명이 조선에 파병한 까닭은 자국의 영토에서 전쟁이 벌어지는 것을 막기 위해서였다. 그래서 평양성을 손에 넣은 이후에는 소극적으로 나왔고, 크고작은 행패를 부리면서 백성들의 원성을 샀다. 오죽하면 왜군은 얼레빗, 왜군은 참빗이라고 비유하는 얘기가 떠돌 정도였다.

　임진왜란 때 의병으로 활동했던 정경운이 쓴《고대일록》을 보면 명군이 조선에서 얼마나 지독하게 약탈을 했는지가 적나라하게 나와 있다. 하지만 선조는 자신의 훼손된 권력을 지키기 위해 명을 추켜세우고 의병들을 의도적으로 무시했다. 그러면서 관념적이었던 사대관계는 현실적이고 동시에 맹목적으로 변해갔다.

명의 지원병 요청을 둘러싼 광해군과 대신들 간의 갈등은 정국을 주도하던 대북 내부의 분열을 불러왔다. 가뜩이나 소수이며 과격파였던 대북의 분열은 정권을 지탱할 마지막 기둥을 무너뜨렸다. 광해군의 버티기는 명 황제가 직접 지원병을 보내라는 칙서를 보냄으로써 막을 내린다. 아무리 광해군이라고 해도 황제의 직접적인 명령을 거절하기란 쉽지 않은 일이었다. 결국 1618년, 강홍립을 도원수로 임명하면서 지원군이 조직되었다.

임진왜란을 겪으면서 조선군은 조총을 대량으로 복제해서 사용했다. 따라서 포수들이 많이 늘어나면서 지원군의 주축을 이뤘다. 명이 탐을 낸 것도 바로 이 조총병들이다. 그밖에 항왜들과 지원자, 무과 급제자인데 관직을 못 받은 사람, 사면을 약속받은 죄인들까지 다양한 이유와 목적을 가진 사람들이 지원군에 합류했다. 이 가운데 눈에 띄는 이는 종사관 이민환으로, 정권에서 소외된 남인 출신이지만 문서 작성 능력을 인정받아서 발탁된 경우다. 광해군은 마지못해서, 그리고 재조지은에 감명을 받은 대신들은 온 힘을 다해서 지원군을 조직했다.

1619년 2월, 요동경략 양호는 요양성에서 출정식을 열었다. 조선군을 비롯해서 누르하치와 적대 관계인 예허 여진족까지 포함해 약

십만의 대군이 진군했다. 목표는 누르하치의 본거지 혁도아랍성이었다. 양호는 원정군을 네 개 부대로 나눴다. 서로군은 산해 총병관 두송杜松이 이끌었고, 북로군은 개원 총병관 마림馬林이 지휘했다. 북로군에는 예허 여진족이 가담했다. 남로군은 요동 총병관 이여백李如柏이 맡았다. 조선군이 편입된 동로군은 관전 총병관 유정이 지휘했다. 동로군은 조선군 만삼천에 명군 일만이 포함되어서 약 이만 삼천으로 구성되었다.

도원수 강홍립이 지휘하는 조선군은 2월 19일을 시작으로 2월 22일 전군이 압록강을 건너간다. 하지만 끌려가는 것과 다를 바 없던 조선군의 진군 속도는 느릴 수밖에 없었다. 더군다나 군량 보급이 계속 지체되는 상황이라 병사들은 압록강을 건넌 직후부터 굶주렸다. 거기다 길은 모두 후금군이 잘라다가 쌓아놓은 나무로 막혀 있어서 좀처럼 속도가 나지 않았다. 2월 25일 엄수령을 넘을 때 눈이 내리기 시작했고, 추위가 심해지면서 얼어 죽은 병사까지 나왔다. 하지만 동로군의 지휘관 유정은 군량 보급을 기다리겠다는 도원수 강홍립의 요청을 거절했다. 그렇다고 자신이 가지고 있는 군량을 나눠주지도 않았다.

유정의 압박에 조선군은 2월 27일 일종의 후방기지인 노영을 설치하고 무거운 군수물자와 무기들을 내려놓은 채 진격했다. 3월 2일, 심하 근처의 마가채에 도착한 조선군은 기다리고 있던 후금군과 교전을 벌인다. 산 위에 진을 치고 있던 후금군은 숫자는 적었지만 용감하게 싸워서 한때 조선군이 물러날 정도였다. 그러다가 지휘관이 포수의 조총에 맞아 쓰러지자 비로소 물러났다.

첫 접전에서 승리한 조선군은 여진족 부락을 뒤져서 숨겨둔 식량을 찾아서 굶주림을 면했다. 하지만 보급부대를 찾기 위해 내보낸 조선군 기병이 후금군에게 막혀서 돌아오는 일이 벌어졌다. 이미 후방이 적에게 끊긴 것이다. 조선군은 첫 전투에서 승리하고 하루 동안 휴식을 취했다. 동로군이 꾸준히 진격하는 사이 다른 방향으로 진격하던 명군은 잇달아 패전했다.

동아시아 세대교체의 시작, 사르후 전투

/

요동경략 양호가 원정군을 네 개 부대로 나눠서 각기 다른 길로 진군시킨 이유는 누르하치가 제대로 대응하지 못하도록 하기 위해서였다. 하지만 누르하치가 동원할 수 있는 병력은 약 이만에서 삼만 정도의 규모였기 때문에 십만 병력을 4로군으로 나누는 것은 각개격파당하는 위험성을 가지고 있었다. 병력을 분산시킨 만큼 손발이 잘 맞지 않으면 오히려 공략당하기 쉬워진다는 문제와 더불어 적진 깊숙이 들어간다는 위험도 있었다. 그리고 그러한 우려는 현실이 되었다.

누르하치는 각각 따로 진격해오는 명군에게 병력을 집중시켰다. 전투가 벌어진 곳이 지형이 익숙한 요동이라는 점과 부하들이 대부분 기병이었다는 점이 누르하치의 작전을 성공으로 이끌었다. 거기다 전공을 탐낸 명 장수들이 다른 아군의 사정을 고려하지 않고 무리하게 진격하면서 각개각파당하고 말았다. 두송이 이끄는 서로군이 무리하게 강을 건너다가 기습을 당하는 것이 시작이었다. 강 양쪽으로 나눠진 서로군은 후금군에게 전멸했고, 두송 역시 전사하고 말았다. 마림이 이끄는 북로군 역시 진지를 파고 버텼으나 후금군에게 패배하고 말았다. 북로군에 가담하기로 했던 예허 여진족들은 패전했다는 소식을 듣고 말머리를 돌렸다.

서로군과 북로군을 격파한 누르하치는 조선군이 가담한 동로군을 유인하기 위해 서로군이 순조롭게 접근하고 있다는 거짓 정보를 전달했다. 명군이 사용하던 대포를 노획해서 신호용으로 발사하는 치밀한 계략에 동로군을 이끄는 명 장수 유정劉綎이 넘어가고 말았다. 서둘러 진격하느라 매복을 살피지 못한 명군은 험준한 협곡인 아부달리에서 후금군의 기습을 받는다. 유정을 비롯한 동로군의 주력은 그곳에서 전멸당했다.

누르하치는 기세를 몰아 동로군의 후속부대가 있는 사르후로 진격했다. 그곳에는 강홍립이 이끄는 조선군이 있었다. 전방에서 심상치 않은 움직임이 있는 것을 눈치챈 강홍립은 산 위로 올라가서 상황을 살핀 후에 급히 조선군을 언덕 위로 이동하라고 지시한다. 하지만 후금군의 진격이 워낙 빨라서 중영을 제외한 나머지 조선군은 평지에서 적과 마주쳐야만 했다.

임진왜란 때 왜군의 조총을 접한 이후 조선은 빠르게 조총을 주무기로 삼았다. 사르후의 벌판에 있던 조선군의 주력무기도 조총이었다. 조총은 다루기 쉽고 근거리에서의 명중률이 뛰어나지만 재장전하는 데 시간이 걸린다는 단점이 있었다. 그래서 순서를 나눠서 교대로 사격을 하는 방식이 일반적이었다. 왜군은 3단으로 나눠서 사격을 하는 3단 사격을 사용했고, 조선군은 다섯 번으로 나눠 돌아가면서 사격을 하는 윤방 방식을 채택했다. 사르후의 벌판에서 후금군과 만난 조선군의 조총부대 역시 윤방으로 사격할 준비를 했다. 그리고 기병들을 막기 위한 이동용 목책인 거마작을 진영 앞에 펼쳐놨을 것이다.

전투는 후금군 기병의 돌격으로 시작되었다. 조선군이 한 차례 사격을 하고 난 직후 후금군 기병이 조선군 진영을 덮쳤다. 도원수 강홍립의 종사관으로 중영이 올라간 언덕에서 이 광경을 지켜보던 이민환은 자신의 저서인 《책중일록》에서 다음과 같이 기록했다.

석양이 지는 가운데 적의 철기가 진격하는 모습은 이루 형언할 수 없을 정도로 황홀했다.

벌판에서 진을 쳤던 좌영과 우영은 거의 전멸당해서 소수만이 언덕 위 중영에 도망쳐올 수 있었다. 땅거미가 지는 가운데 사르후의 벌판에는 후금의 기병에게 짓밟힌 조선군의 시체들이 널브러졌다. 언덕 위에 진을 쳤던 중영 역시 곧바로 후금군에게 포위당했다. 이민환은 사기를 북돋우기 위해서 노력했지만 응하는 자가 없었다면서 당시의 분위기를 반추했다. 며칠 동안 제대로 먹지도 못하고 강행군을 한 상태에서 한순간에 좌영과 우영이 쓸려나가는 광경을 봤으니 당연한 일이었다.

하지만 승리한 후금군은 조선군을 공격하는 대신 화해의 손길을 내밀었다. 한숨을 돌린 도원수 강홍립은 조선군의 출병이 명의 강요에 의한 것이라고 해명한다. 몇 차례 사절이 오간 후에 조선군은 항복하기로 결정한다. 다음날인 1619년 3월 5일, 조선군은 무기를 내려놓고 언덕을 내려왔다. 그리고 조선과 명 병사들의 시신이 즐비한 사르후와 아부달리를 지나 후금의 도읍인 혁도아랍성으로 끌려갔다. 좌영과 우영이 전멸당했으니 약 육천에서 칠천 명이 전사했고, 중영에 속한 삼천에서 사천 명이 포로가 된 것이다. 살아서 돌아간 이들은 노영에 남은 1,800여 명과 보급 임무를 맡고 뒤에 남은 소수의 병사들뿐이었다. 도원수 강홍립을 비롯한 수뇌부 역시 포로가 되거나 전사하고 말았다.

한편 다른 부대가 모두 전멸했다는 소식을 들은 남로군 지휘관 이여백은 곧바로 철수한다. 요동경략 양호가 조선군과 예허 여진족까지 끌어들여서 야심차게 추진한 계획은 이렇게 완벽한 실패로 돌아갔다. 조선군을 포함해 명 원정군은 약 오만여 명의 전사자 및 포로가 발생하는 피해를 입었다. 이후 명군은 다시는 요동에 발을 들이지 못한다. 그리고 승리한 누르하치의 후금은 기세를 떨치면서 패권의 길을 걷게 된다.

《충렬록忠烈錄》에 삽입된 사르후 전투 삽화. 1619년 조명 연합군과 후금 간에 벌어진 전투
에서 전투가 벌어지기 직전과 조선군이 항복하는 장면을 각각 그렸다. 이 전투에서 후금
은 동아시아 지역의 패자로 부상한다

서로 다른 곳을 보고 있는 상과 하

/

명군이 패배했다는 소식을 들은 광해군은 그럴 줄 알았다며 혀를 찼다. 앞으로 후금이 금이나 요遼처럼 중국의 북방을 차지하고 세력을 떨칠 것이고, 명은 내부에서 반란이 일어나 몹시 혼란스러워지는 상황에 처할 것이라고 전망했다. 따라서 지금 선택할 수 있는 최선의 방법은 무리한 원정을 포기하고 조선과 명 각자가 굳게 수비를 하면서 후금과 대치하는 것이라고 봤다. 조선이 적대적이지 않은 이상 후금 역시 명을 앞에 두고 조선을 공격하지는 않을 것이라는 논리에서였다.

반면에 대신들은 비록 명이 패배했다고는 하지만 쉽게 무너지지는 않을 것이니 명과 더욱 협력해서 후금을 막아야 한다고 주장했다. 대신들의 의견에 아랑곳하지 않고 광해군은 스스로의 뛰어난 분석력을 과시하면서 자신의 외교정책을 밀고 나간다. 일단 재차 지원군을 보내달라는 명의 요청을 거부하고, 후금에 사신을 보내서 본격적으로 교류를 시도했다. 중간 역할을 한 것은 혁도아랍성에 포로로 끌려갔던 강홍립을 비롯한 조선군의 수뇌부였다.

하지만 광해군의 측근인 박승종朴承宗과 이이첨李爾瞻을 비롯한 대신들은 여전히 명의 편에 섰다. 아직 요동 전체가 넘어간 것도 아니고, 명이 고작 여진족 따위에게 무릎을 꿇지는 않을 것이라는 믿음 때문이었다. 아울러 후금군이 쳐들어와도 산성에 의지해서 버티면 물리칠 수 있다고 믿었다. 하지만 광해군은 조선군이 후금군과 맞서 싸우는 것은 불가능하다고 생각했다. 이러한 풍경은 임진왜란 때 분조를 이끌고 전쟁 상황을 헤쳐나가며 명 군대의 실상을 두눈으로 봤던 광해군과 임진왜란 당시 전쟁을 피부로 겪지 못한 대신들 간의 간극이 컸음을 의미한다.

광해군은 대신들을 아무것도 모르는 백면서생이라고 비꼬기도 했다. 임진왜란 때 전쟁터에서 활약한 의병장이나 장수들은 중앙권력에 의해 끊임없이 견제를 받았다. 반란에 연루되었다는 이유로 김덕령金德齡이 처형당했고, 이순신 역시 전장이 아닌 감옥에서 죽을 뻔했다. 홍의장군으로 이름을 떨친 의병장 곽재우郭再祐 역시 전쟁이 끝난 다음 조정의 의심을 받으면서 은거해야만 했다. 전쟁이 끝나고 조정의 핵심은 전쟁터에서 피를 흘렸던 이들이 아니라 명과의 외교 문제를 맡았던 관료들로 채워졌다.

이들은 임진왜란에서 조선이 승리할 수 있었던 까닭은 명의 도움 덕분이라고 굳게 믿었다. 그래야만 자신들의 권력과 자리가 보존될 수 있기 때문이다. 선조 역시 자신의 권위를 지키기 위해서 이들에게 동조했다. 따라서 임진왜란이 지나고 조선의 사대부들 사이에서는 명을 부모의 나라로 섬기는 경향이 심화되었다. 아울러 성리학적인 이념으로 평생을 살아왔던 사대부들에게 명을 버리고 여진족과 손을 잡는 것은 감히 생각지도 못할 일이었다.

이렇게 전쟁을 직접 겪으며 명을 객관적으로 바라봤던 광해군과 전쟁을 바라보기만 하고 명을 숭상하던 대신들의 시선은 명확하게 갈렸다. 이러한 입장 차는 후금과의 외교 문제에 이르러 충돌로 이어졌다. 광해군이 후금과의 외교 관계를 강화하려고 했지만 대신들은 그럴 수 없다고 버틴 것이다.

이렇게 서로 다른 시선들이 엇갈리면서 조선은 그나마 침략에 대비할 수 있는 시간을 날려버렸다. 그리고 시대를 둘러싼 갈등은 임해군과 영창대군 같은 왕족을 죽이고 인목대비를 유폐시켰던 광해군의 입지를 더욱 좁혔다. 가장 중요했던 시기에 아무것도 하지 못한 조선은 곧 그 대가를 혹독하게 치른다.

여진의 미래를 엿본 책,《건주문견록》
/

1621년 3월, 누르하치가 이끄는 후금군이 명의 요양성과 심양성을 공략해 함락시킨다. 이제 요동의 대부분은 후금의 영토가 되었고, 명과 조선의 교통로는 끊기게 되었다. 그 소식을 들은 광해군은 대신들의 반대를 무릅쓰고 정충신을 후금으로 보낸다.

정충신鄭忠信은 임진왜란 때 권율의 휘하에서 참전한 무인으로, 당시 열일곱 어린 나이에 왜군이 득실거리는 곳을 지나 의주로 피난한 선조에게 장계를 가지고 가기도 했다. 어리지만 영리했던 그는 권율과 이항복의 총애를 받는다. 이후 이항복에게 학문을 배워 무과에 급제한 다음 무관의 신분으로 왜란에 참전했으며, 전쟁이 끝나고는 주로 북방의 국경을 지키는 임무를 맡았다. 스승인 이항복이 광해군의 인목대비 폐위를 반대하면서 북청으로 유배를 떠나자 관직을 버리고 따라가기도 했지만, 1619년 도원수 강홍립이 이끄는 조선군이 사르후에서 전멸당하면서 다시 등용된다.

만포첨사로 임명된 그는 국경선을 지키던 1621년 8월, 광해군의 명령을 받고 후금의 도읍인 요양으로 향한다. 광해군의 뜻을 후금에 전달하고 정탐까지 하라는 임무를 맡은 것이다. 광해군은 대신들의 반대로 후금으로 보낼 국서가 지체되자 직접 사절을 보내기로 한다. 정충신은 8월 28일 만포를 출발해서 요양성으로 향했다. 당시 그는 자신의 파견을 가도에 머물고 있는 명의 장수 모문룡에게 미리 알려야 한다고 강조했다. 나중에 문제가 생길 것을 우려한 조치였다.

모문룡에게 승낙을 받고 길을 나선 정충신이 요양성에 도착했을 때 누르하치는 탕천관이라는 온천에 요양하러 간 상태였다. 정충신은 누르하치를 직접 만나지 못하고 그의 측근과 부하들만 만났다. 그들 가운데에는 명의 장수였다가 항복한 이영방도 포함되어 있다. 누르하치는 직접 정충신을 만나거나 연회에 초대하는 대신 부하들을 보내서 명과의 관계를 끊고 자신이 보낸 사절이 한양에 들어갈 수 있도록 하라면서 압박을 가했다. 정충신은 자신이 대답할 수 없는 일이라면서 임금에게 전달하겠다고 답했다.

이어서 그는 사르후 전투에서 패배하고 항복한 도원수 강홍립과 부원수 김경서와도 만났다. 정충신이 요양에 머무는 동안 누르하치의 측근들은 조선과 명과의 관계를 의심하면서 끊임없이 질문하고 캐물었다. 정충신은 조리 있게 대답하면서 그들의 질문 공세를 피했다. 그러는 한편 후금의 내부 사정을 알아냈는데 누르하치의 큰 아들이 이미 죽었다는 사실과 훗날 왕위를 잇는 여덟 번째 아들 홍타이지가 똑똑하지만 야심이 많아서 형들을 죽일 기회를 호시탐탐 노린다는 상황을 조정에 보고하기도 했다. 아울러 그는 누르하치의 후계자 자리를 둘러싸고 벌어지는 친족 내부의 암투에 대한 정보도 캐냈다.

그의 보고 가운데 가장 눈에 띄는 것은 역시 군사적인 측면으로, 정충신은 후금의 주력인 팔기군에 대해서도 면밀히 조사해 팔기군의 규모와 지휘관, 그리고 각자의 부대를 구분하는 깃발의 형태에 대해서도 기록을 남겼다. 그의 보고에 따르면 1595년 남부주부 신충일이 불아납성을 찾아갔을 때 봤던 여진족과 1621년 요양성에 자리 잡은 후금의 차이가 적지 않았다. 당장 병력의 규모가 달라졌고, 조선을 대하는 태도와 시선 역시 달라졌다. 하지만 조선은 여전히 자신만의 태도를 고집했다. 국제정세가 급변하고 있었지만 명을 버리고 오랑캐에게 고개를 숙일 수 없다는 마음을 바꾸지 않은 것이다.

반역과
명분 사이

의리를 내세운 배신,
인조반정

1623. 3. 12

서인 일파, 능양군 이종을
옹립(인조반정)

1623. 3. 14

인목대비,
광해군 폐위 교서 발표

1625. 3. 1

누르하치,
요양에서 심양으로 천도 결정

밤 삼경(자시子時, 밤 11시에서 1시 사이)에 창의문으로 들어가 창덕궁 문 밖에 도착했을 때 이흥립이 지팡이를 버리고 와서 맞이했고 이확은 군사를 이끌고 후퇴했다. 그리고 대신 및 재신들은 군대의 함성을 듣고 모두 흩어져 도망갔다. 왕이 북쪽 후원의 소나무숲 속으로 나아가 사다리를 놓고 궁성을 넘어갔는데 젊은 내시가 업고 궁인 한 사람이 앞에서 인도해 사복시 개천가에 있는 의관 안국신의 집에 숨었다.

— 《광해군일기》 15년(1623) 3월 12일

광해군 15년(1623) 3월 12일 밤, 한양 창덕궁 앞

어둠을 뚫고 그들이 다가왔다. 창덕궁 돈화문 앞에 도열해 있던 훈련도감 소속 병사들은 술렁거렸다. 그들 사이에 끼어 있던 홍한수 역시 마른 침을 삼켰다.

"저, 저것들 역적 아냐?"

바로 옆에 서 있던 떠버리 곽웅도의 말이 잔잔하게 퍼져나갔다. 같은 아동대 출신인 곽웅도는 병에 걸려서 출정을 하지 못하고 남았다. 홍한수를 제외한 다른 아동대 출신의 포수들은 모두 사르후에서 돌아오지 못했다. 이제 훈련도감 소속의 포수들 중에서 아동대 출신은 홍한수와 곽웅도밖에 남지 않았다.

요 몇 년 사이 역모에 관한 소문들이 한양을 수없이 떠돌곤 했다. 의심이 많아진 임금은 툭하면 사람들을 잡아다가 친국했고, 그때마다 사람들이 죽어나갔다. 몇 년 전에는 왜군이 쳐들어온다는 소문이 돌면서 때 아닌 피난 행렬이 성문을 빠져나가기도 했다.

후금은 사르후에서 조선군을 전멸시키고 나서 명의 요양성까지 함락시키고 기세를 올렸다. 조정에서는 후금에게 국서를 보내야 하느니 마느니, 어떤 내용을 써서 보내는지에 대해서 지루한 논쟁을 벌인다고 들었다. 그 와중에 역모에 관한 소문이 돌면서 훈련도감에도 비상이 걸렸다. 훈련도감 대장 이흥립이 명초命招(임금이 패를 보내서 신하를 부르는 것)를 받았다는 얘기가 들리면서 한때 병사들 사이에서는 이흥립이 역모에 가담한 것 아니냐는 얘기들이 오갔다. 덕분에 며칠째 집에 들어가지 못하고 있던 홍한수는 저녁에 창덕궁 돈화문 앞에 집결하라는 명령을 받았다. 투덜거리면서 조총을 챙긴 홍한수는 동료 포수들과 함께 돈화문 앞으로 갔다.

말을 타고 있던 이흥립은 횃불을 밝히고는 말없이 돈화문을 지켜봤다. 그러는 사이 멀리 인왕산의 창의문 쪽에서 넘어온 불길이 창덕궁으로 향했다. 그걸 본 병사들은 술렁거렸지만 이흥립은 별다른 말이 없었고, 막으라는 명령도 내리지 않았다.

그러는 사이, 횃불을 든 행렬은 창덕궁 앞에 도착했다. 갑옷을 입고 말을 탄 장수들이 보였고, 뒤로는 훈련도감 포수들처럼 조총을 든 병사들과 창을 든 병사들이 섞여 있었다. 도포와 갓을 쓴 선비들도 군데군데 보였다. 그들이 다가오자 이흥립은 천천히 말을 몰고 그쪽으로 다가갔다. 그리고 말에 탄 채 그쪽 장수들과 조용히 얘기를 나눴다.

"대체 어찌 돌아가는 거야?"

홍한수가 불안감에 젖은 목소리로 중얼거리자 떠버리 곽웅도가 속삭였다.

"우리 대장이 저들과 한패거리인가 봐."

"그럼 우리도 역적이란 말이야?"

홍한수의 물음에 떠버리 곽웅도가 눈을 껌뻑거리면서 반란군 쪽을 바라봤다.

"조금 있으면 알겠지."

그의 말이 끝나기가 무섭게 갑자기 웅성대는 소리 사이로 함성이 들려왔다. 이흥립을 비롯해서 말을 타고 있던 장수가 일제히 내려서 옆으로 물러났다. 그들 사이를 뚫고 나온 것은 갑옷 차림에 백마를 탄 장수였다. 이흥립을 비롯한 장수들이 일제히 고개를 숙이자 그가 한 손을 들었다.

"저 사람이 대장인가 봐."

홍한수의 말에 떠버리 곽웅도가 고개를 길게 빼고 살펴봤다.

"지랄맞게 멀어서 안 보이네."

말을 타고 돌아온 이흥립이 도열한 훈련도감 병사들에게 외쳤다.

"임금이 나라를 도탄에 빠트리고 백성들을 괴롭힌 지 십수 년이 지났다. 형을 핍박해서 죽이고, 동생을 쪄서 죽인 것도 모자라 어머니까지 유폐시켰으니 어찌 사람이라 할 수 있겠느냐. 그것도 모자라서 임진년 때 우리를 도와준 대명을 배신하고 짐승만도 못한 여진족에게 고개를 숙였으니 부모와 천자를 능멸한 것이다. 이에 능양군께서 나라를 바로잡고자 반정의 깃발을 높이 올리셨다. 그러니 병사들은 안심하고 능양군을 따르라!"

이홍립의 얘기가 끝나자 떠버리 곽웅도가 혀를 찼다.

"능양군이면 그럴 만도 하지."

"왜?"

홍한수의 물음에 그가 열심히 대답을 했다.

"수안군수를 지낸 신경진의 옥사로 동생인 능창군이 죽었잖아. 그 일 때문에 화병을 얻은 아버지도 죽고 말이야. 새문안길에 있는 집도 왕기가 흐른다고 해서 빼앗겼다지."

"정말?"

"그 집이 바로 경덕궁慶德宮(경희궁의 예전 이름)이잖아. 나 같아도 가만 안 있겠다."

얘기를 주고받는 사이 병사들의 함성은 더욱 커져갔다. 당장이라도 궁궐에 쳐들어갈 것 같은 분위기가 이어지는 가운데 삐걱거리는 소리와 함께 굳게 잠겨 있던 돈화문이 열렸다. 그걸 본 떠버리 곽웅도가 혀를 찼다.

"끝났네. 끝났어."

돈화문이 열리자 반란군은 일제히 함성을 지르면서 궁궐 안으로 쏟아져 들어갔다. 훈련도감 소속의 병사들 앞에 서 있던 이홍립도 말머리를 돌려서 궁궐 쪽으로 향했다. 초관들이 나서서 병사들에게 가만 있으라고 호통을 치는 가운데 능양군이 장수들에게 둘러싸인 채 돈화문으로 들어갔다.

"이제 반란군이 아니라 반정군이군."

홍한수의 말에 떠버리 곽웅도가 부러운 표정으로 대꾸했다.

"그러게. 사람 팔자 어떻게 될지 모른다더니 궁궐로 들어간 저놈들은 이제 평생 잘먹고 잘살겠지?"

"부러우면 너도 들어가든가."

"대열을 벗어났다가는 초관들이 가만 있지 않을 거야."

잠시 후, 창덕궁 안에서 불길이 치솟았다. 폐주를 죽이라는 아우성과 함께 불길이 밤하늘을 꿰뚫었다. 날이 밝아오면서 불길이 잡혔지만 꽤 많은 전각들이 잿더미가 된 이후였다. 홍한수를 비롯한 훈련도감의 병사들은 대오를 나눠서 궁문을 지켰다. 홍한수가 속한 포수대는 돈화문 옆 금호문을 지켰다. 덕분에 홍한수는 오가는 심부름꾼들에게 적잖은 얘기를 들을 수 있었다. 임금의 총애를 받던 상궁 김개시는 정업원에서 불공을 드리다 반정이 일어났다는 소식을 듣고 민가로 숨어 들어갔지만 곧 끌려 나와서 칼에 베였다. 광해군의 측근인 병조참판 박정길과 승지 박홍도도 죽음을 면치 못했다. 누군가 죽었다는 소식을 들을 때마다 떠버리 곽웅도는 아직 죽지 않은 사람들을 꼽았다.

"이이첨도 안 죽었고, 박승종도 소식이 없네. 서령 부원군 정인홍도 그냥 두지는 않을 것 같은데 말이야."

"그렇게 다 죽이면 누가 나랏일을 하는데?"

"아이고, 나랏일을 하겠다는 사람들이야 차고 넘치지. 말이 반정이지 결국 자리싸움이잖아."

코웃음을 치는 떠버리 곽웅도에게 홍한수가 조심스럽게 물었다.

"그나저나 임금님은 어찌 될까?"

"죽이는 게 편하기는 한데 모르지."

죽거나 사는 사람의 소식은 계속 전해졌다. 평안감사 박엽과 의주부윤 정준을 죽이라는 명을 가진 선전관이 바쁘게 금호문을 빠져나갔다. 임금의 처남이자 이이첨, 박승종과 함께 인목대비의 폐비를 주장했던 유희분이 숭례문 밖에서 아들과 함께 있다가 의금부에 갇혔다는 소식을 들었다. 한낮이 되자 반정을 이끌었던 대신과 장수들이 모두 경운궁으로 향했다. 그곳에 있는 인목대비에게 능양군에게 옥새를 내려달라고 청하기 위해서였다. 경운궁으로 향하는 그들의 뒷모습을 바라보던 홍한수가 중얼거렸다.

"이제 다 끝났군. 세상이 바뀌는 게 이리 쉬울 줄은 몰랐는데 말이야."

옆에 서 있던 떠버리 곽웅도도 맞장구를 쳤다.

"이제 임금님만 잡히면 끝나겠는걸."

긴장이 풀린 두 사람이 시시껄렁한 농담을 주고받는데 갑자기 금호문 안에서 푸른 두정갑을 입은 장수가 몇 명의 별무사들과 함께 나왔다. 두리번거리던 그는 두 사람에게 물었다.

"너희 둘! 훈련도감 소속이냐!"

"그, 그렇사옵니다."

홍한수의 대답을 들은 그가 말했다.

"날 따르라."

"저희는 훈련도감 소속이라 대장님의 명령을 듣습니다. 혹시 뉘신지요?"

"이천부사 이중로다. 너희 대장에게는 얘기를 해놨으니 잔말 말고 따르라. 시간이 없다."

두 사람은 조총을 어깨에 메고 이중로의 뒤를 따랐다. 말을 탄 이중로가 하도 빨리 달린 탓에 두 사람은 숨을 헐떡거리면서 쫓아가야만 했다. 한참을 달리던 이중로가 속도를 낮추자 한숨을 돌린 홍한수가 떠버리 곽웅도에게 물었다.

"여긴 어디야?"

"사복시 근처 개천가 같아."

말에서 내린 이중로가 개천가에 있는 작은 기와집으로 성큼성큼 걸어갔다. 별다른 명령은 없었지만 두 사람은 손목에 감은 화승을 입으로 불어서 불을 돋웠다. 이중로가 대문을 박차고 들어갔다. 두 사람은 열린 대문 사이로 마당에 선 이중로가 대청에 상복을 입고 서 있는 남자와 얘기를 나누는 것을 지켜봤다.

"너는 누구냐?"

상복을 입은 남자의 물음에 이중로가 대답했다.

"신은 이천부사 이중로입니다. 대궐로 모시겠습니다."

말을 마친 이중로가 대청으로 올라가서 상복을 입은 남자를 끌고 내려왔다. 대문으로 나온 이중로는 그 남자를 말에 태우고 다시 서둘러 창덕궁으로 달렸다. 졸지에 다시 뛰게 된 두 사람은 얼굴을 찡그렸다. 창덕궁에 도착한 다음에야 두 사람은 이중로가 데려온 사람이 바로 광해군임을 깨달았다.

같기에 다른 반역과 반정

/

'이기면 관군, 지면 역적'이라는 일본 속담에서 알 수 있듯 쿠데타와 혁명, 역모와 반정은 종이 한 장 차이다. 우리가 인조반정이라고 부르는 성공한 쿠데타 또한 '능양군의 난', 혹은 '김류의 난'으로 역사에 기록될 뻔한 순간이 있었다. 거사 당일에 계획이 누설된 것이다. 바로 이이반李而攽이라는 인물 때문이다.

광평대군의 후손인 그는 아버지가 광해군의 측근 세력인 대북의 탄압을 받아서 유배를 가야 할 정도로 당시 사정이 좋지 않았다. 반란세력들이 그를 포섭하기로 한 것은 자연스러운 흐름이었다. 이이반을 찾아간 이는 같은 광평대군의 후손이자 김장생의 제자인 이후원이다. 그는 이이반이 대북에게 원한을 가졌을 것으로 보고 손을 내밀었다.

하지만 이이반은 반정에 가담하는 대신 고발하기로 마음을 먹는다. 그는 숙부인 이유성에게 이 사실을 고했고, 이유성은 즉시 호조 판서 김신국에게 달려갔다. 김신국은 박승종에게 반란을 모의하고 있는 자들이 있다고 알린다. 추국청이 설치되고 이후원의 형 이후배가 잡혀온다. 김신국은 훈련도감 대장 이흥립도 반란에 가담했다면서 즉시 처형할 것을 권유한다. 이때가 3월 12일 저녁이었다.

능양군을 비롯한 반란세력들은 13일 새벽에 홍제원에 집결할 계획을 세운 상태였다. 따라서 이때 관련자들이 체포되었다면 모든 일이 끝났을 것이다. 사실 그 전 해인 1622년 가을에 이귀가 평산부사에 임명되자 그 기회를 노려서 반정을 일으키려다가 계획이 누설된 적이 있었다. 그때는 김자점과 심기원 등이 광해군의 총애를 받은 김개시에게 뇌물을 써서 위기에서 벗어났었다. 하지만 이번에는 더 직접적인 증거가 나왔기 때문에 체포와 고문은 피할 수 없었다.

하지만 광해군의 게으름이 역사를 바꿨다. 창덕궁의 어수당에서 연회를 즐기느라 술에 취한 광해군은 반란을 모의하는 자가 있으니 체포해야 한다는 상소문을 제대로 읽어보지 않았다. 재위 기간 내내 반란 소식이 끊이지 않았기에 역모가 벌어졌다는 이야기에 무뎌졌을지도 모른다. 광해군은 의금부의 당상관들과 병조 판서, 도승지를 궁궐에 대기시키라는 명령을 내리고 잔치판으로 돌아갔다.

수많은 실수에도 성공한 거사

/

광해군이 처리를 미루는 사이 치명적인 실수가 한 가지 더 벌어졌다. 김신국에게 반란을 모의하고 있다는 소식을 들은 박승종이 가담자 가운데 한 명인 훈련도감 대장 이흥립에게 직접 가담 여부를 물었다. 박승종에게 이흥립은 사돈이기 때문이다. 박승종에게 질문을 받은 이흥립은 딱 잘라서 거짓말을 했다. 그 얘기를 믿은 박승종은 이흥립을 체포하지 않았다. 하지만 이흥립은 반정에 가담한 장유의 동생 장신의 장인이기도 했다. 장유의 설득에 넘어간 이흥립은 내응하기로 약조를 한 상태였다.

이렇게 처리가 미뤄지는 사이 해가 떨어졌다. 당장 위기를 넘겼지만 홍제원에 모인 반란세력은 예상보다 적었다. 고변서가 궁궐에 들어갔다는 소문이 들린 데다 지휘를 맡기로 한 김류가 약속 장소에 나타나지 않았기 때문이다. 그나마 모인 병사들과 선비들이 흩어지려고 할 때 나선 이가 바로 이괄李适이다. 그가 임시로 지휘를 맡아 병사들을 안정시켰다.

막 출발하려고 할 때 뒤늦게 김류가 나타나면서 이괄과 지휘권을 두고 잠시 다툼이 벌어졌다. 또 한 명의 수뇌부인 이귀가 나서서 화해시킨 다음 홍제원을 출발해서 연서역으로 향했다. 그곳에는 능양군이 수하들을 거느리고 기다리는 중이었다. 합류한 반란세력들은 세검정을 지나 창의문에 도달했다. 북문 혹은 자하문紫霞門이라고 불리는 창의문彰義門에서 사소문 가운데 하나인 북소문으로 진격

〈박정 정사공신교서〉. 인조반정에 참여해 3등에 녹훈된 박정의 공신교서로 병자호란 때 원본이 소실되어 1681년 재발급되었다. 2등 공신 이괄은 이름이 아예 삭제되었고, 역모를 꾀했던 김자점과 심기원 등의 이름에도 먹칠이 되어 있다. 한국학중앙연구원 장서각 소장

한 반란군은 그곳을 지키던 선전관을 죽이고 창덕궁으로 진군한다. 창덕궁 앞에는 이흥립이 이끄는 훈련도감의 병사들이 도열해 있었지만 반란군을 막지 않았다. 안에서 내응하는 세력이 돈화문을 열면서 반란군이 쏟아져 들어갔다. 이 순간부터 반란군은 반정군으로 탈바꿈했다. 궁궐을 지키던 병사들은 뿔뿔이 흩어졌고, 광해군은 북쪽 후원에 사다리를 걸쳐놓고 빠져나가서는 안국신이라는 의관의 집에 숨어들었다. 세자 역시 광해군의 뒤를 따라 창덕궁을 벗어나서 장의동의 민가에 숨었다.

광해군은 안국신의 집에 숨어서도 측근인 이이첨이 반란을 일으켰다고 의심할 정도로 상황을 파악하지 못했다. 그 사이, 창덕궁은 난입한 반정군이 광해군을 찾는답시고 이리저리 횃불로 들쑤시다가 불을 내는 바람에 잿더미로 변했다. 궁궐을 장악한 반정세력들

은 광해군의 측근 세력들을 서둘러 체포해서 처형하는 한편, 경운궁에 유폐되어 있던 인목대비를 찾아간다. 왕실의 최고 어른인 그녀의 승인을 받아 능양군이 왕위에 오르는 절차를 거쳐야만 했기 때문이다. 하지만 인목대비는 절차상의 문제를 들어서 쉽사리 만나주지 않았다. 그러는 사이 해가 떨어졌고, 능양군은 집으로 돌아가겠다고 하는 소동을 벌인 끝에 인목대비와 만날 수 있었다.

광해군에 대한 원한이 컸던 인목대비는 죽일 것을 청했지만 폐주를 죽인 적이 없다는 대신들의 반대에 부딪혔다. 인목대비는 광해군이 선조를 죽였다고 목소리를 높였지만 무시당하고 말았다. 능양군이 인목대비에게 옥새를 받고 승인을 받는 것으로 반정은 마무리되었다. 그 사이 광해군의 측근인 이이첨이 처형당했고, 도망친 박승종은 아들과 함께 독약을 먹고 자결했다. 즉위한 인조는 광해군이 무리하게 걷은 세금을 모두 철폐하고 그 세금을 거둔다는 명목으로 행패를 부린 자들을 처벌했다. 체포된 광해군과 세자는 모두 강화도로 유배를 떠났다.

광해군은 왜 실패한 것일까?

광해군의 짙고 긴 그림자

/

비운의 개혁군주라는 이미지를 가지고 있는 광해군에 대한 평가는 시대마다 달랐다. 조선시대 내내 폐위된 자격 없는 군주이며 무능하고 포악하다는 평이 따랐다. 하지만 일제 강점기에 접어들면서 평가가 바뀌었다. 선견지명이 있고 백성을 사랑하는 군주로 바뀐 것이다.

그러나 광해군은 개혁군주라는 이미지와 달리 실제로는 별다른 개혁정책을 취하지 않았다. 오히려 쌀로 모든 세금을 내도록 하는 획기적인 세금 징수 방식인 대동법의 확대 시행을 반대하고 궁궐의 증축에 지나치게 힘을 기울였다. 재위 기간 내내 옥사를 일으켜서 수많은 사람들을 고통에 빠트렸다. 그럼에도 광해군이 후금과 명 사이에서 균형 외교를 시도한 점은 칭찬을 받을 만한 일이다. 그의 결정이 당시 재조지은을 되뇌면서 명과의 의리를 지켜야 한다고 외쳐댔던 사대부들의 반대를 무릅썼다는 점을 감안하면 더욱 용기 있는 결정이었다. 따라서 이러한 그의 외교정책 때문에 반정을 겪고 폐위를 당했다고 믿는 사람들도 적지 않다.

광해군이 폐위된 데에는 상당 부분 광해군 자신의 실책이 있었다. 광해군과 대신들이 가장 많이 충돌한 부분은 후금과의 관계였다. 인목대비의 폐모 문제나 임해군과 영창대군을 죽인 문제 역시 그의 발목을 잡았다. 하지만 조선 역사에서 혈족을 죽인 임금이 광해군만은 아니었다. 폐모 문제 역시 어미 역시 임금의 신하라는 명분을 내세울 수 있었다. 하지만 후금과의 관계 문제는 빠져나갈 부분이 없었다. 사대를 명분으로 삼은 사대부들의 성리학적인 세계관에서는 조선이 명을 버리고 오랑캐인 후금과 손을 잡는 것은 있을 수 없는 일이었다. 거기다 임진왜란 이후 명을 숭앙하는 분위기가 퍼진 상태에서는 더더욱 그러했다.

이런 상황에서 광해군이 내세운 중립외교는 큰 난관에 봉착했다. 두 당사자인 명과 후금이 모두 조선에게 자신을 선택하라며 압박을 가해오면 빠져나갈 방법이 없었던 것이다. 실제로 후금은 사르후 전투에서 승리한 이후 조선에게 노골적으로 명을 버리라고 강요한다. 명과 전쟁을 하면서 부족해진 물자를 조선으로부터 공급받고 후방을 안정시키기 위해서였다.

후금의 침략에 요동을 잃고 잇달아 패전한 명 역시 사정이 다급하기는 마찬가지였다. 명은 조선이 사르후 패전 이후 지원군을 보내달라는 요청을 재차 거부하고 후금과 손을 잡을 기미를 보이자 의심의 눈길을 보냈다. 그래서 일부에서는 조선에 직접 관리를 파견해서 감시를 해야 한다는 감호론監護論이 일어났다. 서광계徐光啓 같은 인물은 자신이 직접 가서 조선을 통제하겠다는 상소문을 올리기까지 했다. 광해군을 비롯한 조선의 대신들이 모두 반대했기 때문에 실제 정책으로 옮겨지지는 않았지만 감호론은 당시 명이 조선을 어떤 시선으로 바라봤는지를 상징적으로 보여준다. 따라서 당시 광해군이 안팎으로 크게 곤경에 처한 것은 사실이었다.

여기에 광해군의 치명적인 실수가 더해지면서 비극이 시작되었다. 광해군의 중립외교가 합리적이라고는 하지만 당시 여론을 주도했던 사대부들은 물론 백성들에게도 지지를 받지 못했다. 광해군의 선견지명이 뛰어난 것은 사실이지만 거기까지였다.

광해군은 국익에 따라 냉철하게 선택해야 할 국정 방향을 설득하는 대신 조롱과 비아냥으로만 일관했다. 명분을 앞세우며 자신에게 반대하는 대신들을 백면서생이라고 조롱했고, 사르후 전투에 대한 결과를 듣고 나서는 그럴 줄 알았다면서 비아냥거렸다. 대신들을 함께 국정을 논의할 파트너로 보지 않고 무지몽매한 존재들로 매도하며 냉소로 일관한 것이다. 후금의 세력이 강성해지고 명의 내부에서 반란이 일어나게 되면 천하의 주인이 바뀔지 모른다고 내다본 탁월한 통찰력을 가지고 있었지만 자신의 그러한 선견지명에 동조하는 세력을 만드는 데에는 실패했다. 광해군이 가진 이러한 한계는 집권세력인 대북을 통제하지 못하는 상황을 만들면서 인조반정으로 이어진다.

"반란이 성공한 것이 아니라 광해군이 실패한 것이다"
/

광해군은 분조를 이끌던 세자 시절부터 북인과 가까웠다. 분조의 관리들이 대부분 북인이기도 했고, 임진왜란 때 전쟁터를 누빈 의병장들 가운데 상당수가 북인이기도 했기 때문이다. 이 두 가지 사실이 광해군으로 하여금 자연스럽게 북인과 가까워지게 만들었다.

북인은 원래 동서 분당이 시작할 때 생겨난 동인에서 출발했다. 정여립의 난으로 큰 피해를 입었던 동인은 정철이 세자 문제로 선조의 미움을 받아 실각하면서 다시 정권을 장악한다. 이때 자신들에게 큰 피해를 입혔던 서인의 처리를 놓고 내부에서 갈등이 생긴다. 서인들을 관대하게 대하자는 류성룡과 반대로 엄격하게 처벌해야 한다는 정인홍鄭仁弘의 의견이 갈린 것이다. 류성룡의 의견을 지지한 세력은 남인이 되었고, 정인홍을 지지하는 쪽은 북인이 되었다. 주로 이황의 제자들이 남인이 되었다면 조식과 서경덕의 제자들은 북인이 되었다.

북인은 광해군의 분조에도 적극적으로 참여한 것은 물론 임진왜란 때 의병에 적극적으로 가담하면서 전후 정권을 장악한다. 하지만 북인은 다시 광해군을 지지하는 대북과 영창대군을 지지하는 소북으로 갈라진다. 대북은 정인홍과 이이첨이 주도했고, 소북은 유영경이 이끌었다. 대북 내부에서도 분파가 생겼지만 당파로 나눌 정도는 아니었다.

한때 선조가 광해군을 버리고 영창대군을 선택할 것 같은 움직임을 보이면서 유영경을 중심으로 한 소북이 득세했다. 하지만 1608년 선조가 승하하고 광해군이 즉위하자 조선은 대북의 천하가 된다. 정권을 잡은 대북은 다른 당파에 대해 손길을 내미는 대신 철퇴를 휘둘렀다. 대북의 리더 격인 정인홍의 성격도 한몫했고, 권력욕이 강한 이이첨이 타협을 거부했던 탓도 있다. 다만 정권을 잡은 당파가 독점하려는 욕심을 내는 것은 당연한 현상이기도 하다. 이것을 통제하고 조정하는 것이 바로 임금의 몫이다. 동서분당의 시작점에서 있었던 선조는 정여립의 난을 이용해 큰 세력을 이뤘던 동인을 탄압하고, 이후 정철이 선조의 의중을 헤아리지 못하고 광해군 책봉을 읍소한 건저의사건建儲議事件을 이용해 서인의 기세를 꺾음으로

써 양쪽의 세력이 균형을 맞추도록 했다.

훗날 당파싸움이 한창이던 시절 즉위했던 숙종 역시 왕비(인현왕후와 서인)와 후궁(희빈 장씨와 남인)까지 이용해 당파 간의 균형을 맞추고자 했다. 여러 차례의 환국을 감행했던 것도 이런 이유 때문이다. 노론의 지지를 받으면서 즉위한 영조 역시 재위 기간 내내 탕평책을 내세우면서 다른 세력들의 자리를 마련해줬다. 반면 광해군은 재위기간 내내 북인, 그중에서도 대북에게만 의존했다. 후금 문제를 놓고 대치하게 되자 남인을 비롯한 다른 당파의 사대부들을 등용하기는 했지만 어디까지나 일시적인 인사였다.

대북은 집권 세력이기는 했지만 강경하고 외골수적인 입장 때문에 다른 당파에 비해 소수였다. 따라서 정치적인 문제가 생길 때마다 세력이 줄어들었다. 특히 정인홍이 스승인 조식을 추켜세우고 이언적과 이황을 깎아내렸던 '회퇴변척晦退辨斥' 문제가 치명적이었다. 유교 사회에서 스승은 부모와 똑같은 존재다. 그래서 상대방의 스승을 비난한다는 것은 결별과 파국을 의미했다. 스승인 조식에게 칼을 받았을 정도로 강경한 성격을 자랑한 정인홍과 대북의 치명적인 실책이었다.

대북이 이렇게 갈등을 키우고 일을 벌이는 사이 광해군은 사실상 그들을 방치하고 외면했다. 대북이 정권을 장악하고 힘을 키울 수 있었던 까닭은 광해군의 지지와 묵인 덕분이었다. 따라서 대북의 횡포는 곧 광해군의 뜻이라는 해석이 가능했다.

그렇다면 광해군은 다른 당파를 등용할 생각을 하지 않았을까?

집권 후반기 후금과의 외교 문제를 놓고 대북과 갈등이 일어나자 다른 당파의 인물들을 일부 등용하기는 했다. 하지만 관직에 오른 그들은 여전히 광해군을 믿지 않았다. 광해군에게 기대를 접은 서인 세력들은 자연스럽게 그에게 불만을 품고 있던 능양군에게로 모여들었다. 아버지와 동생을 광해군에게 잃고 집까지 잃은 능양군은 복수심에 차 있었기 때문에 그들과 쉽게 손을 잡았다.

김류金瑬는 탄금대전투에서 신립 장군과 함께 싸우다가 전사한 김여물의 아들이다. 임진왜란 중에 과거를 보고 조정에 출사했지만 광해군이 즉위하고 대북이 정권을 장악하자 밀려나고 만다. 거기다 1617년 정월, 인목대비가 유폐되어 있던 경운궁에 몇몇 대신들이 거사를 준비하고 있으니 대비하고 있으라는 내용의 익명서가 날아든다. 익명서에는 김류를 비롯해서 홍서봉, 장유, 조희길, 김상헌 등 폐모에 반대하는 관리들의 이름이 적혔다. 이 익명서에는 김류가 사는 삼청동을 빗대서 '삼청동결의'라는 이름이 붙여졌다. 당연히

●김류金瑬(1571~1648). 탄금대 전투에서 전사한 김여물의 아들이자 이항복의 제자로 인조반정을 주도했다. 이후 이괄의 난 및 김자점의 등장 등 당대 굵직한 역사들과 모두 얽힌다.

●●이귀李貴(1557~1633). 이이의 문하로 왜란 전에는 이이와 함께 십만 양병을 주장했으며 임진왜란 당시에는 류성룡을 좇아 종군했다. 훗날 인조반정을 주도하면서 서인의 영수로 활동했다.

仁祖大王反正一等功臣領議政昇平府院
金瑬　大臣　攝形像

조정은 발칵 뒤집혔다. 다행히 광해군의 측근인 박승종이 변호해주고, 허균이 쓴 가짜 익명서라는 사실이 밝혀지면서 위기를 넘긴다. 살아 남았다고 하지만 언제 또 역모에 엮일지 모르기 때문에 김류는 하루하루가 가시방석이었다. 그가 반정에 가담한 까닭은 살아남기 위한 몸부림과 자신의 처지에 대한 불만 때문이었다.

김류의 라이벌인 이귀 역시 비슷한 이유로 반정에 가담했다. 정인홍과 사이가 나빴던 데다가 최기의 옥사에 연루되어 유배를 떠나야만 했던 것이다. 유배가 풀리고 돌아와서 평산부사에 임명되었지만 이대로 끝낼 수 없다는 마음이 그로 하여금 반정의 길을 걷게 만들었다. 신립의 아들인 신경진은 김류나 이귀보다는 상황이 나았다. 하지만 신경희의 옥사로 인해 사촌형인 신경희와 조카인 능창군을 잃고 말았다. 운이 좋게 연좌되지 않았지만 나중에 언제든지 불씨가 생기면 끌려들어갈 수밖에 없는 처지였다.

광해군과 대북이 집권하고 있는 동안 한 치의 희망도 찾을 수 없는 이들이 서로 손을 잡았다. 반면 광해군은 시간이 지날수록 고립되고 배척되었다. 대북 내부는 계속 분열했고, 다른 대신들은 광해군이 펼치는 후금과의 화친정책에 극도로 분노한 상태였다. 따라서 고의로 어명을 거역하거나 무시하곤 했다. 거스르는 자가 한둘이 아니었기 때문에 그들 모두를 처벌할 수도 없었다.

대신들과의 싸움으로 지칠 대로 지친 광해군은 차츰 정치에 대한 관심을 잃고 술에 빠져 지냈다. 덕분에 능양군과 서인세력들은 거사 당일 계획이 누설되고, 관련자들 가운데 일부가 체포되면서 위기를 겪었지만 조선시대를 통틀어 단 두 번뿐인 반정을 성공시킬 수 있었다. 인조반정은 어떤 의미에서 보면 능양군과 남인의 성공이 아니라 광해군과 대북의 실패였다.

뒤집은 자들이 제시한 새로운 길

/

반정에 성공한 능양군과 서인세력들은 정의가 승리했다며 크게 기뻐했다. 반정 초기 그들이 취한 조치들을 보면 그들이 생각하는 정의가 무엇인지 알 수 있다. 대북의 우두머리였던 정인홍을 참수하고 이이첨을 처형했다. 광해군의 측근으로서 비판을 받았던 김개시도 죽었다. 이후 지방관들 중에서 광해군의 뜻을 따랐던 이들도 현지에서 처형당했다. 광해군이 취한 여러 가지 정책들은 모두 폐지되었고, 그에 반대해서 감옥에 갇혔던 이들은 모두 풀려났다.

능양군은 할머니 격인 인목대비에게 옥새를 받고 경운궁의 별당에서 즉위식을 올렸다. 이때 능양군의 즉위를 알리는 인목대비의 교서가 내려졌는데 광해군의 죄목 열 가지가 나열되었다. 이복동생인 영창대군을 죽이고 계모인 인목대비를 폐한 폐모살제 문제를 시작으로 궁궐 건축을 대대적으로 하면서 백성들을 고통에 빠트렸고, 뇌물을 받고 조정을 어지럽혔으며, 명의 재조지은을 잊고 여진족과 손을 잡은 점 등이 죄목으로 꼽혔다. 사르후에서 조선군에게 싸우지 말고 후금군에 투항하라는 밀지를 내렸으며, 이후 명이 요청한 지원군을 거절한 일도 죄목으로 내세웠다. 인목대비의 교서에서 명을 배신한 것을 배은망덕하다고 비난한 점과 반정 초기 후금과의 외교 문제를 맡아왔던 평안감사 박엽과 의주부윤 정준을 처형한 일은 능양군과 반정세력들의 외교 정책이 어떤 방향으로 흐를지를 암시했다.

즉위식을 마친 능양군은 임금 혹은 주상으로 불렸다. 훗날 받은 묘호가 인조仁祖인데, 처음에는 열조烈祖라고 정해졌다가 중국의 5대 10국 가운데 하나인 남당을 세운 이변의 묘호와 같기 때문에 변경되었다.

왕의 자리에 오른 인조는 광해군 시절의 정책을 철폐하면서 적폐 청산에 나섰다. 광해군의 정책 상당수는 대신들과 백성들의 지지를 받지 못했기 때문에 이런 조치들은 큰 지지를 받았다. 가장 크게 지지를 받은 조치는 역시 궁궐 건축의 중단이었다. 오늘날까지 광해군이 왜 그렇게 궁궐의 증축과 건설에 신경을 썼는지 알 수 없다는 평이 일반적이다. 왕권 강화를 언급하는 쪽도 있지만 그 역시 명확하지는 않다.

이유는 알 수 없지만 광해군은 즉위 초기부터 궁궐의 증축과 건설에 관심을 기울였다. 문제는 공사가 지속되면서 재정이 고갈되는 것은 물론이고, 백성들의 고통이 더해갔다는 점이다. 학계에서는 궁궐 건축에 들어간 재정이 조선의 일 년치 국가 예산에서 15~25퍼센트 정도를 차지하는 수준인 것으로 보고 있다. 거기다 궁궐 건축에 필요한 재료들을 구하기 위해 지방으로 파견한 조도사들의 횡포가 겹치면서 민심은 더더욱 어지러워졌다.

인조는 즉위 직후 광해군이 지방에 파견한 조도사들을 폐지했다. 거기다 광해군의 눈에 들기 위해 무리하게 백성들을 괴롭힌 김순 같은 조도사들을 처벌하면서 지지도가 확 올라갔다. 자신감을 얻은 인조는 명의 책봉을 받기 위한 움직임에 나선다. 중간에 다리를 놔 줄 인물은 다름아닌 가도에 주둔한 명 장수 모문룡이었다.

왕만 바뀌었을 뿐 변하지 않은 조선

/

명의 책봉을 받는 것은 반정으로 즉위한 인조에게는 매우 중요한 일이었다. 인목대비의 교서를 받고 즉위식을 올렸지만 대외적으로 인정을 받기 위해서는 명의 책봉이 반드시 필요했다. 승계를 받은 것이 아니라 반정으로 정권을 장악했기 때문에 더욱 그러했다.

문제는 명이 이런 인조의 조바심을 이용했다는 점이다. 가도에 주둔하면서 후금을 공격하던 모문룡은 물론이고 명 또한 인조가 후 금과의 전쟁에서 공을 세우면 책봉하겠다는 조건을 내걸기도 했다. 명으로서는 명분과 실리를 모두 챙기겠다는 뜻이었지만 당시 상황 을 생각하면 지나치게 일방적이고 아쉬운 조치였다.

몇 차례 사신을 파견하는 난리법석을 피우고 막대한 뇌물까지 챙 긴 후인 1625년 1월, 명 조정으로부터 인조를 임금으로 책봉한다는 칙서가 전달된다. 이 와중에 명의 횡포로 인해 가뜩이나 고갈되었 던 조선의 재정은 바닥을 드러내고 만다. 아울러 명과의 지나친 밀착으로 요동에서 한창 기세를 떨치던 후금과의 관계가 악화될 가능성이 제기되었다.

안팎으로 뒤숭숭해진 상황은 인조 정권의 기반을 흔들었다. 반정이 성공한 직후 찾아온 혼란은 시간이 지나도 쉽사리 가시지 않았다. 하루아침에 세상이 바뀌면서 힘을 잃은 사람의 증오는 쉬 가시지 않았고, 힘을 얻은 쪽도 더 큰 힘을 얻기 위해 욕심을 부렸다. 특히 반정공신인 김류와 이귀 사이의 갈등이 심했는데 김류가 약속시간에 맞춰 홍제원에 나타나지 않은 것을 이귀가 문제 삼은 것이다.

인조는 반정공신들 간의 다툼을 통제하지 못하는 것은 물론 그들이 함부로 백성들의 재산을 빼앗고 횡포를 부리는 일도 모른 척했다. 그들이 바로 자신의 집권을 도왔을 뿐만 아니라 유지시켜줄 세력이었기 때문이다. 인조가 이렇게 공신들의 횡포를 무시하고 외면하자 백성들의 민심은 차갑게 식어갔다. 거기다 몇 차례의 역모 계획이 적발되면서 한양의 분위기는 더욱 뒤숭숭해졌다.

그러는 사이, 북쪽의 상황은 하루가 다르게 변해갔다. 1621년 요양성과 심양성을 손에 넣은 후금은 요양성을 거쳐 심양성을 도읍으로 삼았다. 이제 남은 것은 요하 너머의 광녕과 금주 같은 몇몇 성뿐이었다. 그곳을 돌파하면 산해관과 마주할 수 있게 되고, 그것마저 넘으면 북경이 코앞이었다.

하지만 이런 상황에서도 명 조정에서는 관료들과 환관들이 서로 파벌을 나눠 다투기에 여념이 없어 후금과의 전쟁을 제대로 준비하지 못했다. 이러한 정쟁은 1621년 요동경략으로 새로 임명된 웅정필과 광녕순무가 된 왕화정 사이에서 불거진 갈등에서 비롯되었다. 전자는 관료들의 지지를 받았고, 후자는 환관들의 세력을 등에 업었다. 전장에 나선 두 사람의 손발이 맞지 않으면서 패전이 거듭되었다. 1622년에는 광녕성마저 후금의 손에 넘어갔다. 웅정필과 왕화정은 모두 체포되었지만 환관들의 비호를 받은 왕화정은 살아남았고, 웅정필만 처형당했다. 이런 식의 내부 갈등은 명을 안에서부터 무너뜨렸다.

명이 갈팡질팡하는 와중에 광해군을 무너뜨린 인조와 측근 세력들 또한 급변하는 정세에서 새로운 비전을 제시하는 데 실패하면서 훗날의 비극을 예고하게 된다. 황금 같은 시간을 허비하는 사이 세력을 키운 후금은 이제 조선에게 칼날을 겨눈다.

가장 아플 때
스스로의 몸에 상처를 내다

반정 이후, 이괄의 난

1624. 2. 8

인조, 이괄의 반군을 피해
공산성으로 이동

1624. 2. 11

이괄, 안령 전투에서
관군에게 패배

1628. 5. 20

인성군, 역모에 참여했다는
고변에 의해 사사

부원수 이괄이 금부도사 고덕률, 심대림, 선전관 김지수, 중사 김천림 등을 죽이고
군사를 일으켜 반역했다. 이에 앞서 상변한 사람이 이괄 부자가 역적의 우두머리
라고 했으나, 상이 반드시 반역하지 않으리라고 생각해 그 아들 이전을 나래하라
고 명했는데 이전은 그때 이괄의 군중에 있었다. 이괄이 드디어 도사 등을 죽이
고 제장을 위협해 난을 일으켰다.

— 《인조실록》 2년(1624) 1월 24일

인조 2년(1624) 1월 24일 평안도 영변

광해군이 쫓겨난 반정이 벌어지고 좋아질 줄 알았지만 세상은 여전히 변하지 않았다. 공신들끼리 권력을 다퉜고, 역모나 누명이니하는 험악한 말들이 오가면서 분위기는 날로 무거워졌다. 그런 와중에 홍한수를 비롯한 훈련도감 포수 일부가 북방으로 차출되었다. 광해군 때와는 달리 후금과 가깝게 지내지 않기로 했기 때문에 당연히 후금의 움직임에 대응을 해야만 했다. 북방에 대규모 군대를 주둔시켜서 후금의 침입을 막아야 한다는 주장이 제기되었고, 인조가 승낙하면서 북방을 수비할 병력들이 차출되었다.

홍한수의 아내는 마흔을 넘긴 남편이 추운 북쪽으로 간다고 눈물을 쏟아냈다. 하지만 그는 오히려 마음이 편안해졌다. 큰아들 득길이가 훈련도감의 포수로 들어갈 수 있었기 때문이다. 작은아들 성길이에게도 장사를 시킬 밑천까지 마련해줬다. 딸내미는 시집을 가서 잘 살고 있으니까 이제 아비로서 할 일은 다한 셈이었다. 하지만 출정식 날 봤던 풍경이 내내 마음에 걸렸다. 부원수로 임명된 이괄은 임금이 보검을 내려주고 격려를 해준 상황에서도 딱히 기뻐하는 표정을 보이지 않았다. 한양을 출발한 홍한수는 영변에 도착해서 깜짝 놀랄 만한 인물과 마주쳤다. 아동대 시절 그를 가르쳤던 항왜 여여문이었다. 백발이 된 여여문은 어찌된 영문인지 묻는 그에게 그동안의 일을 들려줬다.

"전쟁이 끝나고 우린 밀양에 내려가서 살았다. 몇 명은 조선 여인과 혼인을 해서 아이를 낳았지. 하지만 조정에서는 우리를 눈엣가시처럼 여기더구나."

"왜요?"

홍한수의 물음에 여여문은 허리에 차고 있던 왜도를 툭 쳤다.

"칼을 차고 다니는 걸 꺼렸어. 거기다 자꾸 뭘 바치라고 하고, 끌고 나가서 일을 시키려고 하더구나."

"그래서요?"

"두들겨 패서 쫓아버렸다. 그랬는데 올 초에 갑자기 수백 명이 몰려와서 마을을 포위하더니 몽땅 여기로 끌고 오더구나."

홍한수는 자신의 삶 못지않게 여여문의 삶 역시 평범하지는 않다고 생각했다. 그런 속마음을 눈치챘는지 여여문이 가래가 끓는 기침을 하면서 말했다.

"내 걱정은 하지 마라. 자고로 무사란 전쟁터 가까이에 있어야 하는 법이니까. 사실 밀양에서는 좀 심심했다."

한동안 그를 바라보던 여여문이 물었다.

"혼인은 했느냐?"

홍한수가 고개를 끄덕거리면서 대답했다.

"전쟁이 끝나던 해에 했습니다. 아들 둘에 딸 하나가 있는데 큰아들은 득길, 둘째아들은 성길, 딸년은 사월이입니다."

"잘 자랐군. 산소우가 널 봤으면 기뻐했겠는데 말이다."

"산소우 아저씨는 같이 안 왔습니까?"

"몇 년 전에 죽었다. 자기가 죽인 사람들에게 속죄한다면서 머리를 깎고 중이 되었다."

"그러셨군요."

"철포 솜씨는 좀 늘었느냐? 날 도와줄 수 있는지 한번 보자꾸나."

그날 이후 홍한수는 여여문을 도와 포수를 훈련시키는 일을 맡았다. 부원수 이괄이 있는 영변에는 전국 팔도에서 올라온 병사들이 훈련을 받았다. 매서운 성격을 자랑하는 이괄은 지독하게 훈련을 시켰다. 한없이 무서웠지만 여여문을 비롯한 항왜들은 그를 잘 따라서 마치 수족처럼 움직였다. 홍한수는 가끔 한양에서 아내가 보내주는 서찰을 보면서 시간을 보냈다.

추운 겨울이 찾아오자 훈련이 줄어들었다. 시간이 남아돌자 병사들은 삼삼오오 모여서 고향을 떠올리거나 혹은 이런저런 소문들을 주고받았다. 홍한수는 어렵게 구한 삼해주 한 병을 들고 여여문을 찾았다. 막사에 있던 여여문은 마치 기다렸다는 듯 그를 맞이했다. 술잔을 주거니 받거니 하다가 홍한수가 물었다.

"소문 들으셨습니까?"

"어떤 소문?"

"임금께서 우리를 이끌고 압록강을 건너서 후금을 친다는 소문 말입니다."

"들었다."

"사실입니까?"

술잔을 내려놓은 여여문이 고개를 저었다.

"조선은 늘 자신들을 과대평가하는 경향이 있다. 내가 임진년에 여기로 건너왔을 때 함경도 쪽에서 여진족과 싸운 적이 있었다. 그들은 우리도 감당하기 힘든 자들이다. 하물며 조선이 어찌 그들을 막는다는 게냐."

"여기 영변에 모인 병력만 해도 만삼천이 넘습니다. 거기다 평양에는 도원수 장만이 이끄는 오천이 있고, 구성에 순변사 한명련이 이끄는 천삼백 명이 있습니다. 안주에도 목사 정충신이 이끄는 천여 명이 있고 말입니다."

"다해서 이만 정도구나. 의주에도 몇 천쯤 더 있을 거니까 그 병력까지 합하면 대략 이만 오천 명은 되겠지. 그중에 여진족만큼 솜씨가 뛰어난 기병이 얼마나 있느냐?"

"그건⋯."

홍한수는 할 말을 잊었다. 부원수 이괄이 신경 써서 양성하는 병과는 기병이었다. 하지만 말을 타면서 자유자재로 편곤을 휘두를 수 있는 기병은 고작해야 천여 명에 불과했다.

"조선은 사르후에서 조총으로 여진족의 철기와 맞서봤지만 참패하고 말았다."

"그거야 기습을 당했던 거고요."

홍한수가 어물쩍거리면서 대꾸하자 여여문이 크게 웃었다.

"사람이 하루 종일 잠을 자지 않고 뒤통수에도 눈이 달려 있다면 기습을 당하지 않을 것이다. 하지만 그러지 못하니 언제 어디서든 기습을 당할 수밖에 없다. 전투에서는 이기는 게 유일한 법칙이다. 선비들처럼 어떤 것이 옳다 그르다 따지는 건 전쟁터에서는 정말로 쓸모없는 짓이다."

"그렇지요."

홍한수가 맞장구를 치자 여여문이 팔짱을 끼면서 말했다.

"조선은 바뀌어야 할 필요가 있다."

"어째서 말입니까?"

그가 조심스럽게 묻자 여여문이 살짝 콧잔등을 찡그렸다.

"자고로 무사는 치욕을 당하면 목숨이 다할 때까지 원한을 갚으려고 한다. 그러다 실패하면 동생이 이어받고 동생이 하지 못하면 동생의 자식이나 친구가 이어받는다. 왜 그러는지 아느냐?"

"복수를 하기 위해서 그런 거 아닙니까?"

"아니다. 남은 가족과 친구들을 살리기 위해서다. 복수를 하지 못하면 언젠가 또 비슷한 치욕을 당하니까 말이다. 그래서 복수의 칼날을 가는 것은 곧 살기 위한 방편이기도 하다."

"조선이 복수를 해야 합니까?"

"분로쿠노 에키文禄の役(일본이 임진왜란을 이르는 말) 때 타이코우太閤 (섭정을 뜻하는 일본 관직, 도요토미 히데요시가 이 관직을 역임했다)가 내세운 논리가 바로 정명가도征明假道였다. 무슨 뜻인지 아느냐?"

"명나라로 가는 길을 빌려달라는 뜻입니다."

홍한수의 대답을 들은 여여문은 술잔을 채우면서 고개를 끄덕거렸다.

"맞다. 그렇다고 조선이 길을 빌려줬다고 해도 순순히 가지는 않았을 것이다. 어차피 명나라를 치기 위해서는 군량이 필요했는데 자국에서 가져오기에는 너무 멀었으니까 말이다."

"전쟁은 불가피했군요."

여여문은 술병을 들어서 꽉 찬 자신의 술잔에 따랐다. 그러자 술이 넘쳐서 상을 적셨다.

"술이 가득 차면 잔은 넘치게 마련이다. 힘도 마찬가지다. 넘친 술은 상을 적시지만 힘이 넘치면 이웃이 괴로운 법이다. 타이코우가 전국을 통일한 데 만족하지 못하면서 조선이 해를 입었다. 누르하치를 만난 적이 있다고 했었지?"

"거의 삼십 년 전입니다. 불아납성에 가서 연회를 베풀 때 한 번 봤습니다."

"그 자는 지금 힘이 넘쳐서 주체하지 못하고 있다. 그래서 요동을 집어삼켰고, 명나라를 도모하려고 한다. 조선은 그 사이에 끼인 형국이고."

"방법이 없겠습니까?"

"정신을 차리면 된다. 부패한 관리들을 내쫓고, 글줄이나 읽는 것이 세상의 전부라고 생각하는 썩어빠진 작자들도 쫓아내고, 그리고 제대로 정신이 박힌 무장들을 등용하고 강건한 장정들을 병사로 뽑아서 훈련을 시키고 대비를 하면 된다."

"그래서 지금 부원수 이괄이 이곳 영변에서 훈련을 시키고 있지 않습니까?"

여여문이 홍한수의 얘기를 들으면서 술이 넘친 잔을 들어 단숨에 마셨다.

"듣기로는 반정 때 부원수가 아니었으면 제대로 대오를 갖추지 못했을 것이라고 하더구나. 하지만 일등공신이 아니라 이등공신이 되었다지? 그리고 자기들은 중앙의 고위 관직을 독차지하고 부원수는 이곳으로 쫓아버렸고 말이다."

"그, 그거야…."

"그것도 모자라서 부원수를 의심하고 모함한다고 들었다."

"뭐라고요?"

"후금군이 쳐들어오면 중간인 안주에 주둔해야지 왜 이렇게 외진 영변에 주둔하는지 의심하는 눈치라고 들었다."

"저도 그건 이상하게 생각했습니다. 후금이 쳐들어오는 길목을 지켜야 하지 않겠습니까?"

홍한수의 얘기에 여여문이 코웃음을 쳤다.

"조선은 임진년 때만 생각해서 전쟁이 나면 높은 산속의 성에 틀어박혀서 싸울 생각만 하더구나. 왜군이었다면 그 방법이 먹히겠지만 후금군에게는 아무 소용이 없다."

"왜 그렇습니까?"

"왜군의 목표는 땅을 빼앗고 군량을 얻는 것이었다. 그래서 요충지를 점령해야 했기 때문에 어쩔 수 없이 싸워야 했다. 하지만 후금은 그러지 않아. 아마 조선이 산성에 틀어박히면 실컷 비웃어주면서 가던 길을 갈 거다."

"어디로 말입니까?"

"한양으로, 거기로 가서 임금을 붙잡을 거다."

"설마요."

"분로쿠노 에키 때 부산포에 상륙한 우리 군대는 이십 일 만에 한양에 도달했다. 하지만 임금이 도망을 쳐서 북쪽으로 가야만 했고, 의병과 수군 때문에 발목이 잡히고 말았다. 후금도 똑같이 할 거다. 다만 차이점은 있다."

"뭐가 말입니까?"

"그들은 말을 탄다. 하루에 천 리를 간다고 하니까, 압록강을 건너면 며칠 만에 한양에 당도할 것이다."

"중간에 누군가 막지 않겠습니까?"

"다들 산성으로 들어가서 길을 텅 비워놓을 텐데?"

여여문의 말에 홍한수는 대답할 말을 찾지 못했다.

"부원수가 이끄는 군대가 후금군의 길을 막을 거다."

"쳐들어가는 것이 아니고요?"

여여문은 쓴웃음과 함께 고개를 저었다.

"이 병력 가지고는 어림도 없다. 하지만 길을 막고 야전에서 결전을 벌이는 것만으로도 충분하다. 이기면 반격의 실마리를 잡는 것이고, 패배한다고 해도 시간을 벌 수 있으니까 말이다. 그래서 우리가 여기에 있는 것이다."

"적을 막기 위해서 영변에 있다는 말씀이십니까?"

"적이 어찌 안주로만 온다고 생각하느냐. 저들은 기병이다. 산속의 오솔길로도 올 수 있고, 해안가의 절벽에 난 외길로도 올 수 있다. 우리는 이곳에서 거북이처럼 자리를 잡고 있다가 적들이 오면 고개를 내밀어서 그 발목을 물어버릴 것이다. 그러려면 영변만한 곳이 없다."

"그랬군요. 몰랐습니다."

"조정의 대신들은 영변에 머무르는 걸 미심쩍게 생각하는 모양이다. 애초에 그럴 거였다면 부원수를 이곳으로 보내지 않았으면 되었을 것을 말이다."

홍한수는 그 뒤로도 이런저런 얘기를 나누다 돌아왔다. 답답함은 가셨지만 여전히 의문이 들었다. 무엇보다 여여문이 부원수에게 직접 들은 것처럼 얘기를 했다는 점이 마음에 걸렸다.

일월 말이 되자 추위가 한풀 꺾였다. 방포 훈련을 끝내고 조총을 닦던 홍한수는 비상소집령이 내리자 서둘러 군영으로 향했다. 군데

군데 어둠을 쫓아내기 위해 켜놓은 횃불이 타오르는 가운데 갑옷을 입고 칼을 찬 항왜들과 부원수의 측근들이 누대에 자리 잡고 있었다. 누대 위에는 두석린 갑옷을 입은 부원수 이괄이 칼을 짚은 채 서 있었다. 보통 때와는 사뭇 다른 분위기에 홍한수 같은 병사들은 물론 장수들 모두 바짝 얼어붙었다. 서늘한 입김만이 흘러나오는 가운데 부원수 이괄의 목소리가 울려 퍼졌다.

"조정이 썩어 빠져서 임금의 성총을 흐리는 것도 모자라 죄 없는 나를 끌고 가기 위해 금부도사를 보냈다. 이에 나는 군대를 일으켜 임금의 주변을 어지럽히는 자들을 몰아낼 것이다."

무시무시한 얘기에 다들 숨을 죽였다. 한참 얘기를 한 이괄은 짚고 있던 칼을 내리치면서 외쳤다.

"감히 나의 뜻을 거스르는 자가 있으면 용서치 않겠다."

암묵적인 동조를 뜻하는 침묵이 흐르자 이괄이 손을 들었다. 그러자 굳게 닫혀 있던 군영의 문이 열리면서 밖에 있던 금부도사 일행이 들어왔다. 홍한수는 도원수 이괄이 수족처럼 부리는 항왜들이 한양에서 온 금부도사와 선전관 일행을 둘러싸고 칼을 뽑는 것을 보고 숨을 멈췄다. 포위당한 금부도사가 고래고래 소리를 질렀다.

"조정에서 온 사자에게 뭐하는 짓이냐! 당장 칼을 거둬라!"

소리를 지르던 금부도사는 목을 찔리자 더 이상 말을 하지 못했다. 목을 움켜쥐면서 컥컥거리던 금부도사가 쓰러지고 그 위로 선전관과 그 부하들의 시신이 피범벅이 된 채 포개졌다. 도열한 병사들은 그 광경을 보고 입을 다물지 못했다. 홍한수는 앞에 서 있던 여여문에게 외쳤다.

"교관님. 대체 어찌된 겁니까?"

하지만 여여문은 팔짱을 낀 채 아무 대답도 하지 않았다. 어둠이
죽어가는 자의 비명을 집어삼켰다.

북방을 향한 조선의 사나운 칼

/

반정에 성공한 인조와 서인세력은 한숨을 돌릴 틈도 없이 바로 북방 문제를 해결해야만 했다. 반정의 명분 가운데 하나가 명을 받든다는 것이었기 때문이다. 조선이 명과 가깝게 지내면 후금이 가만 있지 않으리라는 것은 불 보듯 뻔했기 때문에 어떻게든 대비책을 마련해야만 했다. 거기다 인조가 흥분을 했는지 가도에 주둔한 명 장수 모문룡이 보낸 장수에게 후금을 치겠다고 큰소리를 치고 말았다. 물론 책봉 문제를 유리하게 이끌어갈 심산이었지만 군왕의 말은 신중해야 한다.

이런저런 분위기가 조성되자 조선은 정말로 어떤 조치를 취해야만 했다. 일단 총융청과 어영청의 창설을 통해 중앙군을 증설하고 지방 속오군을 지휘할 영장들을 배치했다. 유사시 임금과 왕실이 피신할 남한산성과 강화도의 성곽들을 수리하기 시작한 것도 이 시기였다. 기존의 성곽 역시 방어력을 높일 수 있는 구조물들을 증축했다. 하지만 임진왜란의 충격에서 아직 벗어나지 못한 상태라 재정이 심각하게 부족했다. 이에 따라 인조와 반정세력이 야심차게 추진한 각종 방어정책은 제대로 시행되지 못한다.

임진왜란은 조선에게 여러 가지 측면에서 크나큰 충격을 주었다. 가장 큰 충격을 받은 부문은 역시 조총으로 대표되는 군사 분야다. 조선 전기 조선군이 주로 예상한 적군은 압록강 너머의 여진족이었다. 흩어져서 기습하는 여진족과 맞서 싸우기 위해서는 대량의 기병과 궁수를 이용해 일종의 기동전을 펼쳐야만 했다. 하지만 조총과 장창을 주무기로 하는 왜군은 여진족과는 여러 모로 다른 상대였다. 조선이 이백 년 동안 평화롭게 지냈던 반면, 일본은 전국시대를 거치면서 전쟁으로 갈고 닦은 베테랑들이었다는 점이 초반의 전세를 결정짓기는 했다. 조총으로 집단 사격한 후에 창과 칼을 이용한 근접전을 펼치는 왜군의 공격 방식에 여진족을 상정하고 훈련했을 조선군이 바로 대응하기도 쉽지 않았다. 명군이 참전하고 의병들이 봉기하면서 한숨을 돌린 조선은 급히 대응전략을 찾는다.

새로운 전술, 다시 새로운 적
/
해답은 명에서 나왔다. 조선만큼이나 왜구에게 시달렸던 명은 척계광戚繼光의 절강병법으로 맞섰다. 절강병법은 등패(방패)와 낭선, 장창, 당파(삼지창), 총을 사용하는 십여 명으로 구성된 원앙진으로 대표되는데, 근접전에 능한 왜구에 대항하기 위해 만들어졌다. 절강병법은 1593년 임진왜란으로 출병한 명군에 의해 조선에 전해진다.

선조는 절강병법이 정리된《기효신서》를 입수해서 조선의 실정에 맞춰서 적용시키라고 지시한다. 중앙에 훈련도감이 창설되고 지방에 속오군이 만들어지면서 편제의 변화를 주었고, 조총을 다루는 포수와 활을 다루는 사수, 창과 칼로 싸우는 사수로 구분되는 삼수병 제도가 도입되었다. 그 핵심은 조총이었다. 조총의 등장은 '쇼크'

라는 말로도 부족함이 없을 정도로 큰 충격을 가져왔다. 근거리에서의 뛰어난 명중률과 더불어 몇 년간 연습을 해야 겨우 다룰 수 있는 활과 달리 불과 며칠간의 훈련만 하면 그럭저럭 다룰 수 있었다.

표류한 포르투갈 상인으로부터 철포鐵砲를 전수받은 일본은 곧 전쟁에 써먹었고, 대규모로 운용했다. 오다 노부나가織田信長와 도쿠가와 이에야스는 1575년 6월, 숙적인 다케다武田 가문의 군대를 나가시노長篠 벌판에서 철포부대로 격파한다. 숫적으로 우세했지만 늘 다케다 가문의 기병대에게 속수무책으로 밀렸던 오다 노부나가와 도쿠가와 이에야스는 목책을 치고 방어에 나섰다. 반면 다케다 가문의 군대는 그동안의 승전을 바탕으로 기병들을 앞세워 돌격을 감행했다. 이때 목책 뒤에서 총성이 울렸다. 오다 노부나가와 도쿠가와 이에야스가 양성한 철포부대가 일제히 방아쇠를 당긴 것이다. 다케다 가문의 기병대는 연거푸 쓰러지는 동료들을 뒤로 한 채 목책으로 접근했지만 철포가 쉴 틈 없이 발사되면서 결국 막대한 피해를 입고 만다.

연속 사격의 비밀은 철포병들을 세 번에 나눠 교대로 사격을 하게 한 데 있었다. 사격 절차가 번거롭고 재장전 시간이 길다는 조총의 단점을 진형으로 보완한 것이다. 조선은 다섯 명이 한 줄로 서서 차례대로 사격을 하는 윤방이라는 방식으로 이 문제를 해결했다.

이렇게 조선이 간신히 조총을 중심으로 한 무기와 전술 체계를 갖추자 상대가 말을 타고 질풍처럼 달려드는 후금군으로 바뀌었다. 애초에 명도 대량의 화포를 이용해서 여진족으로 막으려고 했다.

하지만 빠르게 달리는 후금군에게 재장전 시간이 길고 명중률이 떨어지는 화포를 사용하는 것은 큰 효과가 없었다. 성벽을 높이 쌓아 수성전을 해보려고도 했지만 후금군의 공성전 능력이 향상되면서 잇달아 요동의 성들을 잃는 처지였다.

그 모습을 지켜보던 조선은 여러 가지 대책을 세웠다. 그 가운데 하나가 수레를 이용해 적의 기동을 차단하는 것이었다. 어차피 기병이 열세라면 그들의 장점을 없애는 방식으로 가야 하기 때문이다. 특히 인조가 수레를 이용한 전술에 관심이 많아서 도원수 장만과 부원수 이괄에게 여러 차례 얘기를 했다. 그러나 실전을 경험했던 두 사람은 산지가 많은 조선에서는 수레를 이용한 전술이 그다지 쓸모가 없을 것이라고 생각했다. 아울러 요충지에 성곽을 수축해서 후금군이 쳐들어오면 방어에 치중하면서 시간을 버는 방법을 고안하기도 했다. 하지만 후금군의 공성전 능력이 뛰어났고, 만약 그런 성들을 지나쳐서 한양으로 바로 쳐들어오면 막을 방법이 없었다.

이런저런 고민에 대한 해답이 바로 이괄이었다. 만삼천이나 되는

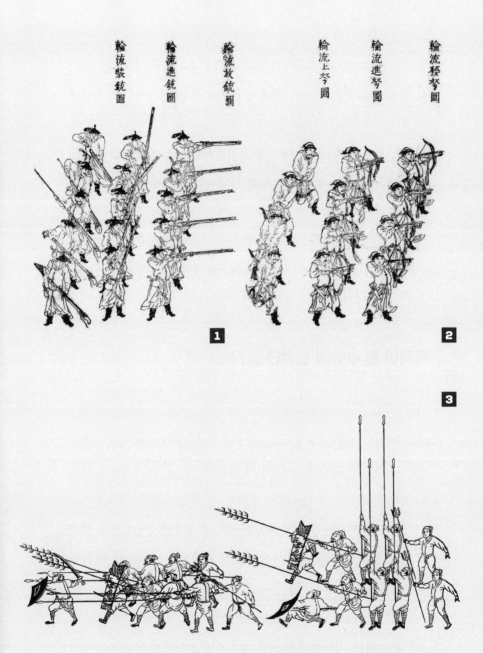

輪流裝銃圖　輪流進銃圖　輪流放銃圖　輪流上弩圖　輪流進弩圖　輪流發弩圖

1　　**2**

3

대군을 성이 아닌 비교적 외진 곳인 영변에 주둔시킨 이유는 바로 후금군의 발목을 잡기 위해서였다. 조선은 후금군이 압록강을 건너서 한양으로 오는 길의 중간에 있는 청천강을 방어선으로 생각했다. 따라서 이괄이 이끄는 부대는 청천강을 건너려는 후금군을 공격하거나 혹은 배후로 돌아 기습을 감행하는 방식으로 적의 발목을 잡을 계획이었다. 즉 적의 속도를 줄이거나 없애서 충격을 줄이는 것이 이괄이 이끄는 부대의 임무였다. 따라서 이괄은 몇 달 동안 자신이 이끄는 부대를 혹독하게 훈련시켰다. 역설적이게도 이렇게 훈련시킨 성과는 후금군이 아니라 조선군을 상대로 나타났다.

역적이 될 수밖에 없었던 공신

/

이괄은 반정 당시 총사령관 격인 김류가 나타나지 않아서 우왕좌왕하던 반정군을 잘 통솔했던 데에서 알 수 있듯 탁월한 지휘능력을 가진 무장이다. 하지만 반정공신 책봉에서 이등으로 밀려나자 불만을 품었고, 설상가상으로 멀리 북방으로 가야만 했다. 그나마 불만을 누르고 영변으로 온 이괄은 부하들을 훈련시키면서 자신의 임무에 충실했다. 하지만 그런 이괄을 뒤흔들게 만드는 사건이 있었으니 바로 그가 역모를 꾸몄다는 고변이다.

인조 2년(1624) 1월 17일, 문회와 허통 등이 역모를 고발하는 상소문을 올린다. 기자헌과 이시언, 정충신을 중심으로 인조에게 불만을 품은 자들이 후금에 잡혀 있는 강홍립과 은밀히 연락해 후금군을 불러들여서 광해군을 복위시킨다는 내용이었다. 그리고 관련자들의 명단 속에는 이괄과 그의 아들 이전의 이름도 들어가 있었다.

자신이 쿠데타를 일으켰던 적이 있던 인조와 측근들은 역모에 대해서 신경질적인 반응을 보였다. 문회의 고변은 내용에서 앞뒤가 안 맞는 부분도 많고, 그 대상도 너무 광범위했기 때문에 자세히 살펴보면 거짓임을 쉽게 알 수 있었다. 하지만 인조는 관련자들을 모두 체포해서 조사하라고 지시했다. 한양과 주변에 있는 관련자들은 모두 체포되었지만 문제는 영변을 비롯한 북방에 있는 장수들이었다. 이들은 모두 병사들을 거느리고 있었기 때문에 신중하게 체포해야만 했다. 더군다나 조사 단계에서 이미 고변자들의 말이 앞뒤가 안 맞는 부분이 나왔기 때문에 이괄의 체포를 놓고 갑론을박이 벌어졌다. 인조는 이괄을 믿겠다고 했지만 조사를 해야 한다는 공신들의 요구가 워낙 거셌다. 결국 이괄 대신 함께 있는 아들 이전을 불러다가 조사해보는 것으로 타협을 봤다.

1월 24일 금부도사 고덕률과 심대림 일행이 영변에 있는 이괄의 군영에 도착한다. 하지만 이괄은 미리 소식을 전해 들었다. 이괄은 아들이 끌려가서 혹독한 고문을 받다 거짓으로 자백을 하게 되면 자신도 무사하지 못할 것이라는 사실을 잘 알고 있었다. 비록 이등 공신에 책봉되었지만 반정을 일으킨 서인과 가깝지 않았으니 변호해줄 세력도 없었다. 일이 이렇게 돌아가자 마침내 중대한 결심을 하게 된다. 이괄은 금부도사 일행을 군영 밖에서 기다리게 한 후에 부하 장수들을 부른다. 그리고 분노가 섞인 협박과 달콤한 회유를 곁들인다. 어차피 이괄이 반역죄로 처형당하면 부하들도 무사하지는 못했을 것이기 때문에 대부분 동조했다. 분위기를 다잡는 데 성공한 이괄은 금부도사 일행을 희생양으로 삼아서 병사들을 격동시킨다. 해를 넘겨서 이괄의 부하로 지냈던 병사들은 분위기에 휩쓸려서 함성을 질렀고, 기세를 얻은 이괄은 출동 명령을 내렸다. 후금과 싸우기 위해 육성한 병력이 어처구니없는 고변으로 인해 칼끝을 바꾸게 된 것이다. 목표는 한양이었다.

여진을 상대하려 했던 빠른 칼은 조선으로 향하고
/

반란을 결심한 이괄은 가장 먼저 자신과 같은 처지인 한명련韓明璉을 끌어들였다. 순변사로서 구성에 주둔 중이던 한명련은 금부도사에게 붙잡혀 한양으로 압송 중이었다. 임진왜란 때 맹활약을 했던 백전노장인 한명련이 큰 도움이 될 것이라고 생각한 그는 항왜들을 보냈다. 이괄이 보낸 항왜들에게 구출된 한명련은 반란에 가담한다. 어차피 끌려갔다면 살아남을 수 없으리라는 것을 누구보다 잘 알고 있었기 때문이다. 운명공동체가 된 이괄과 한명련, 그리고 휘하 장수들은 부하들을 이끌고 남쪽으로 내려갔다.

한편 평양에 있던 도원수 장만은 뒤늦게 이 소식을 접했다. 병석에 누워 있던 그는 아찔함을 느꼈다. 비록 장만이 상관이기는 하지만 휘하 병력은 오천에 불과했다. 장만은 급히 주변의 부하들에게 연락을 취해 평양에 집결할 것을 지시한다. 아울러 이괄이 내려갈 만한 곳에 감시망을 펼친다. 하지만 해를 넘기도록 훈련을 받아온 이괄군은 장만의 감시망을 빠져나가 남쪽으로 향한다. 설상가상으로 안주목사 정충신이 평양에 있는 장만과 합류하기 위해 안주성을 떠나면서 곁에서 견제할 세력도 사라져버렸다.

이괄이 반란을 일으켰다는 소식이 전해지자 조정은 발칵 뒤집혔다. 다음날, 이괄의 가족과 기자헌 등이 체포되었고, 각지에서 병력을 징발하라는 명령이 떨어졌다. 인조는 한술 더 떠서 인목대비를 강화도로 피신시키려고 했다가 대신들의 만류로 포기했다. 그 사이 이괄의 반란군은 속도를 높여서 남쪽으로 향했다. 이괄은 자신이 가지고 있는 장점과 단점을 명확하게 알고 있었다. 장점으로는 잘 훈련된 대규모 야전군을 보유하고 있었고, 한명련 같은 숙련된 지휘관의 도움을 받는다는 점을 꼽았다. 반면 반란의 명분이 없었고, 한양과의 거리가 멀다는 단점도 가지고 있었다. 따라서 이괄로서는 최대한 빨리 한양을 점령해서 명분을 세워야만 했다. 이괄은 큰 길을 피하고 산길과 오솔길을 통해 남쪽으로 이동하면서 장만의 추격을 따돌렸다.

이괄의 반란군이 안주와 개천을 지나 자산에 도착한 때는 1월 27일이었다. 소식을 들은 장만은 정충신을 보내서 막도록 한다. 자산에는 이윤서가 이끄는 이괄의 선봉부대가 도착한 상태였다. 정충신은 이윤서를 회유하는 전략을 썼고, 잘 먹혔다. 반란에 가담했다는 사실에 부담을 느끼고 있던 이윤서는 다음날 정충신에게 투항했고, 병사들은 뿔뿔이 흩어지고 말았다. 하지만 이괄은 뒤도 돌아보지 않고 강동을 지나 남쪽으로 향한다. 애초에 이윤서의 부대를 자산에 보낸 것은 유인책으로, 평양을 멀리 우회해 한양으로 내려가는 것이 그의 계획이었다.

이제 추격자가 된 장만의 관군은 서둘러 움직였다. 하지만 이괄군은 바람처럼 움직여서 추격자들을 피했다. 수안으로 향한다는 거짓 정보에 속은 관군이 평산을 막는 사이 이괄군은 황주를 지나 봉산으로 향했다. 한 번의 기동으로 방어선을 무력화시킨 것이다. 전투다운 전투도 안 치르고 황해도로 접어든 이괄의 반란군은 신교에서 머물렀다. 오랜 이동으로 지친 병사들에게 휴식을 주어야 했고, 추격해오는 정충신의 관군과 한 번은 싸워야만 했기 때문이다.

이괄의 압승

/

2월 4일, 마침내 이괄의 반란군과 정충신의 관군이 신교에서 맞붙었다. 비록 정충신의 관군이 수적으로 크게 열세였지만 믿는 구석이 있었다. 정충신은 자산에서처럼 적당히 회유를 하면 투항자들이 생겨날 것이라고 예상했다. 정충신의 작전은 이번에도 먹혔다. 이괄의 선봉장인 허전과 송립이 부하들을 이끌고 투항해온 것이다.

하지만 허전과 송립이 정충신의 진영으로 넘어오면서 혼란이 일어나자 이괄은 이를 역이용했다. 항왜들을 돌격시킨 것이다. 임진왜란에 대한 기억이 아직 남아 있던 시절이라 항왜의 존재는 관군을 공포에 떨게 만들었다. 긴 칼을 뽑아든 항왜가 육박해오자 관군은 제대로 저항하지 못하고 흩어져버렸다. 그 틈을 타서 이괄의 반란군이 쇄도했다. 사기가 꺾인 관군은 무너지고 정충신은 퇴각 명령을 내렸다. 이 전투에서 관군의 선봉에 섰던 박영서가 전사하고 만다. 《연려실기술練藜室記述》에는 이 전투에서 관군의 전사자와 부상자가 각각 삼십 명씩에 불과하고 투항자가 천팔백에 이른다고 했지만 사실이 아닐 가능성이 높다.

패배했다는 소식을 들은 장만은 패잔병을 수습해서 황주로 물러났고, 이괄의 반란군은 남쪽으로 내려갔다. 이제 예성강을 건널 차례였다. 강줄기는 길었지만 양쪽 모두 어디로 건너야 할지 알고 있었다. 바로 얕은 여울목인 마탄이다. 조정에서도 이괄의 반란군이 이곳을 건너올 줄 알고 방어사 이중로에게 지키도록 했다.

2월 7일 마탄의 여울목에 이괄의 반란군이 모습을 드러냈다. 이중로가 이끄는 관군은 대략 삼천 명이었고, 이괄의 반란군은 만여 명 정도였다. 이괄은 수적인 우위를 앞세워 바로 공격을 감행한다. 등 뒤로 신교에서 패배한 정충신이 병사들을 수습해서 추격해오는 중이었기 때문에 머뭇거릴 시간이 없었다. 여울목을 피로 물들인 치열한 전투 끝에 이괄의 반란군은 마침내 강을 건너는 데 성공한다. 수적으로 열세였으며 기세를 빼앗겨서 사기가 꺾인 관군은 지리멸렬했다. 일부는 도망치는 데 성공했지만 이중로를 비롯한 상당수는 포위당하고 만다. 예성강으로 밀려간 관군은 포위망에 갇힌 채 전멸당하고 말았다. 조총을 잘 다루던 이중로는 분전했지만 결국 스스로 물에 빠져 목숨을 끊었고 수뇌부 대부분은 전사했다. 평산부사 이확만이 시체더미 속에 몸을 숨겨서 겨우 살아남았다.

다시 한양을 버린 임금

/

포성을 듣고 헐레벌떡 달려온 정충신의 관군이 마탄에 도착해서 본 것은 즐비한 시신과 기세를 올린 이괄의 반란군이었다. 이괄은 한술 더 떠서 목을 벤 관군의 장수들 수급 여덟을 말에 실어서 건너 보냈다. 장수들의 수급을 본 관군은 기세가 확 꺾였다. 남이흥이 나서서 장수들의 수급이 아니라고 둘러댔지만 소용이 없었다. 승리를 거둔 이괄의 반란군은 마탄 너머에 있는 정충신의 관군을 뒤로 한 채 남쪽으로 길을 재촉했다.

신교에 이어서 마탄에서도 패배했다는 소식을 들은 조정에서는 기자헌 등 관련자들을 서둘러 처형했다. 이괄과 그의 아들 이전의 부인과 가족들은 며칠 전에 이미 처형된 상태였다. 이 즈음이 되자 슬슬 인조가 한양을 벗어나 파천을 해야 한다는 논의가 나왔다. 훈련도감을 비롯한 도성의 방어군을 동원해서 곳곳에 방어선을 쳤지만 신출귀몰하는 이괄의 군대는 공포의 대상이었다. 이제 남은 곳은 임진강뿐이었다.

청석령을 비롯해 이미 곳곳에 관군이 방어선을 펴고 있었지만 이괄은 다시 허를 찔렀다. 밤중에 소수의 항왜들을 보내서 청석령을 지키고 있던 부원수 이서의 관군을 유인한 것이다. 항왜들이 소리를 질러가며 이리저리 뛰어다니자 부원수 이서는 물론 관군 모두 반란군이 쳐들어온 것으로 착각했다. 그 사이 이괄의 군대는 지름길을 통해 청석령을 통과해버렸다.

개성에 들이닥친 이괄의 반란군은 곧바로 임진강 나루로 향했다. 개성에 있던 최명길崔鳴吉은 황급히 몸만 빠져나왔다. 임진강에 나가 상황을 살펴보던 이귀는 이괄의 반란군이 강을 건너는 것을 보고 깜짝 놀라서 한양으로 돌아왔다. 보고를 받은 인조는 공주로 떠나기로 결정한다. 인목대비 일행은 강화도로 가기로 결정되었다가 뒤늦게 인조와 함께 이동하는 것으로 바뀌었다. 하지만 말이 미처 전달되지 못해서 혼란이 가중되었다. 한양에서는 남아 있는 이괄과 기자헌의 친척들이 처형에 극력 저항하면서 금부도사 윤유길이 겨우 몸만 빠져나왔다.

인조가 한양을 빠져나간 다음날인 2월 9일, 이괄의 선봉부대인 기병 30기가 한양에 도착했다. 이들은 곳곳을 돌아다니면서 새 임금이 즉위하니 동요하지 말라고 외쳤다. 그리고 다음날인 2월 10일, 드디어 이괄이 부하들과 함께 한양에 입성했다. 남아 있던 백성들과 하급관리들은 길을 쓸고 닦은 채 이괄을 환영했다.

조선시대 수많은 역모와 반란들은 대부분 실패로 돌아갔다. 두 차례의 반정과 계유정난癸酉靖難이라고 불리는 수양대군의 쿠데타,

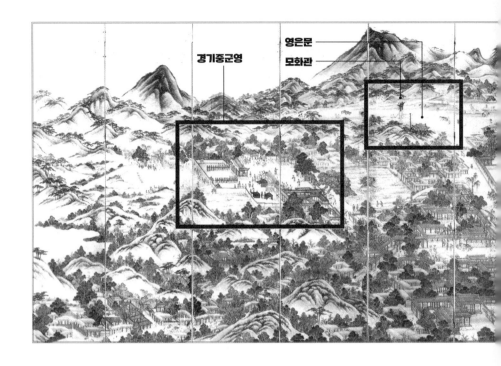

그리고 무인정사戊寅靖社라고 불리는 제1차 왕자의 난 정도만이 성
공한 사례로 꼽힌다. 이들은 모두 한양 혹은 그 근처에서 거사를 일
으켰고, 뚜렷한 명분이 있거나 왕족이 직접 이끌었다는 공통점이
있었다. 그에 반해 이괄은 한양에서 멀리 떨어진 영변에서 출발해
야만 했다. 그나마 갑작스럽게 반란을 일으킨 것이라 여러 모로 준
비가 부족했고, 명분 역시 부족했다. 하지만 이괄은 뛰어난 지휘력
과 잘 훈련된 부하들 덕분에 한양에 입성할 수 있었다. 그의 속도가
방어를 이긴 것이다. 거기다 한양의 백성들이 뜨겁게 환영했으니
분명 한시름 놨을 것이다. 거기다 명분도 알아서 굴러 들어왔다.

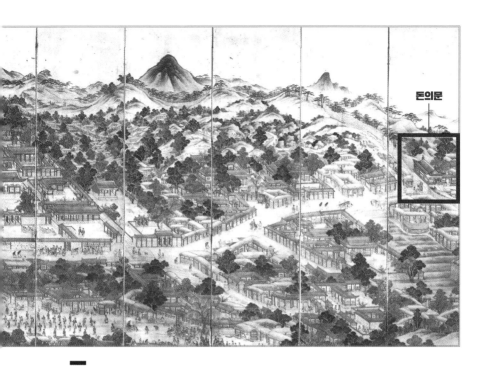

돈의문

〈경기감영도병京畿監營圖屛〉. 북쪽에는 명 사신을 맞이하기 위해 세워진 영은문과 모화관이 있고, 그 서쪽으로는 이괄의 난 당시 이괄군이 돈의문을 빠져나가 무악을 향해 진군하기 전 주둔했던 경기중군영이 있다

영은문 주춧돌과 독립문. 훗날 영은문은 헐리고 같은 자리에 독립문이 세워진다

인조를 따라갔다가 돌아온 왕족인 홍안군 이제가 이괄의 앞에 나타났다. 선조의 열 번째 아들로 인조의 숙부인 이제는 이괄의 반란이 일어난 직후부터 내통을 한다는 의심을 받았다. 하지만 인조는 그를 체포해야 한다는 대신들의 청을 거절하고 피난길에 동행시킨다. 그런 그가 도중에 빠져나와 한양으로 돌아온 것이다. 명분 찾기에 골머리를 앓던 이괄로서는 호박이 넝쿨째 굴러들어온 셈이었다. 물론 이제에 대한 세간의 평이 좋지 않기는 했지만 왕족이라는 점은 결코 무시할 수 없는 명분이 되어줬다.

　　이괄은 즉시 홍안군 이제를 임금으로 추대했다. 임금까지 내세우자 대세가 기울었다고 판단한 자들이 늘어났다. 수원부사 이흥립은 이괄이 한양을 점령했다는 소식을 듣자 무기를 내려놓고 투항했다. 한명련이 도망친 인조를 쫓아가야 한다고 건의했지만 이괄은 그의 청을 거절했다. 인조가 이미 멀리 도망친 데다 한양의 민심을 다독거리고 새로운 왕으로서 자리를 잡는 것이 우선이었기 때문이다.

　　한편 인조가 처한 상황은 최악이었다. 도성을 버리고 도망친 상황이라 누가 등을 돌릴지 모르는 일이었다. 그래서 부산에 있는 왜인들을 불러서 이괄의 항왜에게 대적하자는 의견이 나왔다. 아울러 가도에 주둔 중인 모문룡에게 도움을 요청해야 한다는 얘기도 나왔다. 임진왜란이 끝난 지 30년도 지나지 않은 시점임을 감안하면 인조가 얼마나 다급했는지 짐작할 수 있다. 이괄의 난을 막기 위해 모문룡에게 손을 벌리기에는 훗날 따라올 폐해가 이괄의 난과 다를 바 없었다. 그가 조선에 부리는 행패가 워낙 심했기에 인조조차 나라의 화가 후금이 아니라 모문룡에게 있다고 말할 정도였기 때문이다.

결국 두 가지 방안 모두 후유증이 심하다는 의견이 나오면서 폐지되었다. 인조의 피난 행렬이 한창 남쪽으로 향하고 이괄이 한양을 점령한 2월 10일, 장만張晩이 이끄는 관군이 뒤늦게 한양 인근에 도착한다. 이미 한양이 이괄의 손에 넘어가고 인조가 남쪽으로 피난을 떠났다는 소식을 들은 장만은 파주와 고양 사이 고개인 혜음령에서 긴급 작전회의를 연다. 너무 다급한 나머지 군막을 세우지도 못하고 길가에 거적을 깔고 앉아서 대책을 논의했다.

빠른 승리만큼 허무하게 끝난 반란
/

장만은 휘하 장수들에게 두 가지 계획을 제안했다. 하나는 한양의 민심이 이괄에게 기울기 전에 승부를 보는 것이고 또 하나는 일단 포위망을 구축한 후에 남쪽에서 올라올 원군과 합세해 전투를 벌이는 방법이었다. 후자는 고려시대 제2차 홍건적의 침입으로 개경이 함락되었을 때 정세운鄭世雲이 쓴 방식이었다. 그는 홍건적 십만이 버티고 있는 개경 주변에 이십만 대군을 포진시키고 공격했다. 이성계도 참전한 이 싸움에서 홍건적은 결정타를 입고 패주했다.

각각의 장단점이 있었지만 정충신은 결전을 주장했다. 인조가 한양을 비우는 시간이 길어질수록 이괄의 기세가 올라갈 것이 분명했기 때문이다. 다행히 이괄의 군대는 한양의 옛 경복궁 터에 주둔했기 때문에 외부로 기동이 가능했다. 정충신은 포위망 구축에 실패하고 패전을 거듭한 책임을 벗어나기 위해서라도 서둘러 전투를 벌여야 한다고 덧붙였다. 그리고 전투를 벌일 장소로 안현, 오늘날 서대문구 안산을 꼽았다. 한양 가까이에 있는 산이라서 안을 내려다볼 수 있을 뿐더러, 전투가 벌어지면 위에서 내려다보면서 싸울 수 있는 유리한 지형이기 때문이다. 정충신의 주장을 남이홍이 찬성하면서 결전을 벌이는 것으로 결론이 났다.

문제는 그곳까지 이동할 때 이괄의 군대에게 들키지 않아야 한다는 것이었다. 정충신은 먼저 부하들을 보내 봉수대를 점령하고 정상적으로 봉화를 올리게 한 후, 밤중에 몰래 안현으로 이동했다. 한밤중이라고 해도 대규모 군대가 이동하게 되면 소리가 날 수밖에 없었는데 천만다행으로 바람이 심하게 불면서 들키지 않았다. 장만의 관군은 안현을 중심으로 무악재 일대에 진을 쳤고, 치마바위에도 조총병을 매복시켜서 창의문으로 가는 길을 막았다.

이괄은 생애 최고의 하루인 2월 10일 다음날인 11일에 최악의 하루를 맞이했다. 자신도 모르는 틈에 장만의 관군이 한양이 내려다보이는 안산과 무악재 일대를 차지해버린 것이다. 하지만 영변에서부터 수많은 포위망을 뚫고 전투에서 승리를 거뒀던 그는 자신감을 드러냈다. 이괄에게는 항왜를 비롯한 정예병이 만 명이나 있었고, 한명련 같은 뛰어난 장수들도 주변에 많았기 때문이다. 어쩌면 그는 그 상황을 오히려 기회라고 생각했을 수도 있다. 한양으로 오는 내내 귀찮게 따라붙었던 장만의 관군을 보란 듯이 격파한다면 한양의 민심을 휘어잡을 수 있을 뿐만 아니라 남쪽으로 도망간 인조를 추격할 수 있는 여유를 얻을 수 있기 때문이다.

이괄 역시 한양을 차지한 상황에서 관군에게 포위당하는 상황을 가장 크게 걱정했다. 식량 공급이 차단된다면 한양의 민심이 돌아서는 것은 순식간이기 때문이다. 그에게 최선은 관군을 각개격파하고 도망친 인조를 잡는 것이었다. 그 첫걸음이 장만이 이끄는 관군을 격파하는 일이었다. 상황은 어려웠지만 어제까지의 승리가 있었기에 오늘도 승리를 믿어 의심치 않았다. 곁에서 보좌한 한명련의 생각 역시 마찬가지였다. 관군이 고개 위에 주둔한 까닭은 야전에서 승부를 볼 용기가 없어서라고 판단한 것이다.

2월 11일 아침, 이괄이 이끄는 군대가 돈의문으로 빠져나와 안산으로 향했다. 소식을 들은 백성들이 성벽 위에 올라가서 곧 벌어질 싸움을 기다렸다. 안산과 무악재 일대를 포위한 이괄의 군대는 한명련이 이끄는 항왜들을 선두로 공격을 개시했다. 불리한 지형이라고는 하지만 거듭 승리를 거뒀던 이괄의 병사들은 사기가 높았다. 탄환과 화살이 마구 날아가는 가운데 한명련이 이끄는 선봉부대가 언덕으로 올라가 관군과 접전을 벌였다. 치열한 접전이 벌어지는 가운데 관군 장수 김경운이 전사하고 만다. 기세가 오른 이괄의 군대가 거세게 밀어붙이면서 승부가 거의 결정될 것처럼 보였다.

하지만 남이흥南以興이 관군의 사기를 북돋으며 격렬하게 맞섰고, 여기에 바람의 방향이 바뀌면서 승부의 추가 관군 쪽으로 기울게 된다. 선봉장 한명련이 화살에 맞아 부상을 당하고, 이양이 탄환에 맞아 전사한 것이다. 거기다 이괄까지 뒤로 물러나자 지켜보고 있던 남이흥이 적이 패했다고 소리쳤다. 가뜩이나 위축되어 있던 이괄의 병사들은 그 소리를 듣자 무기를 버리고 도망쳤다. 그러자 성벽에서 지켜보던 백성들이 재빨리 돈의문과 서소문을 닫아버렸다. 성벽과 장만의 관군 사이에 끼어버린 이괄의 군대는 그대로 무너지고 말았다. 이괄과 한명련은 간신히 숭례문으로 들어갔고, 대부분의 병사들은 뿔뿔이 흩어져서 민가에 숨기도 하고 마포나 서강 나루까지 도망치기도 했다.

승리한 정충신이 한양으로 입성하려고 하자 남이흥이 만류했다. 적들이 민가에 매복했다가 기습을 가할 수 있다는 이유 때문이었다. 한양 안으로 도망쳐서 한숨을 돌린 이괄은 부상당한 한명련과 측근들, 충성스러운 항왜들과 패잔병들을 이끌고 한밤중에 수구문을 통해 한양을 탈출했다. 추격을 피한 이괄은 삼전도를 거쳐 한강을 건넌 다음 광주로 향했다. 광주목사 임회가 앞을 가로막았지만 오히려 이괄의 군대에게 패배하고 말았다.

사로잡힌 임회를 죽인 이괄은 정충신이 보낸 추격대가 경안역에 모습을 나타내자 곧바로 이천으로 향했다. 묵방리라는 곳에 도착한 이괄의 군대는 잠시 휴식을 취했다. 한숨을 돌리긴 했지만 사면초가였다. 4월 10일, 한양에 입성한 지 이틀 만에 운명이 나락으로 떨어진 것이다. 그러자 그때까지 이괄을 따랐던 기익헌과 이수백이 딴마음을 품었다. 이렇게 된 이상 이괄을 죽이는 것만이 유일한 살길이라고 판단한 것이다. 밤이 깊어지기를 기다리던 두 사람은 부하들을 이끌고 이괄을 비롯한 수뇌부를 공격했다. 그 자리에서 이괄과 그의 아들 이전, 조카 이수를 비롯해 한명련이 목숨을 잃었다. 한명련의 아들 한윤과 조카 한 명만이 겨우 살아서 피했을 뿐이다.

한편 이괄에 의해 임금으로 추대되었던 흥안군 이제는 인경궁 근처의 성벽에서 싸움을 지켜보다가 이괄이 패하자 광주로 달아나서 몸을 숨겼다. 하지만 그의 정체를 알아본 관리들에게 바로 붙잡혀 한양으로 압송된다. 훈련도감 대장 신경진 등은 이제가 이미 임금을 사칭했으니 죄가 크다면서 돈화문 앞에서 목을 베었다. 반역을 했다고는 하나 왕족을 함부로 죽였기 때문에 잠시 문제가 되었지만, 난이 끝난 뒤에는 그것과는 비교도 안 될 만한 큰 후유증이 기다리고 있었다.

잃은 것이 너무 컸던 승리

/

서구에서는 별다른 이득이 없는 승리를 '피로스의 승리Pyrrhic Victory'라고 부른다. 에피로스의 군주인 피로스는 로마와 싸워 여러 차례 승리했지만 그때마다 적잖은 병사들과 장수들을 잃었다. 거기다 패배한 로마가 굴복하지 않고 다시 싸움을 걸어오자 마지막에는 이기지 못하고 물러난다. 이후 서구에서는 승리했지만 이겼다고 말하기 어려운 싸움을 피로스의 승리에 빗대는데, 이괄의 난을 평정하는 과정이 딱 그 모습이다.

공주에서 이제나 저제나 한양에서의 소식을 기다리던 인조는 15일에 승리했다는 보고를 받고 반색했다. 공주에 집결한 군대와 의병을 해산시킨 인조는 19일에 출발해서 22일 한양에 도착한다. 그리고 장만과 정충신, 남이흥 등 29인을 진무공신에 임명하는 것으로 이괄의 반란을 마무리한다.

하마터면 즉위한 지 일 년 만에 광해군처럼 쫓겨날 뻔했기에 한숨을 돌릴 수 있었지만, 난을 진압했음에도 인조는 크나큰 것들을 잃고 말았다. 이괄의 반란군이 짧은 시간이나마 한양을 차지하면서 인조를 향한 민심이 차갑다는 것이 드러났다. 인조가 자신들을 버리고 도망치자 백성들은 창경궁에 불을 지르고 공신들의 저택을 차지했다. 너무나 많은 한양 백성들이 이괄에게 협조했기 때문에 원칙대로 하면 한양 사람 대부분을 죽여야 한다는 극단적인 얘기마저 나올 지경이었다.

지방 민심 역시 마찬가지였다. 경상도 양산에 귀양 와 있던 광해군의 측근 권진이 지방의 무사들 및 항왜들과 결탁한다는 소문이 돌자 경상감사 민성휘가 보고도 하지 않고 처형을 해버렸다. 서인 정권에 밀린 남인이 주로 있던 경상도 지역은 관망하는 모습이 역력했고, 충청도 지역 역시 예학의 대가 김장생의 호소에도 불구하고 의병을 일으키려는 움직임이 보이지 않았다.

반정을 일으킨 지 불과 일 년 만에 민심이 인조와 조정에게 등을 돌린 이유는 무엇일까? 광해군 시절과 사람만 바뀌었을 뿐 수탈과 폭정에서 달라지는 것이 없었기 때문이다. 후금의 공격을 막기 위

38년

해 군대를 증강하고 성곽을 수축하는 한편, 가도의 모문룡도 지원해야 했기 때문에 막대한 재정이 소모되었다. 하지만 공신을 비롯한 기득권층은 이런저런 이유로 세금을 내지 않았기 때문에 그 부담은 고스란히 힘없는 백성들에게 내려갔다.

이런 상황에서 발생한 이괄의 난은 비록 실패로 돌아갔지만 반란을 부추기는 계기가 되었다. 이괄의 난이 끝난 1624년과 그 다음 해는 실로 '역모의 해'라고 불릴 만했다. 크고 작은 역모들이 발각되면서 엄청난 규모의 처벌과 죽음이 이어졌다. 그 와중에 정문부鄭文孚가 역모에 연루되는 일이 벌어졌다. 임진왜란 당시 가토 기요마사加藤淸正에 맞서 함경도를 지켰던 공적을 세웠지만 살아날 수 없었다. 그는 가담하지 않았다고 억울함을 호소했고, 실제로도 그랬지만 고문을 받던 도중 숨을 거두고 말았다. 억울하게 죽은 이는 정문부뿐만이 아니었다. 선조의 일곱 번째 아들인 인성군의 이름이 역모를 꾸민 사람들 입에 자주 오르내렸다. 그러자 대신들은 처벌해야 한다고 목소리를 높였고, 결국 인성군은 진도로 유배되었다가 자결을 강요받고 목숨을 잃었다.

역모와 고변이 오가면서 조정과 사회의 분위기는 싸늘하게 식어갔다. 인조와 대신들이 자신의 정권을 지키기 위해서 고변을 권장하면서 이런 분위기는 오랫동안 이어져 갔다. 정권 지키기가 화두로 떠오르면서 그나마 추진되던 개혁 정책과 국방 강화 정책은 모두 우선순위에서 밀려나 사라져버리고 말았다. 하지만 이런 문제들은 뒤에 언급할 문제에 비하면 새발의 피였다.

"이제 조선 땅에 싸울 수 있는 장수는 없다"

/

이괄의 난에서 비롯된 가장 큰 문제는 싸울 수 있는 군대와 장수들이 증발되어 버렸다는 것이다. 이괄과 한명련이 이끌던 군대는 조선이 심혈을 기울여서 육성한 야전부대였다. 후금군을 평야에서 맞아 싸우는 것은 자살행위라는 점은 인조를 비롯한 대신들과 장수들 또한 잘 알고 있었다. 산 속 험준한 곳에 산성을 쌓고 버티는 방식에도 문제가 있었다. 그렇게 길을 비워두면 바로 한양으로 쳐들어올 수 있기 때문이다. 수성전을 할 때도 외부의 지원이 있느냐 없느냐는 승패에 큰 영향을 미친다. 제1차 진주성 전투 때에도 곽재우가 이끄는 의병이 왜군을 괴롭혔던 것이 승리에 크게 기여했다.

이괄이 이끄는 부대는 청천강 일대에서 적과 맞서 싸우거나 혹은 포위된 성을 구출하는 임무를 맡고 있었다. 따라서 항왜들이 배속되었고, 기병들도 적잖게 포함되었다. 이괄과 한명련 같은 장수들 역시 유능했다. 임진왜란을 통해 실전을 경험한 이들이 영변에 있으면서 병사들을 제대로 조련했다. 만약 이괄의 부대가 정묘호란과 병자호란 때까지 존재했다면 전황이 크게 달라졌을 것이다. 하지만 이런 중요한 부대를 어처구니없는 고변으로 날려버렸다. 훗날 조사 결과 문회의 고변은 처음부터 끝까지 거짓말이었다. 출세를 위해서 조작한 고변을 제대로 조사했다면 하는 아쉬움이 남는다.

이괄의 반란 이후 주요 무신들은 모두 감시의 대상이 되었다. 언제 또 제2의 이괄이 나올지 모르기 때문이다. 정묘호란 당시 안주성을 지키던 남이흥에게 누군가 병사들을 제대로 훈련시키지 않고 나태하게 지냈기 때문에 패배한 것이라고 비난했다. 그러자 남이흥은 끊임없이 감시와 기찰을 받기 때문에 제대로 군사훈련을 할 수 없었다고 답했다. 이괄의 난을 평정하고 공신의 자리에 올랐던 남이흥이 이 정도였다면 다른 무신들에 대한 감시가 어땠을지는 상상하기 어렵지 않다. 승리했지만 군대가 증발되었고, 외부를 감시하며 적습에 대비해야 하는 장수들이 역으로 내부에서 감시를 당해야만 하는 상황은 이괄의 난 이후 펼쳐진 조선의 우울한 풍경이었다.

첫 번째 조짐,
정묘호란

조선이 흘려보낸 시간과
홍타이지의 등장

1626. 1. 26

누르하치,
영원성 전투에서 패배

1626. 9. 30

홍타이지,
후금의 한으로 즉위

1627. 1. 13

후금군, 압록강 도하.
정묘호란 발발

1627. 3. 3

후금과 조선, 강홍립의
중재로 정묘화약 체결

처음에 남이흥은 군사와 백성을 보살피지 않고 자못 형벌을 가하고 죽이기를 일삼고 국방은 전혀 염두에 두지 않았다. 이에 이르러 어떤 사람이 국방에 소홀하여 패하게 되었다고 꾸짖자, 남이흥이 말하기를 "공신들이 나를 시기해 사람을 시켜 사찰하니 이렇게 되지 않을 수 없었다" 했다.

— 《연려실기술》 제25권 〈인조조 고사본말〉 '정묘년의 노란'

홍한수 전, 여섯 번째

인조 5년(1627) 1월 22일 평안도 안주성

후금군은 얼어붙은 청천강을 건너서 안주성을 포위했다. 성벽에 올라간 홍한수는 끝이 보이지 않는 후금군의 대열을 보고 입을 다물지 못했다. 옆에 있던 떠버리 곽웅도가 연신 중얼거렸다.

"아이고, 이제 끝났네."

안주성을 빈틈없이 포위한 후금군은 항복을 종용했다. 안주목사 남이흥은 역관을 문루 위에 올려보내 항복하지 않겠다고 외치게 했다. 그러자 후금군이 뭐라고 소리쳤고, 그 얘기를 들은 역관의 표정이 굳어졌다. 곁에 있던 홍한수가 묻자 역관은 짧게 대꾸했다.

"내일 공격해서 우리를 모두 죽이겠답니다."

성 안에 비장함과 침울함이 함께 흘렀다. 홍한수는 훌쩍거리면서 우는 떠버리 곽웅도 옆에서 조용히 조총을 닦았다.

다음날 아침, 후금군은 새벽안개를 뚫고 공격해왔다. 악귀처럼 달라붙는 후금군을 향해 안주성의 조선군은 조총을 쏘고 화살을 날렸다. 불을 뿜은 화포에서 날아간 포탄이 후금군 대열 한복판에 떨어지면서 수십 명을 한 번에 쓰러뜨렸다. 첫 공격을 무난하게 막아내면서 잘 하면 이길 수 있다는 희망이 생겨났다. 하지만 새벽안개가 걷히고 나서 보이는 수많은 후금군을 본 안주성의 군민들은 절망에 빠졌다. 공격이 재개되면서 치열한 전투가 벌어졌다. 남문을 지키고 있던 홍한수는 정신없이 조총을 쏘아댔다.

　한낮이 조금 지난 시간 마침내 후금군의 운제가 성벽에 걸렸다. 운제를 타고 성벽 위로 쏟아져 들어온 후금군의 기세에 조선군은 압도당하고 말았다. 홍한수는 운제를 타고 넘어오는 후금군을 향해 조총을 쏘아댔다. 그러다가 날아온 화살이 그의 어깨를 스치고 지나가면서 뒤에 서 있던 떠버리 곽웅도의 목을 꿰뚫었다. 목덜미를 움켜잡은 떠버리 곽웅도는 눈을 부릅뜬 채 죽어갔다. 홍한수는 말없이 그의 조총을 챙겼다.

　후금군이 성벽을 넘어온 직후에 성문도 돌파당했다. 성 안 곳곳에서 전투가 벌어졌지만 쏟아져 들어오는 후금군을 막을 수는 없었다. 안주목사 남이흥은 남문의 문루에서 전투를 지휘하다가 안주 관아로 퇴각했다. 홍한수도 그를 따라 관아로 들어갔다. 숨을 헐떡이던 홍한수를 본 안주목사 남이흥이 물었다.

　"자네 조총수인가?"

"훈련도감 포수대입니다."

"기억나는군. 날 따라오너라."

홍한수는 남이흥을 따라 관아의 문루로 올라갔다. 아직 밖에서는 싸움이 계속되고 있지만 오래가지는 않을 것 같았다. 그 광경을 본 남이흥이 분하다는 표정으로 중얼거렸다.

"젠장, 사흘은 버틸 줄 알았는데 말이야."

"중과부족이었습니다."

남은 탄환과 화약의 양을 확인하던 홍한수의 대답을 들은 남이흥이 고개를 갸웃거렸다.

"기억나는군. 자네 이괄의 난에 가담했었지, 그렇지?"

머리 위로 탄환이 스쳐 지나가자 고개를 팍 움츠린 홍한수에게 안주 목사 남이흥이 물었다. 홍한수는 이런 와중에 참 한가하다고 속으로 생각하면서 대꾸했다.

"소인이 뭘 알겠습니까. 그냥 나라에서 영변으로 가라고 해서 간 것뿐입니다요."

"그랬군. 어떻게 도망친 건가?"

"낌새가 이상해서 도망칠 생각만 하고 있었는데 마침 중군의 이윤서 장군이 자산에 주둔하다가 갑자기 포를 쏘고 관군에 투항한다고 해서 정신없이 뛰어갔지요."

그때의 일을 떠올린 홍한수는 쓸쓸한 표정을 지었다. 부하들을 이끌고 관군에게 투항한 이윤서 장군은 얼마 후에 스스로 목숨을 끊었다. 이윤서 장군을 따라 관군에 투항한 병사들 중 일부는 토벌

작전에 참여했다. 홍한수는 죄를 없애주겠다는 말에 군말 없이 그들을 따랐다. 정충신이 이끄는 관군에 편입된 홍한수는 안산에서 벌어진 전투에도 참전했다. 코앞까지 쳐들어온 이괄의 반란군 사이에서는 영변에서 함께 훈련받던 동료들이 제법 끼어 있었다.

관군이 승리한 후 집으로 돌아간 홍한수는 가족들이 모두 무사한 것을 보고 안도의 한숨을 쉬었다. 그저 작은아들인 성길의 상점이 약탈당했을 뿐이었다. 그나마 다행이라고 생각했지만 곧 머나먼 안주성으로 떠나야 했다. 후금이 언제 쳐들어올지 모르니 길목인 청천강을 지키는 안주성의 중요성이 높아졌다. 조선 조정은 홍한수와 같이 이괄의 반란에 가담했던 병사들을 안주성으로 보냈다. 이런저런 생각에 잠겨 있던 홍한수를 힐끔 바라본 남이홍이 바깥을 살펴보다가 그의 어깨를 쳤다.

"저기 검은 말을 타고 있는 파란 투구 보이나?"

남이홍이 손가락으로 찍은 목표물을 본 홍한수는 고개를 끄덕거렸다.

"보입니다."

"호령을 하는 걸 보니 높은 자인 것 같아. 저 자를 쏘게."

"알겠습니다."

기둥에 세워둔 조총을 집어든 홍한수는 총구에 화약을 붓고 삭장으로 쑤셨다. 후금군이 쏜 화살이 기둥에 꽂히면서 부르르 떨었다. 남이홍이 직접 방패를 들고 기둥 옆에 섰다. 삭장을 뽑은 다음 오구통을 총구에 대고 탄환을 떨어뜨렸다. 화문을 열고 귀약통을 기울여서 화약을 살짝 부은 다음에 살살 흔들어서 화약을 섞었다. 화승의 불을 확인한 홍한수가 남이흥에게 말했다.

"방포 준비 끝났습니다."

"방패를 살짝 옆으로 밀겠네. 그 틈에 대고 쏴."

홍한수는 남이흥이 방패를 살짝 열어준 틈으로 총구를 내밀었다. 두 사람이 있는 안주 관아의 문루 밖에는 후금군이 득실거렸다. 목표인 파란 투구를 신중하게 겨눈 홍한수는 방아쇠를 당겼다. 화승이 화문에 닿자 화약이 타들어가면서 메마른 총성이 울려퍼졌다. 파란 투구를 쓴 후금군 장수가 두 팔을 하늘로 치켜들면서 말 아래로 떨어졌다. 그러자 후금군들이 쓰러진 파란 투구를 부축해서는 뒤로 물러났다. 남이흥이 기둥에 기댄 채 한숨을 돌린 홍한수의 어깨를 두드렸다.

"잘했네. 조정에 알려서 포상을 하도록 하지."

홍한수는 귀 밑에 난 백발을 쓸어 넘기면서 대꾸했다.

"우리가 살아날 수나 있겠습니까?"

"하긴."

남이흥은 관아 밖을 바라보면서 허탈하게 중얼거렸다. 그 모습을 본 홍한수는 입김을 불어서 손을 녹였다.

"아까 성벽 위에서도 대여섯을 죽인 걸 봤네."

"일곱 명입니다. 그중에 둘은 운제를 밀던 조선사람이었습니다."

"나도 적진에 있는 우리 백성들을 제법 봤네. 어찌 적의 편을 들 수 있는지…."

남이홍이 혀를 차자 홍한수가 대꾸했다.

"죽인다고 하니까 따랐겠죠."

"그렇다고 해도 어찌 조선의 백성이 저딴 짓을 할 수 있다는 말인가."

"그 조선이 날 해치고 괴롭히면 다른 마음을 먹을 수도 있겠지요. 반정 후에 나라가 더 혼탁해지니 더더욱 그러하고요."

다소 위험한 발언이었지만 어차피 죽음을 각오했기에 홍한수는 내키는 대로 말했다. 그의 말을 듣던 남이홍이 격정에 찬 표정으로 물었다.

"이게 우리 때문이란 말인가?"

"이곳에 와서 놀란 게 무엇인지 아십니까? 목사께서 습진을 게을리하고 병사들과 백성들을 돌보지 않았다는 겁니다. 거기다 지나치게 형벌을 엄격하게 해 사람들이 마음으로 따르지 않았으니 오늘의 패배는 그 때문입니다!"

어차피 곧 죽을 것이라고 생각한 홍한수는 악에 받쳐 소리를 질렀다. 가족들과 제대로 인사도 못 나누고 안주성으로 왔던 홍한수는 그래도 안주목사가 남이홍이라는 사실에 일말의 기대를 걸었다. 하지만 그는 제대로 습진을 하지도 않고, 사소한 일에 부하들을 가혹하게 대했다. 덕분에 병사들은 물론 백성들까지 실망하고 두려워했다. 홍한수는 남이홍이 길길이 날뛸 것이라고 생각했지만 그렇지 않았다. 눈물이 그렁그렁해진 남이홍이 탁한 목소리로 답했다.

"나라고, 나라고 왜 그러고 싶지 않았겠나. 하지만 그럴 수가 없었다네."

"그게 무슨 말씀이십니까?"

"습진을 하려고 하면 조정과 권신들이 보낸 기찰꾼들이 달라붙어서 의심스러운 눈으로 바라봤네. 그러면 얼마 후에 조정에서 함부로 군대를 움직이지 말라는 명령이 내려왔고 말이야."

그의 대답을 듣고 어이가 없어진 홍한수가 물었다.

"변방의 장수가 습진을 하는 걸 왜 조정에서 만류합니까?"

"이괄의 난 때문일세. 그 이후에는 장수가 조금만 움직여도 의심하지."

"목사께서는 공신이지 않습니까?"

"나 역시 이괄처럼 무장이니까 말이야."

"맙소사. 후금이 언제 쳐들어올지 모르는데 고작 의심스럽다는 이유로 습진도 못하게 막은 겁니까?

남이흥은 씁쓸한 눈으로 남쪽을 바라봤다.

"이럴 줄 알았으면 습진이라도 실컷 할 걸 그랬나 보군."

"나라가 왜 이 꼴이 되었는지 알 거 같습니다."

홍한수의 말이 끝나기가 무섭게 멀리서 낯선 함성이 들려왔다. 잠시 퇴각했던 후금군이 다시 공격해오는 모양이었다. 홍한수가 서둘러 조총을 장전하는데 남이흥이 몸을 일으켰다. 문루의 계단 쪽으로 향하던 그가 말했다.

"조금만 버텨주게. 그러고 나면 항복을 하든지 도망치든지 개의치 않겠네."

"그래서 살 길이 있습니까?"

홍한수의 물음에 남이흥이 대답했다.

"그래도 어떻게든 살아남게. 안주목사 남이흥의 명령일세."

계단을 내려간 남이흥이 동헌 쪽으로 향했다. 그 모습을 물끄러미 지켜보던 홍한수는 조총을 들어서 쳐들어오는 적을 겨눴다. 선두에 선 덩치 큰 기병을 겨누고 방아쇠를 당기려는 순간, 어깨에 심한 충격을 받고는 조총을 떨어뜨렸다. 바닥에 누운 홍한수는 손으로 어깨를 눌렀다. 피가 펑펑 흘러나와서 바닥을 적셨다. 관아의 문이 부서지는 소리와 문을 지키던 아병牙兵(대장 휘하의 직속 병사)들이 죽으면서 지르는 비명이 연달아 들려왔다. 지나간 세월들이 주마등처럼 스쳐 지나가는데 계단을 밟는 소리와 함께 낯선 말들이 들려왔다. 쓰러진 그의 눈에 후금군이 들어왔다. 거칠고 상처투성이인 얼굴들이 홍한수를 잠시 살펴보다가 다리를 잡고는 질질 끌고 내려갔다. 홍한수는 두 팔을 허우적거리면서 소리쳤다.

"죽이려면 그냥 여기서 죽여!"

계단을 통해 문루 아래로 끌려 내려온 홍한수는 항복한 조선군 사이로 내던져졌다. 마지막까지 저항한 아병들 상당수는 죽었고, 몇 명은 항복했다. 그의 눈에 관아 문을 돌파한 후금군이 동헌 쪽으로 내달리는 모습이 보였다. 그리고 잠시 후, 동헌이 엄청난 굉음과 함께 터져나갔다. 기와와 나뭇조각들이 사방으로 튀었고, 불길이 하늘 높이 치솟으면서 먼지와 눈보라가 자욱하게 일어났다. 먼지와 눈보라가 가시자 주저앉은 동헌과 그 주변에 즐비하게 쓰러진 후금군

병사들이 보였다. 크게 상처를 입은 후금군 병사들이 지르는 비명도 들려왔다.

"영감께서 화약을 터트린 모양이군."

아병들 가운데 한 명이 중얼거렸다. 홍한수는 잠시만 버텨달라는 남이홍의 말을 떠올렸다. 동료들이 죽거나 크게 부상을 당하자 후금군의 분노는 항복한 아병들에게 향했다. 아병들이 한 명씩 끌려나와서 칼로 난도질을 당했다. 홍한수 역시 질질 끌려나와서 방금 죽은 아병들 옆에 던져졌다. 도끼와 칼을 든 후금군이 다가오는 모습을 본 홍한수는 눈을 질끈 감았다. 하지만 최후는 오지 않았다. 주변을 둘러싼 후금군들을 헤치고 나선 누군가가 만류한 것이다. 눈에 피가 들어가서 제대로 보이지는 않았지만 그가 나서서 얘기하자 후금군들은 칼과 도끼를 거두고 물러났다. 마지막까지 버티던 후금군은 홍한수에게 침을 뱉고는 돌아섰다. 후금군도 모두 물러나자 그가 한쪽 무릎을 꿇고 홍한수에게 말했다.

"여기서 이렇게 만날 줄은 몰랐네."

낯익은 목소리에 놀란 홍한수는 입을 다물지 못했다.

"벌써 내 목소리를 잊은 건가?"

손가락으로 눈가에 묻은 피를 닦아낸 홍한수는 말을 건 상대방을 보고 다시 깜짝 놀랐다. 오랜 세월과 싸움 탓인지 얼굴이 더욱 검게 탔고 주름이 늘어나긴 했지만 누군지는 금방 알아봤다.

"자, 자넨!"

"날세, 영갑이."

그를 살려준 후금군은 사르후 전투 때 돌아오지 않은 아동대 동기 전영갑이었다.

　"살아 있었군."

　"사연을 얘기하면 길지. 문루에서 조선군 하나가 여럿 쏴 죽였다는 얘기를 듣고 혹시나 했네."

　"죽지 않고 살아 있으니 이리 만나는군."

　"상황이 좀 웃기긴 하구면. 그대로 누워 있게."

　투구를 도로 쓴 전영갑이 만주어로 뭐라고 외치자 병사들이 다가왔다. 모두 변발을 한 한인들로 전영갑의 호령에 굽실거리면서 따랐다. 거적으로 들것에 실린 홍한수에게 다가온 전영갑이 손을 살짝 잡았다.

　"내 군막으로 옮기라고 했네. 잠시 후에 보세. 할 얘기가 많을 거야."

　전영갑이 손을 놓자 변발을 한 한인들이 발걸음을 옮겼다. 홍한수는 들것에 눕혀진 채 지옥으로 변한 안주성을 빠져나왔다. 불타는 집들 사이로 백성들의 시신이 이리저리 널브러져 있었다. 여기저기서 후금군에게 겁탈을 당하는 여인들의 비명이 애처롭게 들려왔다. 북문을 빠져나갈 무렵 홍한수는 그대로 혼절하고 말았다.

새로운 군주 홍타이지가 선택한 희생양, 조선

/

인조 5년(1627) 1월 13일, 아민이 이끄는 후금군 약 삼만 명이 얼어 붙은 압록강을 건넜다. 조선은 정묘년을 전쟁과 함께 시작하게 되었다. 조정에 보고가 올라간 때는 1월 17일로 의주성이 포위된 상태였다. 보고를 받은 인조는 대신들에게 이렇게 물었다.

> 이들은 모문룡을 잡으러 온 것인가? 아니면 우리나라를 치러 온 것인가?

정묘호란의 원인과 과정, 결과를 알고 있는 우리들로서는 한심하기 그지없는 질문이지만 당시로서는 의문을 품을 만한 상황이었다. 무엇보다 당시 후금이 처한 상황이 조선을 공격하기에는 그다지 어울리지 않았기 때문이다. 1619년 사르후 전투에서 참패한 명은 이후 후금군에게 계속 밀리기만 했다. 심양과 요양을 빼앗기면서 요동 지역을 거의 다 잃는 바람에 조선과 명을 잇는 교통로도 끊기고 말았다.

이 상황에서 혜성처럼 등장한 이가 바로 원숭환袁崇煥이다. 하급 관리였던 그는 재능을 인정받아 요동을 방어하는 임무를 맡게 된다. 대부분의 관리들은 요동을 포기하고 산해관을 수비해야 한다고 주장했다. 하지만 원숭환은 산해관을 지키기 위해서는 그 앞에 있는 영원성을 지켜야 한다고 주장했다. 많은 반대를 무릅쓰고 영원성을 다시 쌓은 원숭환은 흩어진 유민들을 모아 농사를 짓게 하는 방법으로 정착을 시킨다.

1626년 1월, 누르하치가 이끄는 후금의 대군이 영원성에 들이닥쳤다. 십만에 달하는 후금군이 영원성을 포위한 가운데 누르하치는 항복을 요구하지만 원숭환은 딱 잘라 거절했다. 그가 항복 요구를 거절한 이유는 명에 대한 충성심 때문이지만 믿는 구석도 따로 있었다. 바로 홍이포紅夷砲다.

후금의 기병은 엄청난 속도를 이용해서 상대방의 진영에 쇄도하는 전술을 사용했다. 이것을 막기 위해서 조선과 명은 활과 조총, 대포를 동원했지만 기병대의 빠른 속도를 이겨내지 못했다. 조총과 활은 사정거리가 짧아서 한두 번밖에 쏘지 못했고, 대포는 멀리까지 날아갔지만 파괴력과 명중률이 떨어졌다.

새로운 무기를 찾던 원숭환의 눈에 띈 것이 바로 홍이포다. 네덜란드인을 뜻하는 '홍모이'에서 이름이 유래한 홍이포는 이름 그대로 서양식 화포로서 명의 대포보다 사거리와 명중률이 압도적으로 뛰어났다. 원숭환은 이 홍이포를 영원성에 여러 문 배치했다. 그리고 포수들을 훈련시키는 한편, 성 밖의 민가들을 불태워서 숨을 곳을 없게 만들었다. 준비를 철저하게 마친 그가 항복을 거부하자 누르하치는 공격 명령을 내렸다.

후금군이 돌격해오자 원숭환은 홍이포의 발포를 명령했다. 기존의 화포보다 월등히 멀리 날아가고 정확하게 떨어지는 홍이포에 후금군은 적지 않은 사상자를 냈다. 원숭환에게 훈련을 받은 명군 역

"홍이포는 그 속도가 대단하고 힘이 맹렬해
전고의 무기 가운데 비할 것이 없다."
－정약용의《다산시문집》중에서

임금이 이르기를
"병자년에 홍이포를 쓰지 못했으니 참으로 한탄스럽다" 하매,
서명응이 아뢰기를
"그때 홍이포를 썼다면 적병이 어찌 감히 접근할 수 있었겠습니까?" 했다.
－《정조실록》정조 3년(1779) 8월 8일 기사 중에서

●홍이포와 ●●《황조예기도식皇朝礼器圖
式》에 삽입된 홍이포紅夷砲 삽화. 홍의포
紅衣砲라고도 한다. 홍이포로 인해 누르하
치는 패했지만 이후 청에서 적극적으로
받아들여 병자호란에서는 강화도를 함
락시키고 남한산성을 공략하는 데 사용
했다.

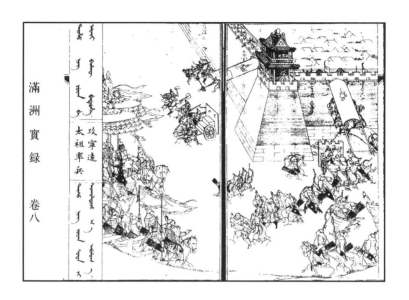

《청실록淸實錄》에 실린 영원성 전투를 묘사한 삽화. 영원성 전투에서 누르하치는 홍이포에 부상을 입어 심양까지 후퇴했다

시 후금군의 공격을 잘 막아냈다. 공격이 생각만큼 풀리지 않자 답답해진 누르하치가 부하들을 독려하기 위해 접근해오자 포탄이 날아들었다. 홍이포에 부상을 입은 누르하치는 퇴각을 명령하고, 후금군은 결국 영원성을 포기하고 물러났다.

명과의 전투에서 처음 패배를 맛본 누르하치는 그해 9월 세상을 떠난다. 그의 죽음은 적지 않은 파장을 가져왔는데 바로 누가 뒤를 이을 것인지에 대한 문제였다. 장자상속이 일반화된 조선이나 명과는 달리 이제 막 태어난 후금에게는 그런 원칙이 존재하지 않았다.

더군다나 누르하치에게는 자식이 여럿 있었는데 부인이 다른 경우가 많아서 갈등이 일어날 여지가 많았다. 누르하치는 생전에 이미 자신의 권력에 도전한 친동생과 큰아들을 처형한 적이 있었다. 유력한 후계자 후보는 차남 다이샨과 다섯 번째 아들 망굴타이, 여덟 번째 아들 홍타이지, 그리고 누르하치의 조카인 아민 등이었다. 이들 중에 누르하치의 뒤를 이은 이는 홍타이지다. 그는 형제들과 친척들의 추대를 받아서 즉위했다.

호전적인 성격을 자랑하는 홍타이지였지만 등극 초기의 상황은 녹록지 않았다. 먼저 누르하치가 창설한 팔기군을 장악한 버일러, 즉 패륵들의 세력이 너무 강력했다. 누르하치의 통제를 받던 이들의 충성심은 의심스러울 수밖에 없었다. 따라서 홍타이지는 이들을 달래기 위해 노력해야만 했다. 그래서 즉위 초기에는 형제인 망굴타이와 다이샨, 사촌인 아민과 나란히 앉아서 조정을 운영해야 했다.

거기다 후금 내부의 상황도 홍타이지의 발목을 잡았다. 명과의 전투에서 연전연승을 거두면서 요동을 장악한 후금은 폭발적으로 늘어난 인구와 영토를 새로이 가진다. 그러면서 심한 성장통을 앓게 되었다. 먼저 인구가 늘어난 만큼 식량과 물자가 부족해졌다. 여진족이었던 시절에는 조선과 명과의 교역을 통해 식량을 확보했지만 전쟁 중이기 때문에 불가능했다. 포로로 잡힌 명과 조선 사람들에게 경작을 시키기도 했지만 척박한 땅이라 쉽지 않았다.

정묘호란이 벌어졌던 1627년에는 후금에 심각한 대기근이 찾아왔다. 식량이 부족해지면서 물가가 급등했다. 높아진 가격을 감당한다고 해도 먹을 것을 구하지 못하는 상황에 이르자 수많은 사람들이 굶주림에 시달렸다. 식량난은 사람이 사람을 잡아먹는 상황으로까지 악화되었다.

먹을 것을 구하기 위해 도적들이 날뛰자 대신들은 누르하치에게 엄격하게 처벌해야 한다고 건의한다. 하지만 누르하치는 식량이 부족해 도적이 되었을 것이라면서 관대하게 처벌하라는 지시를 내린다. 아울러 패륵들에게 농토의 경작 상황을 살펴보고 제대로 농사를 짓지 않는 까닭을 알아보라고 하는 한편, 내탕금을 풀어서 굶주린 백성들을 먹여 살렸다.

어렵게 즉위한 홍타이지에게 이런 내부 사정은 심각하게 다가올 수밖에 없었다. 계속 방치할 경우 폭동이나 민란이 일어날 가능성이 높았기 때문이다. 그 문제는 가도에 주둔 중인 모문룡의 존재와도 겹쳤다. 모문룡은 후금과 직접 싸우는 대신 포로로 잡힌 한인들을 선동해서 폭동을 일으키게 하거나 아예 빼돌리는 방식을 택했다. 이런 우회적이고 소극적인 흔들기도 정복과 전쟁을 통해 이제 막 구축된 후금의 사회체제를 무너뜨리기에는 충분했다. 이런 문제를 해결하지 않으면 홍타이지는 후금의 2대 군주로서의 체면을 살릴 수가 없었다. 더군다나 바로 앞의 군주가 여진족을 통일하고 요동을 차지한 누르하치였다면 더더욱 그러했다.

홍타이지가 선택한 방식은 역시 전쟁이었다. 그리고 그 칼끝은 조선을 향했다. 부족한 물자를 얻을 곳은 조선밖에 없었기 때문이다. 아울러 모문룡을 후원하고 있는 곳도 조선이었기 때문에 연결

고리를 끊을 필요도 있었다. 누르하치 시절에는 명에 집중해야 했기 때문에 조선에 시선을 두지 않았지만 홍타이지의 시대에는 조선으로까지 시선을 넓힐 수 있었다. 여건은 충분히 조성되었다.

홍타이지는 자신의 시대를 열기 위한 희생양으로 조선을 선택했다. 정묘호란은 조선의 사대부들이 생각했던 것처럼 망명한 한윤韓潤이 강홍립에게 가족들이 모두 살해당했다고 거짓말을 해서 벌어진 전쟁이 아니다. 후금과 명, 조선이 얽힌 복잡한 국제정세의 결과물이며, 그것을 이해하지 못한 조선은 침략의 대상이 모문룡인지 자신인지조차 알지 못했다.

함락된 안주성, 열려버린 침략의 길
/

1월 13일, 압록강을 건넌 후금군은 다음날 새벽 의주성을 포위하고 공격을 감행한다. 후금군의 선두에는 다소 특이한 사연을 가진 인물이 있었다. 바로 이괄의 난에 가담했다가 죽은 한명련의 아들 한윤이다. 조카인 한택과 함께 추격자들을 피해 북쪽으로 달아난 그는 평안도 구성에 숨어서 얼음이 얼기를 기다렸다가 압록강을 건너 후금으로 망명했다. 조선에 대한 복수심으로 가득한 그는 홍타이지에게 조선을 침략하라고 부추겼다. 조선의 내부 사정을 잘 알던 그의 얘기는 일정 부분 정묘호란의 원인이 되었다. 조선의 내부 사정을 자세히 알려준 것도 후금에게 큰 도움이 되었다.

한윤은 말뿐이 아니라 행동으로도 나섰다. 후금군이 쳐들어오기 전에 변장을 하고 미리 성 안으로 들어와 있다가 전투가 벌어지자 무기고에 불을 질렀다. 안팎으로 혼란에 빠진 조선군은 허무하게 패배하고 말았다. 기록에 따라 다르지만 의주부윤 이완은 술에 취해 있어서 제대로 대응하지 못했다고 한다. 의주성을 함락한 후금군은 항복을 거부한 이완을 죽이고, 백성들을 마구잡이로 학살했다.

의주성을 차지한 후금군은 1월 17일, 곽산의 능한산성으로 향한다. 이곳에는 정주목사 김진과 곽산군수 박유건, 선천부사 기협이 병사들을 거느리고 지키고 있었고, 성 안에는 피난 온 백성들이 가득했다. 능한산성을 포위한 후금군은 항복하면 살려주겠다고 투항을 권했다. 능한산성을 지키던 정주목사 김진金搢은 이를 단칼에 거절했다. 곧바로 전투가 벌어지자 능한산성의 조선군은 총과 활을 쏘면서 저항했다. 하지만 공성전에는 도가 튼 후금군은 사다리를 성벽에 걸치고 어렵지 않게 넘어왔다. 《연려실기술》에는 조총을 한 번 쏘고 재장전을 하기 전에 밀어닥쳐서 순식간에 성을 넘어왔다고 나와 있다. 후금군은 조선군이 가지고 있는 조총의 사거리와 장전 시간을 정확하게 알고 있었던 것이 분명하다. 능한산성은 순식간에 함락되었고, 선천부사 기협은 전사하고 정주목사 김진과 곽산군수 박유건은 가족들과 함께 포로가 되고 말았다.

의주성과 능한산성을 어렵지 않게 함락시킨 후금군의 다음 목표는 청천강 방어선의 핵심인 안주성이었다. 평양과 한양으로 내려가는 길목이기도 했기 때문에 조정에서는 안주성에 많은 관심을 기울였다. 당시 이곳에는 이괄의 난을 평정하는 데 공을 세운 남이흥이 평안도 병마절도사로 부임한 상태였다. 순식간에 당한 의주성이나 능한산성과는 달리 안주성은 그나마 대비할 시간이 있었다.

1월 21일, 후금군이 당도했을 때 안주성 안에는 병사와 백성들이 입성한 상태였다. 남이흥은 성 밖 민가들에 불을 질렀는데 후금군은 어찌 귀한 집에 불을 지르느냐는 여유를 부렸다. 이곳에서도 후금군은 항복을 요구하지만 남이흥은 거부한다. 전투는 다음날 새벽부터 벌어졌다. 조선군은 남이흥의 지휘 아래 몰려드는 후금군과 맞서 싸웠다. 전투는 종일 계속되었다. 후금군이 사다리를 걸어놓으면 조선군이 악착같이 걷어냈고, 조총을 쏘면서 저항했다. 후금군은 몇 차례나 퇴각해야 했지만 포기하지 않고 끈질기게 공격했고, 결국 조선군이 지쳐버리면서 생긴 빈틈을 노려 성벽에 운제를 걸치는 데 성공했다. 성벽을 넘은 후금군은 저항하는 조선군을 밀어냈다. 남이흥은 성이 함락될 지경에 이르자 화약으로 자폭했다. 안주성의 함락으로 후금군은 평양과 한양으로 가는 길을 확보했다.

"전쟁은 우리의 몫이 아니다"

/

안주성이 함락되었다는 소식을 들은 평양성은 공포의 도가니에 빠져들었다. 후금군이 청천강을 건넜으니 평양성으로 오는 것은 시간문제라고 믿은 백성들은 성벽에 밧줄을 걸고 밖으로 도망쳤다. 평안감사 윤훤조차 성을 버리고 도주할 지경이었으니 성 내 분위기가 어땠을지는 짐작이 가고도 남는다. 충격과 공포에 빠져들기는 인조와 대신들도 마찬가지였다. 일단 하삼도의 병력을 징발하고 황주와 평산에 별장을 보내 방어할 준비를 했다. 청천강이 뚫릴 경우 한양으로 오는 후금군을 막을 수 있는 임진강을 수비할 장수도 정했다.

하지만 1월 17일 후금이 쳐들어왔다는 첫 보고를 받은 이후 인조가 가장 관심을 가진 곳은 의주나 안주가 아니라 강화도였다. 이른바 보장처保障處(전쟁 시 임금과 조정이 대피하는 곳)라고 불리는 강화도는 수군이 없는 후금군이 들어올 수 없다고 믿었던 곳이기도 하다. 실제로 이귀는 안주가 함락되면 인조가 곧바로 강화도로 가야 한다고 주장했다. 각 지역을 방어할 책임자를 임명하고 보내기는 했지만 실제로 싸움을 할 병사들은 강화도와 남한산성으로 보내졌다.

임진강을 지키기 위해 수원방어사 이시백의 병력을 써야 하는지를 놓고도 조정에서는 한동안 설전이 벌어졌다. 이시백의 아버지 이귀는 임진강을 지키는 대신 강화도로 향하는 인조를 호위해야 한다고 주장했다. 그러자 김류는 임진강 같은 천혜의 방어선을 버리는 짓은 너무 경솔하다고 비판했다. 오락가락하던 인조는 이귀의 손을 들어준다. 이시백과 병사들에게 자신을 호위하도록 한 것이다.

1월 26일, 안주성이 함락되고 남이흥이 장렬하게 최후를 맞이했다는 보고를 받은 인조는 강화도로 향한다. 이괄의 난 때 공주로 피난을 떠난 이후 두 번째 피난이다. 피난을 떠나기 전 인조는 자신의 잘못을 자책하고 백성들에게 사과하는 〈죄기교서罪己教書〉를 반포한다.

인조는 명과의 관계를 끊지 않고 후금과 일전을 벌이겠다고 큰소리를 치긴 했지만 막상 전쟁 준비는 조금도 되어 있지 않았다. 도체찰사 장만은 휘하 병력이 없어서 움직일 수가 없으며, 조총병들도 탄약이 없다고 하소연한다. 군대를 양성하지 못하고 화약이 부족하게 된 것은 국가 재정이 고갈되었기 때문이다.

임진왜란 이후 세금을 거둘 수 있는 토지가 급감했다. 물론 전쟁으로 인해 파괴된 농토가 적지 않았지만 어느 정도 시간이 지나면 대부분 복구되기 마련이다. 문제는 권력가와 그들의 비호를 받은 기득권층이 자신들의 토지를 숨겨놓고 세금을 내지 않았다는 것이다. 결국 힘없는 백성들의 토지에만 세금이 매겨졌다.

재정이 고갈되면서 이런저런 명목으로 세금이 늘어나자 부담을 견디지 못한 백성들은 토지를 팔거나 빼앗겼다. 이런 토지들은 다시 세금을 내지 않는 기득권층의 손에 넘어가면서 악순환이 반복되었다. 거기다 토지를 잃은 백성들이 유랑을 하거나 빈민이 되면서 병사들로 차출할 수도 없게 되었다.

이런 상황에서 조선은 가도에 주둔 중인 모문룡에게 식량과 물품을 지원해줘야만 했다. 광해군은 모문룡의 정체를 간파하고 요구를 거절했다. 하지만 책봉 과정에서 신세를 졌고, 후금과 거리를 두는 정책을 취했던 인조는 거절하기 힘들었다. 따라서 어떻게든 재정을 확보해야만 했다. 정묘호란이 벌어지기 전부터 대신들은 왕실이 소유하고 있는 염전과 어장의 이권을 폐지해야 한다고 주장했다. 하

38년

지만 인조는 그런 요구를 묵살했다. 왕에게 모범을 보이라고 요구
한 공신들 또한 자신의 재산을 늘리는 데에만 관심이 있었을 뿐이
었다. 재정의 악화는 군사력의 약화로 고스란히 이어졌고, 결국은
정묘호란의 참패로 이어졌다. 문제는 그뿐만이 아니었다.

가장 믿어야 할 존재를 의심한 임금

/

안주성을 지키던 평안병사 남이흥이 제대로 훈련을 시키지 못한 이
유로 꼽은 것은 공신들의 기찰이다. 이괄의 난 이후 무신들은 모두
의심을 받으면서 통솔하는 병력을 제대로 훈련시키지 못했다. 나라
보다는 권력을 지키기 위한 이러한 움직임 덕분에 정묘호란을 맞이
한 조선군은 아무런 힘도 쓰지 못하고 무너지고 만다.

후금군은 안주성을 함락하고 계속 진격하는 대신 사신을 보내서
강화를 요구했다. 인조와 대신들은 승리하고 있는 상황에서 스스로
진격을 멈추고 먼저 화의를 요청한 것을 의심했다. 하지만 후금군
의 총사령관 아민이 조선 측에 내놓은 강화 요구는 여러 모로 현실
적이었다. 명이 아직 건재한 상황에서 무리하게 진격할 수는 없었
기 때문이다. 거기다 전쟁의 목적이 물자 공급이었기 때문에 지나
치게 몰아붙여 전쟁이 길어지는 것도 피해야만 했다. 대신들과 사
대부들은 명을 배신할 수 없다고 아우성을 쳤지만 속으로는 후금군
이 다시 남하할까봐 걱정했다.

오랜 논쟁 끝에 조선 조정은 결국 아민이 보낸 사신을 강화도에서 맞이하기로 했다. 2월 9일, 아민의 사신 유해가 강화도로 들어와서 인조를 만난다. 이때 유해를 따라 강홍립도 들어와서 강화 협상을 도왔다. 아민의 요구 조건은 조선이 명과의 관계를 끊고 후금과 형과 아우의 관계를 맺는다는 것이다. 조선으로서는 당연히 들어주기 어려운 얘기였지만 아민이 이끄는 군대가 평양을 거쳐 황해도 중화까지 내려오자 압박을 느끼게 된다. 결국 강홍립의 중재로 3월 3일, 정묘화약이 체결된다. 조선은 후금에 왕족을 인질로 보내고 세폐를 바쳤다. 그리고 말과 소를 잡아서 제사를 지내는 것으로 절차를 마무리지었다.

정묘년 시작과 동시에 터진 후금과 조선의 전쟁은 한 달 보름만에 끝났다. 그조차 조선이 잘 싸워서 일찍 끝난 것이 아니라 후금 내부의 복잡한 사정 때문이었다. 홍타이지는 총사령관으로 임명한 아민과 껄끄러운 관계였다. 아민의 아버지 슈르하치가 홍타이지의 아버지 누르하치에게 숙청당했기 때문이다. 아민은 홍타이지의 즉위 과정에서도 등을 돌리는 듯한 모습을 보였다. 그럼에도 불구하고 삼만이나 되는 병력을 맡기고 조선 원정의 책임자로 임명한 것은 홍타이지의 권력이 그만큼 불안정했음을 가리킨다.

홍타이지는 조선 원정을 간 사이 명이 공격해올지 모른다는 우려를 이유로 빠른 종전과 지나친 남하를 금지시켰다. 반면 아민은 조선과의 화의에 미지근한 태도를 보였고, 한양을 점령하려는 움직임을 보이다가 주변의 만류로 포기했다. 어쩌면 아민은 한양을 차지하고 자신의 세력을 별도로 구축하는 것을 꿈꿨을지도 모른다. 홍타이지는 그런 아민의 속내를 눈치채고 지나친 남하를 금지시키고 전쟁을 일찍 끝내라는 지시를 내린다. 후금 내부의 이런 복잡한 사정으로 인해 정묘호란은 비교적 일찍, 그리고 조선에게 적은 피해만을 입힌 채 끝났다. 하지만 그 후유증은 오래오래 지속되었다.

일어나지 않는 의병, 등을 돌린 백성

/

후금군이 침략했다는 소식을 듣자 인조는 김장생을 양호호소사로, 정경세鄭經世와 장현광張顯光을 경상좌도와 경상우도의 호소사로 삼았다. 이름 그대로 의병을 일으켜 달라고 호소할 임무를 띤 직책이다. 김장생은 예학의 대가이자 서인의 학통을 잇는 율곡 이이의 제자이기도 하다. 김장생이 의병을 일으켜 나라를 구하자고 호소하자 곳곳에서 의병들이 일어났다. 김장생은 모여든 의병들을 데리고 전주로 향한다. 그곳에는 선조 때의 광해군처럼 소현세자가 이끄는 분조가 머무는 중이었다. 이 정도를 제외하고는 정묘호란 기간 중에 눈에 띄는 의병들의 활동은 없었다. 이런 현상은 광해군 때 집권했던 북인의 근거지였던 경상도에서 특히 심했다.

김장생이 의병을 모은 충청도와 전라도 지역 역시 사정은 마찬가지였다. 의병에 가담하지 말라는 익명서가 곳곳에 나붙었다. 임진왜란 때에는 의병들이 들불처럼 일어났는데 30여 년이 지난 정묘호란 때에는 조정에서 관리를 파견해서 모집해야 할 정도로 분위기가 식어버린 것이다. 물론 정묘호란이 벌어진 기간이 대단히 짧은 탓도 있었지만 근본적인 이유는 따로 있었다. 바로 민심이 돌아선 것이다. 임진왜란 때 활약했던 의병장 조경남趙慶男은 이때의 분위기를 자신의 저서인《속잡록고서續雜錄》에 이렇게 남겨놓았다.

> 의병을 일으키려 한다는 얘기를 들으면 비난을 하거나 욕설을 퍼붓고 화를 내기까지 한다. 그리고 의병에 가담하지 않으려고 온갖 핑계를 대고 한 사람도 나서지 않으니, 인심이 변한 것이 아니라 나라의 국운이 다한 것이다.

비슷한 사례는 정묘호란 초반 의주성과 창성에서도 찾아볼 수 있다. 의주성이 쉽게 함락된 까닭은 한윤이 내부로 숨어들어서 교란 활동을 하기도 했지만 반민反民, 즉 배신한 백성들이 성문을 열고 후금군을 맞이해줬기 때문이기도 하다.

창성의 사정도 비슷했다. 후금군이 쳐들어왔다는 소식을 들은 창성부사 김시약은 병사들을 불러 성을 지키게 했다. 하지만 겁을 집어먹은 병사들은 밤중에 몰래 도망을 치거나 정탐을 핑계로 밖으로 나갔다가 귀환하지 않았다. 그런 상황에서 의주에서 온 후금군 기병들이 쳐들어오자, 병사들이 흩어질 것을 우려한 김시약이 엄하게 단속한다. 그러자 병사들이 오히려 김시약을 협박해서 성문을 열어버렸다. 그렇게 후금군에게 붙잡힌 김시약은 죽고 두 아들은 포로로 끌려갔다.

그뿐만이 아니었다. 후금군이 쳐들어오자 상당수의 평안도 백성들이 그 틈을 타서 자신에게 행패를 부렸던 모문룡의 부하들에게 보복을 감행했다. 《연려실기술》를 보면 후금군이 자신들이 점령한 평안도 각 지역에 조선인을 책임자로 임명한 사실이 나와 있다. 평양에는 만호를 역임했던 강귀룡을, 안주에는 첨지 김덕경을 책임자로 삼았다. 의주는 천총 최효일이 자리를 차지했다. 이들은 후금의 깃발을 걸고, 창고를 봉해서 물자를 지켰다. 《연려실기술》은 그들이 백성들의 재물을 노략질했다고 비난했지만, 동시에 어리석은 백성들이 이들을 따랐다는 다소 모순된 기록도 함께 남긴다. 어쩌면 후자 쪽이 조금 더 진실에 가까울지도 모르겠다.

후금군은 조선에 들어와서는 이번 침략은 광해군의 복수이며, 일이 이뤄진 후에는 십 년 동안 납세와 부역을 면제해줄 것이라고 선전했다. 임진왜란 당시 왜군이 백성들의 민심을 얻기 위해 부역을 없애고 신분에 따른 차별을 없앤다고 얘기한 것과 비슷한 상황이다. 의병들이 거의 일어나지 않고, 후금에게 협력한 사람들이 늘어났다는 것은 결국 인조에게서 백성들의 마음이 떠났음을 의미한다. 왜 백성들은 인조에게 등을 돌린 것일까?

인조는 광해군의 적폐를 없애겠다는 명분을 내세워서 집권한다. 하지만 인조가 즉위한 이후에도 변한 것은 별로 없었다. 부정부패를 저지른 광해군의 측근들은 반정에 참여한 공신들로 대체되었다. 그러나 인조를 비롯한 반정세력들은 나라를 제대로 통치하겠다는 것보다 정권을 지키는 데에만 온 힘을 기울였다. 그래서 쓸데없는 의혹에 집착해 이괄로 하여금 반란을 일으키게 만들었으며, 남이흥 같이 충성스러운 무장조차 군사훈련을 제대로 하지 못하게 만들었다. 가도에 주둔 중인 모문룡에게 많은 물자를 원조해주고도 그들의 행패를 막지 못하면서 평안도 백성들을 고통 속으로 몰아넣었다.

개혁적이지도 않았고, 적폐 청산에 나서지도 못하자 백성들의 실망감은 극에 달할 수밖에 없었다. 국가가 국민을 저버리게 되면 국민 역시 국가를 등질 수밖에 없다. 가장 중요하고 위급했던 시기에 인조와 대신들은 아무것도 하지 않았고, 버림받은 국민들은 각자 살 길을 찾아야만 했다. 그 살 길 가운데 국가에 충성하고 의병에 합류하는 선택지는 들어 있지 않았다.

호란은 끝났지만 끝나지 않은 용골산성의 전장
/

압록강을 건넌 후금군의 주력부대가 의주성을 포위한 가운데, 일부 병력이 용천과 철산 방면으로 향한다. 바로 인조가 헷갈려 했던 모문룡을 잡기 위해서였다. 당시 모문룡은 철산 앞바다에 있는 가도에 주둔 중이었는데 후금군이 쳐들어오자 신미도로 옮겼다. 후금군이 쳐들어온다는 소식을 들은 용천부사 이희건은 병사들과 용천 백성들을 거느리고 용골산성으로 이동한다. 그는 험준한 산성에 의지해서 방어전을 펼 계획을 가지고 있었다. 하지만 이희건이 성 밖으로 나가서 후금군과 전투를 벌이다가 전사하는 예상치 못했던 상황이 벌어진다. 용골산성이 큰 혼란에 빠져들자 중군 이충걸은 몰래 도망을 쳤고, 미곶첨사 장사준은 한술 더 떠서 용골산성을 후금에게 바치고 사로잡힌 처자식들을 돌려받으려고 했다.

용골산성의 주민들은 영산현감을 역임했던 정봉수鄭鳳壽를 의병장으로 추대한다. 정봉수는 금부도사와 영산현감을 지낸 다음 관직에서 물러나 고향인 철산에서 지내던 중이었다. 정묘호란이 터지자 그는 가족들을 데리고 용골산성으로 피난을 온다. 은퇴한 그가 의병장으로 추대된 까닭은 철산 지역 출신으로 관직을 역임한 무관이었다는 점이 고려된 것으로 보인다. 주민들의 선택은 옳았다.

용골산성이 혼란에 빠졌다는 소식을 들은 후금은 절호의 기회라고 생각하고는 군대를 보낸다. 하지만 미리 준비하고 있던 정봉수는 역습에 나서면서 후금군을 물리친다. 용골산성이 저항에 나서자 후금은 항복한 장사준을 내세운다. 변발을 한 장사준은 후금에 의해 용천부사로 임명된 상태였다. 장사준은 용골산성 주변에 부하들을 매복시켜놓고 항복을 요구했다. 하지만 정봉수가 역습을 하면서 장사준은 목이 베이고 만다. 정봉수와 용골산성의 주민들이 필사적으로 버티는 사이, 후금군의 주력부대는 남하를 계속했다. 결국 3월 3일 정묘화약이 맺어지면서 전쟁은 끝이 난다. 하지만 후금군은 퇴각하지 않고 평안도 일부 지역에 주둔하면서 노략질을 자행했다.

후금군이 철수하지 않자 정봉수가 있는 용골산성 역시 저항을 계속했다. 결국 3월 17일 철산 인근에 주둔 중인 후금군이 용골산성으로 모였다. 후금군은 숫적 우세와 그동안의 전과를 통해 자신감에 가득 차 있었다. 하지만 용골산성의 의병들은 다섯 차례나 되는 후금군의 공격을 성공적으로 막아낸다.

용골산성의 승리는 정묘화약 체결 이후 어떻게 오랑캐와 화의를 할 수 있느냐는 비난을 어느 정도 피할 명분을 줬다. 패배한 후금군은 용골산성을 빈틈없이 포위한다. 하지만 정봉수는 기습과 매복을 통해 후금군을 연거푸 물리쳤다.《연려실기술》을 보면 정봉수가 정예 포수들을 매복시켜서 적장을 저격하거나 기병을 이끌고 적진에 야습을 감행하는 것으로 나오는데, 방어하기에 급급하던 의주나 안주에서의 전투와는 다른 양상이다. 정봉수가 철산 지역 출신으로 고향의 지형에 익숙한 데다 무인이었기에 군대 운용에 익숙했기 때문으로 보인다.

소극적인 다른 조선군과는 달리 적극적으로 나오는 정봉수와 의병들의 공세에 밀린 후금군은 4월에 다시 군대를 집결시켜 공격을 감행했다. 이미 여러 차례 전투를 치른 상태라 용골산성에는 화약과 화살이 거의 다 떨어진 상태였다. 그럼에도 의병들은 정봉수의 탁월한 지휘 아래 가까이 접근하는 적에게만 사격을 가하는 방식으로 승리를 거뒀다.

《해동지도海東地圖》 가운데 〈용천부〉. 용천부는 고려시대 서희가 개척한 강동 육주 가운데 하나로 의주와 맞대고 있는 첫 번째 고을이다. 가운데 용골산성이 보인다

승리했다는 소문을 듣고 피난민들이 몰려들면서 용골산성의 식량 사정은 더욱 악화되었다. 소식을 들은 인조는 크게 기뻐하면서 정봉수에게 관직을 내린다. 정3품 가선대부에 조방장으로 임명했다가 종2품 가선대부에 방어사로 승진시켰다. 용골산성 전투는 정묘호란 기간 동안 조선이 거둔 유일한 승리라고 할 수 있다. 따라서 후금과 맞서 싸우겠다고 큰소리를 쳤다가 오히려 화의를 해야만 했던 인조 입장에서는 반색할 만했다. 거기다 정묘화약의 체결 이후에도 후금군 일부가 모문룡을 공격한다는 명목으로 의주에서 철수하지 않는 상황이었다. 이에 따라 전쟁이 공식적으로는 끝났다고 하지만 용골산성의 중요성은 사라지지 않았다.

　용골산성에서 버티고 있는 정봉수의 입장에서는 인조가 내려준 벼슬이 당장에는 큰 도움이 되지 않았다. 정봉수에게 중요한 것은 무기와 식량, 그중에서도 식량이었기 때문이다. 물론 지방관과 백성들이 이런저런 도움을 주긴 했지만 용골산성에 모인 수천 명의 백성들은 굶주림에 시달려야만 했다.

의병장을 믿지 못하는 임금

/

조정에게 도움을 받지 못한 정봉수는 모문룡에게 도움을 요청한다. 모문룡은 정봉수에게 명 관직을 내리고 은과 곡식을 포상했는데 다름 아니라 그가 얻은 후금군의 수급 때문이었다. 요동을 되찾겠다고 큰소리를 쳤다가 도리어 신미도로 도망쳤던 모문룡은 전공을 조작하기 위해 평안도 백성을 죽이고 머리를 깎아서 후금군인 것처럼 꾸미기까지 했다. 그렇기 때문에 정봉수가 전투에서 얻은 수급이 탐날 수밖에 없었다.

사정이 급하기는 정봉수도 마찬가지였다. 승리를 거뒀다는 소식을 들은 피난민들이 계속 몰려들면서 식량 사정 또한 더욱 악화되어갔다. 그러면서 전염병이 도는 것은 물론 배고픔에 지친 피난민들이 불만을 가지기 시작했다. 6월에 접어들어 굶주림이 심해지면서 이탈자들이 늘어나자 정봉수는 자신을 따르는 의병과 백성들을 이끌고 철산 앞바다에 있는 대계도로 이동했다. 안주나 다른 곳으로 가지 않고 모문룡의 세력권 안에 있는 섬으로 간 것은 그의 지원을 필요로 했기 때문이다.

하지만 인조와 대신들은 그런 정봉수의 행동에 불만을 가지고 의심을 했다. 평안감사 김기종은 그가 모문룡의 부하가 될 것을 우려해 자신의 명령을 따라야 한다고 강조하는 내용의 문서를 보냈고, 김류 역시 정봉수가 조정을 버리고 모문룡을 따랐으니 죄가 가볍지 않다고 인조에게 고했다. 인조 역시 정봉수가 모문룡만 알지 조정의 존재는 깡그리 무시한다고 답변한다.

이런 미묘한 상황이 벌어진 것은 요동을 공격해서 후금을 무너뜨리겠다고 큰소리를 친 모문룡이 막상 전쟁이 터지자 멀리 도망쳐버리는 바람에 그 피해를 고스란히 조선이 떠안게 되면서부터였다. 거기다 전쟁이 끝날 기미를 보이자 평안도의 백성들을 죽이거나 정봉수 같은 의병장과 따로 접촉해 수급을 얻는 데 급급하자 모문룡에 대한 조정의 실망감은 극에 달했다. 그런 모문룡의 밑으로 들어가려는 모습을 보이는 정봉수를 조선 조정이 의심하는 것은 어느 정도 일리가 있었다. 하지만 정봉수의 입장에서는 식량 공급이 제대로 되지 않는 상황에서 선택할 수 있는 방법이란 모문룡에게 의지하는 것밖에는 없었다.

하마터면 정봉수도 반란에 연루되었다는 죄목으로 김덕령처럼 처벌을 받을 뻔했다. 다행히 정봉수가 의병과 백성들을 이끌고 섬에서 나와 정충신의 진영으로 오면서 조선 조정의 의심은 수면 아래로 가라앉는다. 정묘호란 기간 동안 정봉수만큼 전공을 세운 사람이 없기도 했다. 이후 정봉수는 전라좌수사와 경상우병사를 거쳐 임경업의 후임으로 청북방어사를 지내기도 했다. 그리고 시간이 흐르면서 모문룡 문제를 두고 벌어진 갈등은 사라지고 나라를 지킨 의병장으로서 기억되었다.

하지만 정묘호란 당시 평안도의 백성과 의병장들이 조정에게 의지하지 않고 모문룡에게 식량을 공급받고 의지했다는 문제는 눈여겨봐야만 한다. 그들에게 조선이라는 나라는 없었고, 인조라는 임금도 존재하지 않았다. 난과 난 사이에 놓인 이들에게는 오직 살아남아야 한다는 절박함밖에 없었기 때문에 실록에 나오는 '반민'이 되었고, 적을 잘 따르는 '어리석은 백성'이 될 수밖에 없었다.

정묘호란은 조선이 군사적으로는 후금과 전혀 대적할 수 없다는 것을 보여줬을 뿐만 아니라 대책이라는 것도 탁상공론에 그치고 말았다는 점을 명백하게 드러냈다. 명분론에 휩싸인 사대부들은 인조가 후금과 화친을 했다는 사실에 충격을 받았고, 백성들은 임금이 자신들을 지켜주지 않고 혼자 도망치기 급급했다는 점에 놀랐다. 정묘호란 이후 벌어지는 역모 사건들은 대부분 인조에 반대했던 광해군의 추종세력이 아니라 화친을 했다는 것에 분노한 사대부들이 일으켰다. 그것은 당시 인조가 처한 상황이 총체적 난국이었음을 잘 보여준다. 그런 상황에 대한 책임은 다른 누구도 아닌 우유부단하면서 권력욕이 강한 인조 자신에게 있었다.

무너진
동아시아의 균형

모문룡의 몰락과
공유덕과 경중명의 망명

1629. 6. 30

원숭환, 부정부패를 사유로
모문룡 처형

1631. 6. 8

후금군, 무력 시위를 하며
조선에 전함을 요구

1633. 8. 5

후금에 투항한 공유덕과
경중명, 여순을 기습.

공유덕과 경중명이 명으로부터 귀부했을 때 짐이 군대를 보내서 맞이하게 했다. 그때 너는 군대를 보내어 조총을 쏘면서 공격했다. 이번 싸움의 원인은 바로 너에게서부터 시작되었다.

　　　　　— 병자호란 당시 홍타이지가 인조에게 보낸 칙서의 내용 가운데

인조 11년(1633) 4월 13일 구련성 마타자 인근

안주성에서 포로로 잡혔다가 죽을 뻔한 홍한수는 요동으로 끌려 갔다. 압록강을 건너면서 주변을 둘러보니 끌려가다 강에 몸을 던 진 조선 사람들의 시신으로 가득했다. 홍한수가 그 광경을 물끄러 미 바라보자 전영갑이 어깨를 꽉 움켜잡았다.

"가족들 안 보고 싶어?"

"살아서 만날 수나 있겠어?"

"그럼 꿈이라도 꿔."

홍한수를 비롯한 포로들은 후금의 도읍인 심양성으로 끌려갔다. 엄청나게 큰 궁궐과 성곽을 보면서 그는 예전에 봤던 불아납성을 떠올렸다. 끌려온 조선인 포로들은 왕족과 대신, 그리고 전쟁에 참 전한 팔기군에게 노예로 나눠졌다. 홍한수를 비롯한 조선군 포로들은 조선 팔기 가운데 좌령으로 편성되었는데 주로 조총병들이었다. 그리고 그 좌령의 우두머리이자 화기영 총관사가 바로 신달리였다.

의주에 살던 김덕운의 아들 김여규金汝圭는 정묘년에 세 동생과 함께 후금에 투항하면서 이름을 바꿨다. 형제들이 각각 선달, 이달, 삼달, 사달로 바꿨는데 후금 사람들이 '신달리新達理'라고 부르면서 조선 사람들도 그를 그렇게 불렀다. 그에 관해서는 온갖 소문들이 돌았다. 무인 집안 출신인 것은 확실했지만 그가 왜 투항을 했는지는 알 수 없었다.

홍한수는 좌령에 속해서 훈련을 받던 도중 한명련의 아들 한윤도 만났다. 그는 자신의 아버지가 나라에 충성했음에도 불구하고 억울하게 죽었다면서 조선은 임금과 대신들이 모두 망치고 있다고 힐난했다. 그러면서 후금에서 새로운 기회를 잡으라고 말했다.

"이곳에는 신분의 높낮음이 없다. 칸에게 충성하고 후금을 위해 목숨을 바쳐 싸우면 양반 대접을 받는다. 이곳은 조선이 아니다."

정묘화약 체결 후 조선으로부터 막대한 세폐가 들어오면서 심양성은 활기를 띠었다. 매일을 눈물로 지새우던 포로들은 어느덧 새로운 생활에 적응했다. 후금군의 군복을 입고 그들의 깃발 아래 서서 조총을 쏘는 훈련을 했다. 후금은 기병은 강했지만 화포와 조총 등 화기병과가 약했기 때문에 한인과 조선인들 가운데 재주가 있는 자들을 뽑아서 군대에 편입시켰다. 홍한수는 포로로 끌려와서 좌령에 소속된 지 4년 만에 대릉하성 포위전에 참전했다.

8월의 무더위를 뚫고 그들이 도착했을 무렵, 대릉하성은 증축 공사가 미처 끝나지 않은 상태였다. 도착하자마자 공격할 것이라는 예상을 깨고 홍타이지는 대릉하성을 빙 둘러서 참호를 파라고 지시했다. 삽으로 땅을 파던 홍한수가 투덜거렸다.

"왜 공격하지 않는 거야?"

"지 애비가 영원성을 공격하다가 홍이포에 작살났잖아. 그래서 신중하게 나가려는 모양이지."

참호를 다 판 이후에는 산해관과 금주로 이어지는 길목 여기저기에 복병을 두었다. 포위될 기미가 보이자 대릉하성에서는 몇 차례인가 기병들이 나와서 돌파하려고 했지만 팔기군 기병을 이겨내지 못했다. 간혹 팔기군 기병을 따돌리기도 했지만 참호와 목책, 그리고 그 안에서 버티는 조선군 출신의 조총병들까지 돌파하지는 못했다.

그렇게 대릉하성이 포위된 동안 후금군은 주변에 있는 작은 성들을 공격해서 빼앗았다. 명군에게서 노획한 홍이포를 비롯한 각종 화포가 불을 뿜자 하나씩 무너지거나 혹은 항복했다. 산해관과 금주에서 구원군이 출동했다는 소식이 전해지기는 했지만 그때마다 팔기군이 출동해서 말안장에 머리통을 주렁주렁 매달고 돌아왔다. 9월 말 산해관에서 출동한 것을 마지막으로 명군은 더 이상 움직이지 못했다.

겨울이 찾아오자 땔감과 먹을 것을 구하기 위해 대릉하성 안에서 소수의 명군이 몰래 밖으로 나왔다. 하지만 매복하고 있던 후금군의 기습에 대부분 죽거나 포로로 잡혔다. 시간이 지날수록 항복하는 명군도 늘어났다. 시월에 항복한 명 병사는 성 안에 먹을 것이 없어서 죽은 사람을 먹는 지경이라고 털어났다. 홍한수는 성벽 위의 명 병사가 나날이 여위어가는 것을 봤다. 그리고 바로 옆에서 포수가 발사를 준비하는 홍이포를 보면서 혀를 찼다.

"홍이포를 만든 놈도 명나라 놈이고 그걸 쏘는 포수도 명나라 놈일세 그려."

그 옆에 서 있던 전영갑이 코웃음을 쳤다.

"말로만 대국이라고 하더니 자기들끼리 싸우고 난리군."

발사 준비를 마친 홍이포가 대릉하성을 향해 불을 뿜었다. 바람을 가르며 날아간 포탄은 대릉하성의 성벽에 명중해서 여장 몇 칸을 날려버렸다. 홍한수가 바라보던 바짝 여윈 명 병사는 먼지 속에서 자취를 감췄다. 포위망을 구축한 홍타이지는 대릉하성을 지키는 조대수에게 사람을 보내 항복을 요구했다. 계속 버티던 조대수는 결국 성문을 열고 항복하고 말았다.

비쩍 마른 부하들과 함께 걸어서 성 밖을 나온 조대수는 홍타이지가 있는 천막으로 향했다. 천막 밖에서 기다리고 있던 홍타이지는 절을 받는 대신 그를 끌어안는 것으로 환영의 뜻을 나타냈다. 먼발치서 지켜보던 홍한수는 명의 몰락이 찾아오고 있음을 느꼈다. 항복을 받은 홍타이지는 전리품을 거둬서 심양성으로 돌아왔다. 남겨진 대릉하성은 철저하게 파괴되었다.

대릉하성 전투에서 승리하고 돌아온 홍타이지는 다음해, 몽골 원정을 떠났다. 주로 기병들로 구성되었기 때문에 홍한수가 속한 조총병은 심양성에 남았다. 전리품을 나눠받은 좌령의 조총병들 가운데 일부는 여진족이나 끌려온 한인 여성과 혼인해서 새로 가정을 꾸렸다. 홍한수도 따로 가정을 꾸린 전영갑으로부터 같은 권유를 받았지만 딱 잘라 거절했다. 그리고 전리품을 은으로 바꿔서 잘 챙겨놨다. 때마침 그의 집에 들린 전영갑이 그걸 보고 물었다.

"은으로 바꿔서 뭐하게?"

"돌아가면 큰아들이랑 작은아들 나눠주려고."

"잊고 살아. 마음만 아프다."

"그게 맘대로 되나. 조선 소식은 없어?"

홍한수가 슬쩍 묻자 전영갑이 대꾸했다.

"지난 번에 사신이 왔다고 해서 살짝 가서 만나봤지."

"뭐래?"

"여전하지, 오랑캐 놈들이랑 화친하느니 혀 깨물고 죽겠다는 양반들 덕분에 꼼짝도 못하고 있지. 거기다 다른 일이 터졌나봐."

"무슨 일?"

"임금의 아버지를 임금으로 올리는 문제를 놓고 조정이 거의 끝장이 날 지경인가 봐."

"임금의 아버지면 원래 임금 아닌가?"

홍한수의 말에 전영갑이 혀를 찼다.

"지금 나랏님은 반정으로 임금을 몰아내고 임금의 자리에 오른

거잖아. 그러니까 아비는 임금이 아니었지. 죽은 아버지를 임금으로 추증하려는 거야."

"그 문제가 왜 큰일인데?"

"예법에 살고 예법에 죽는 선비님들이 가만 안 있는 거지. 예의에 맞지 않는 일이라고 해서 지금 난리도 아닌가 봐."

"맙소사, 후금이 언제 쳐들어갈지 모르는데 그런 거에 정신이 팔려 있다고?"

"그러게 말이야. 다시 전쟁이 터지면 정묘년 정도로 끝날 것 같지는 않을 것 같은데 말이야."

어이가 없어진 홍한수는 고개를 절레절레 저었다. 전영갑은 들고 온 보따리에서 뭔가를 꺼내더니 그에게 내밀었다.

"이게 뭔가?"

"연초라는 거야. 요즘 조선에서 많이들 피운다고 하는데 이번에 어렵게 구했어."

"어디다 쓰는 건데?"

"이 장죽이라는 데 입구에다 꾹꾹 누른 다음에 불을 붙이고, 반대편의 부리로 쭉 빨면 되네."

전영갑이 불을 붙인 장죽을 입에 물고 시범을 보였다. 입에서 연기가 쭉 뿜어져 나오는 모습을 본 홍한수가 기겁을 했다.

"도깨비장난 같군."

"자네도 한대 피워봐. 세상 시름이 다 잊힐 거야."

"잊는다고 잊어지는 건가?"

"우리도 내일 모레 쉰일세. 잊고 살아도 될 나이라고."

전영갑에게 장죽을 건네받은 홍한수는 조심스럽게 한 모금 빨았다가 매운 연기에 정신을 못차렸다. 하지만 참고 한두 번 더 빨자 머리가 몽롱해지면서 기분이 좋아졌다. 잠시 고향과 가족 생각을 잊은 홍한수는 쓴웃음을 지었다.

홍타이지의 몽골 원정은 대성공으로 끝났다. 칭기즈칸의 옥새까지 손에 넣고 많은 전리품들을 가지고 돌아온 것이다. 그리고 다음 해 4월, 홍한수가 속한 좌령은 다시 전쟁터로 나갔다. 산동 지역에서 반란을 일으킨 명 장수들이 망명해 오는데, 이를 추격하는 명군을 막기 위해서였다. 압록강 어귀에 있는 구련성에 도착한 홍한수는 강 건너에 있는 조선 땅에서 눈을 떼지 못했다. 홍한수뿐만이 아니라 상당수의 병사들이 같은 모습을 보이자 지휘관인 신달리는 채찍을 휘두르며 욕설을 퍼부었다.

"저긴 이제 너희들의 나라가 아니다. 쓸데없는 짓을 하면 참할 것이야."

참호를 파고 목책을 세운 좌령은 그대로 대기했다. 다른 후금군 병사들은 삽으로 땅을 파서 압록강과 이어진 물길을 냈다. 시간이 흐르고, 멀리 압록강 어귀의 바다에서 포성이 들려왔다. 그리고 잠시 후에 엄청나게 큰 배들이 모습을 드러냈다. 백기를 내건 배들은 후금군 병사들이 파놓은 물길 쪽으로 이동했다.

"엄청나게 많군."

배들을 세던 홍한수의 말에 전영갑이 고개를 끄덕거렸다.

"저 배에 실린 홍이포들을 좀 보게. 후금에서 엄청 좋아하겠군."

"이렇게 큰 배라면 강화도쯤은 문제없이 공격하겠네."

홍한수는 조선이 버티던 마지막 방벽이 무너지는 순간을 그렇게 지켜봤다. 전영갑이 뭐라고 말할 찰나, 멀리서 홍이포의 포탄이 날아오는 소리가 들려왔다.

"젠장."

홍한수는 바닥에 납작 엎드렸다. 눈과 진흙투성이가 되었지만 포탄에 맞아서 산산조각 나는 것보다는 나았다. 머리 위로 날아간 포탄이 후금군의 기병들을 날려버렸다. 먼지가 자욱하게 일어난 사이로 사람과 말의 일부가 조각난 채 허공으로 떠올랐다가 사라지는 광경이 보였다. 그것을 시작으로 수십 발의 포탄이 쉴 새 없이 날아들었다. 사방에서 포탄이 터지는 소리와 함께 비명이 들려왔다. 바로 옆에 엎드려 있던 전영갑이 조총의 총구에 묻은 진흙을 닦아내면서 물었다.

"괜찮아?"

"그럼, 여기서 죽는 것도 허무하잖아."

"영감탱이 주제에 죽을 곳도 고르나?"

팔목에 감은 화승의 불을 확인한 홍한수가 코웃음을 쳤다.

"너무 웃기잖아."

"뭐가?"

"넌 이 상황이 안 웃기냐? 명 장수였던 작자들이 투항한다고 난리를 피우고, 명군이랑 조선군이랑 그걸 막는답시고 여기까지 온 게 말이야."

홍한수의 투덜거림에 전영갑이 씁쓸하게 웃었다.

"별의별 꼴을 다 봤지만 이런 건 처음이긴 하네."

포성이 가라앉으면서 전쟁터에는 고요함이 찾아왔다. 그러자 멀리서 익숙한 목소리가 들려왔다.

"대오를 정비하라! 조총대는 서둘러 집결하라!"

그 목소리를 들은 홍한수가 짜증을 냈다.

"저 놈은 포탄도 빗겨가는 거야?"

"놔둬라. 열심히 충성해서 출세하겠다잖아. 그래서 이름도 바꾼 거고."

키득거리던 전영갑이 조총을 들고 일어났다. 홍한수도 그의 뒤를 따라갔다. 진흙 벌판에 만주어가 적힌 푸른 깃발이 보였다. 그 아래에는 칼을 든 신달리가 서 있었다. 그가 고래고래 소리를 질렀다.

"곧 적이 공격해올 것이다. 목책 뒤에 모여서 방포 준비를 하라!"

홍한수와 전영갑은 포탄에 맞아 반쯤 쓰러진 목책 뒤에 자리를 잡았다. 조총의 총구에 화약을 붓고 삭장으로 쑤시면서 준비를 하는데 바닷가 쪽에서 웅성대는 목소리가 들려왔다. 신달리가 칼을 휘두르면서 외쳤다.

"적군이다! 방포 준비."

홍한수는 장전을 마친 조총을 목책 밖으로 내밀었다. 스멀스멀한 바다 안개 너머로 희끄무레한 사람들의 형태가 보였다. 안개를 뚫고 나온 그들은 등패와 창으로 무장한 명군이었다. 그리고 그들 사이로 벙거지를 쓰고 조총을 든 조선군의 모습도 보였다. 그 광경을 본 홍한수는 가슴이 철렁 내려앉았다. 그런 홍한수의 모습을 본 전영갑이 속삭였다.

"태연한 척해. 안 그러면….'

등 뒤에서 서걱거리는 소리와 함께 애처로운 비명이 들렸다. 분명 조선군의 모습을 보고 동요한 누군가를 신달리가 베어버린 것이 틀림없었다.

"누구든 쓸데없는 짓을 하면 이 자처럼 목이 달아날 것이야!"

홍한수는 이를 악물고 조총의 총구 너머 보이는 조선군을 응시했다. 화승이 타들어가면서 내는 지직거리는 소리가 귓가를 스쳐 지나갔다. 거리가 가까워지자 신달리가 호령했다.

"방포하라!"

방아쇠를 당기기 직전 홍한수는 총구의 방향을 틀어서 명군 쪽을 겨눴다. 화약이 터지면서 총구에서 불꽃과 함께 탄환이 튀어나갔다. 화약 연기가 가시기도 전에 조총을 거둔 그는 서둘러 재장전을 했다. 두 번째 탄환 역시 조선군을 피해 명군에게 쐈다. 두 차례 사격을 받은 명군은 군기를 버리고 허둥지둥 물러났다. 그들 사이로 퇴각하는 조선군의 머릿수를 센 홍한수는 죽거나 다친 사람이 없는 것을 확인하고는 살짝 웃었다. 그리고 눈꼬리에 눈물이 맺혔다.

전쟁으로 다져진 홍타이지의 시대

/

즉위 초기만 해도 초라했던 홍타이지의 권력은 시간이 지날수록 강력해졌다. 그 과정은 아버지 누르하치가 동생인 슈르하치를 제거하면서 권력을 독점하는 과정을 그대로 밟아갔다. 신충일의 《건주기정도기》를 보면 누르하치의 동생 슈르하치는 독자적인 부대를 운영하면서 형 못지않은 권력을 가진 것으로 나온다. 그는 형과 따로 연회를 베풀면서 은근히 자신의 존재감을 드러냈다. 혈통에 의한 명분이 아닌 실력과 용기를 증명해야만 최고의 지위에 오를 수 있는 유목국가에서 동생이라는 형제간 서열은 군주가 되는 데 별다른 장벽이 되지 않았다.

누르하치는 자리를 잡아갈수록 이런 동생의 움직임을 불편하게 여겼다. 갈등은 1607년 터져 나온다. 오갈암에서 벌어진 부잔타이와의 전투에서 슈르하치가 소극적으로 행동했기 때문이다. 보고를 받은 누르하치는 크게 질타했다. 슈르하치는 이에 반발해서 자기 세력을 이끌고 독립한다.

누르하치는 독립한 슈르하치가 숙적인 예허 여진족과 손을 잡을 것을 우려해서 1609년 전격적으로 기습을 가한다. 누르하치의 공격으로 슈르하치의 아들과 부하들이 죽거나 붙잡혔고, 슈르하치 또한 감옥에 갇혔다가 몇 년 후 쓸쓸히 눈을 감는다.

그렇게 동생을 제거한 누르하치는 자신의 장남인 추엥까지 죽이면서 권력을 강화시켜 나간다. 이 때문에 1626년, 영원성 전투 패배

이후 누르하치가 사망하면서 후계 구도에 심각한 문제가 생긴다. 누르하치가 생전에 명확하게 후계자를 지목하지 않았기 때문이다. 그의 일족이자 팔기군을 이끄는 패륵들이 모여서 논의한 끝에 홍타이지가 왕위를 이었다.

그가 즉위 초기 처한 상황은 매우 어려웠는데 특히 슈르하치의 아들 가운데 하나이자 그의 사촌인 아민의 존재가 매우 거슬렸다. 아민은 정묘호란 때도 너무 깊숙이 내려가지 말라는 홍타이지의 명령을 못마땅하게 여겼다. 홍타이지는 패륵들의 권력을 조금씩 제한하는 조치들을 내리면서 자신의 지위를 견고하게 만들어나갔다.

정묘호란이 끝난 지 3년 후인 1630년, 홍타이지는 만리장성의 동쪽 끝에 있는 요새인 산해관 근처 영평 4성이라고 불리는 요새들을 기습해서 점령한다. 작년에 있었던 후금군의 북경 기습으로 인해 원숭환이 투옥되면서 생겨난 혼란을 이용한 공격이었다.

홍타이지가 공격해서 점령한 난주와 영평, 천안과 준하라는 이름의 요새들은 후금이 산해관 공략을 위한 전초기지로 삼기에 적당했다. 조대수 등이 이끄는 명군은 전략적으로 중요한 영평 4성을 기를 쓰고 되찾았다. 물러난 홍타이지는 기회를 노렸다가 다음해 정월, 다시 영평 4성을 공격해서 손에 넣었다. 그리고는 명과 강화를 맺고 소수의 수비병을 아민에게 남겨놓은 채 도성인 심양으로 돌아갔다. 한숨 돌린 명은 반격에 나서 산해관과 가까운 난주를 공격해서 점령했다. 소수의 수비병만을 거느리고 있던 아민은 명 대군의 공격을 받자 남은 성들을 포기하고 귀환한다. 패배했다는 사실에 분노한 아민은 귀환 직전 영평과 천안의 성내에 남아 있는 한인들을 학살하고 돌아온다.

정주하지 않는 유목 민족들은 내내 데리고 다녀야 하는 포로들을 관리하기 어려워 죽이기도 하므로 아민의 행동이 그들에게는 특별히 문제가 되지는 않았다. 하지만 한족을 포용하기 위한 정책을 추진하던 홍타이지의 심기를 불편하게는 만들었다. 명과의 전쟁이 길어질수록 병사들은 물론, 화포를 비롯한 각종 전쟁 무기들을 제조할 기술자들이 필요했다. 따라서 그는 기존의 무자비한 한인 억압정책을 차츰 금지시키는 와중이었다. 아민의 학살은 그런 홍타이지의 정책에 대한 노골적인 반항으로 비쳤다. 홍타이지는 즉시 아민을 감옥에 가뒀다. 아민은 아버지 슈르하치처럼 반항하다가 권력을 잃었고, 감금된 지 십여 년 만에 사망한다. 그런 식으로 사촌인 아민을 제거한 홍타이지는 남은 동생들이 가지고 있는 권력도 하나씩 뺏었다. 이처럼 강경파인 홍타이지의 권력이 강화될수록 조선이 전쟁에 휘말릴 가능성은 높아졌다.

물에 약한 뭍의 여진족

/

유목민족의 가장 큰 약점은 바다다. 광활한 평원에서 지내던 유목민들에게 바다는 낯설고 두려운 곳이다. 더구나 배를 타고 싸우는 수군을 육성하는 일은 시간과 비용이 많이 들어간다. 고려는 몽골의 그러한 약점을 이용해서 강화도로 들어가 수십 년간 항전을 이어갔고, 인조 역시 강화도를 보장처로 삼았다. 여진족 역시 마찬가지로 후금을 건국한 이후에도 제대로 된 수군과 배를 갖추지 못했다. 덕분에 철산 앞바다의 가도에 자리 잡은 모문룡을 제대로 처리하지 못해서 쩔쩔맸다.

요동에서 군인으로 근무하던 모문룡은 1621년 누르하치가 요양성과 심양성을 함락시키자 조선으로 도망쳐 온다. 당시 요동에서 패배한 명 군인들과 난민들이 가까운 압록강을 건너서 조선으로 들어오는 일은 빈번했다. 처량한 신세였던 모문룡의 운명이 바뀐 것은 그해 7월, 수백 명의 패잔병들을 규합해 기습적으로 압록강을 건너서 오늘날 단둥인 진강을 점령한 이후였다. 사르후 전투 이후 내내 누르하치에게 밀리던 명으로서는 가뭄의 단비 같은 소식이었다. 물론 모문룡은 후금의 반격이 있자 진강을 버리고 압록강을 건너 다시 조선으로 도망쳤다. 한창 명과 싸우던 후금의 입장에서는 배후를 찔린 셈이나 다름없었고, 조선이 모문룡을 후원하고 있다는 점에 대단히 분노했다. 계속 조선으로 명의 패잔병과 난민들이 유입되고 있는데 이들을 모문룡이 규합해서 배후를 치는 골치 아픈 상황이 벌어질 수도 있었기 때문이다.

결국 그해 겨울, 수천 명의 후금군이 압록강을 건너왔다. 가산 부근의 임반이라는 곳에 머물고 있던 모문룡을 죽이기 위해서였다. 기습을 당한 모문룡은 간신히 도망쳤지만 그의 휘하에 모여든 명의 패잔병들과 난민들 수백 명이 목숨을 잃었다. 후금과 사이가 벌어질 것을 우려한 광해군은 그를 가도로 들여보냈다. 후금의 수군이 약한 점과 압록강 근처에 모문룡이 있을 경우 소란이 이어질 가능성이 컸기 때문이다. 광해군은 후금과의 관계 개선에 있어서 모문룡의 존재가 방해가 될 것을 알고 있었다. 따라서 그의 원조 요청에 대해서도 이런저런 핑계를 대고 거절했다.

조선의 골칫덩이, 가도와 모문룡

/

모문룡이 찬밥신세를 벗어난 것은 인조반정 덕분이다. 비정상적인 방법으로 왕위에 오른 인조로서는 명의 책봉을 받는 것에 매달려야 했고, 후금을 배척하는 정책을 취했기 때문에 모문룡의 도움은 필수적이었다. 그 기회를 이용해서 모문룡은 조선에 무리한 요구들을 했다. 당시 후금이 요동을 거의 다 차지한 상황에서 도망친 패잔병과 난민들, 그리고 후금에게 포로로 잡혔다가 탈출한 난민들이 모두 모문룡 휘하로 몰려들었다. 모문룡은 이들을 부하로 삼아서 후금에게 빼앗긴 요동 땅을 되찾겠다고 큰소리를 쳤다.

갑자기 몰려든 패잔병과 난민들의 숫자가 늘어나면서 모문룡이 요구하는 식량도 늘어났다. 광해군과 달리 인조는 모문룡의 심기를 거스르지 않기 위해서 요구를 모두 들어줬다. 하지만 모문룡의 욕심은 끝이 없었고, 부하들 역시 함부로 행패를 부렸다. 의주와 철산, 용천 일대를 휩쓸면서 백성들을 괴롭히고 노략질을 하는가 하면 관아에 들이닥쳐서 난동을 부렸다. 인조는 모문룡의 행패 때문에 고통스럽다는 백성들의 아우성에는 귀를 막고는 요구 조건을 들어주는 데 급급했다. 모문룡은 조선에게 받은 식량과 약탈한 물품들을 당시 명 조정을 좌지우지하던 환관 위충현에게 바쳤다. 행패를 부리고 뇌물을 바치는 일에만 열중하던 모문룡이 제대로 싸울 리는 없었다. 아울러 조선이 그를 후원해준다는 사실은 후금으로 하여금 침략의 빌미로 삼을 수도 있는 문제였다. 하지만 인조는 그런 문제에 대해서는 주의를 기울이지 않았다. 덕분에 평안도와 황해도의 백성들은 모문룡과 부하들의 행패에 내내 시달려야만 했다.

1627년, 정묘호란이 터지자 후금과 싸우겠다고 큰소리를 치던 모문룡은 꼬리를 내린다. 근거지인 가도가 공격을 받자 모문룡은 신미도로 도망쳐서 전쟁이 끝날 때까지 꼼짝도 하지 않은 것이다. 오히려 정묘화약이 체결된 이후, 부하들을 시켜서 조선의 백성들을 죽여 후금군의 수급인 것처럼 꾸민 다음 거짓 전공을 보고했다. 심지어 정봉수가 지키던 용골산성에서 조정에 보내던 전령도 살해했다. 피난민 대열을 습격해서 마구잡이로 죽이는 일도 벌였는데 후금군으로 꾸밀 수급을 얻기 위한 것으로 보인다.

피해를 입은 평안도 백성들은 조정에 호소하지만 그때마다 인조는 모문룡에게 금해달라는 요청만 보낼 뿐 아무런 제지를 하지 않았다. 그러는 사이 청천강 이북의 백성들은 거의 다 죽거나 흩어졌다는 얘기가 나올 지경이었다. 특히 여진족의 변발과 비슷하게 머리를 땋은 총각과 여성들이 주요 표적이 되었다. 상황이 이렇게 되

《동국지도첩》 가운데 평안도. 왼쪽 철산 아래의 섬이 가도假島다. 모문룡은 요동을 수복하겠다는 명분으로 조선 영토에 들어와 조선으로부터 막대한 물자를 요구하며 약탈까지 자행했다

었음에도 불구하고 인조는 사신을 보내 타이르기만 할 뿐이었다.

정묘호란이 끝나고도 모문룡의 행패는 계속된다. 특히 요동으로의 길이 막히면서 조선이 명에 보내는 사신들은 모두 가도를 들러야 했다. 이때 모문룡은 사신의 공물을 빼앗거나 국서를 보여 달라고 해서 수정을 요구하는 등 자신의 권력을 지키기 위해서 온갖 횡포를 부렸다. 이때 조선이 모문룡에게 지원해주는 곡식의 양은 매달 미곡 만 석에 달했으며, 추가로 수만 석을 더 지급했다고 전해진다. 덕분에 모량 혹은 당량이라고 불리는 곡식을 추가로 걷어야 해서 백성들의 고통은 가중되었다. 당시 조선 일 년 예산의 3분의 1이 모문룡을 지원하는 데 사용되었으며, 대신들은 인조에게 모문룡을 지원하느라 나라의 곡식 절반이 없어진다고 하소연했다. 인조 때 시행하려고 했던 대부분의 개혁 정책과 국방 강화 정책들이 예산 부족으로 인해 좌절되었다는 점을 감안하면 엄청난 패착이었다. 가도라는 밑 빠진 독에 한없이 재정을 소모하면서 정작 후금에 대비하고 국가를 재정비할 기회를 놓친 것이다.

아울러 명을 위한다는 명분론에 사로잡혀 아무런 대책 없이 도와줬지만 모문룡의 행패를 막지는 못했다. 그래놓고 정작 정묘호란

38년

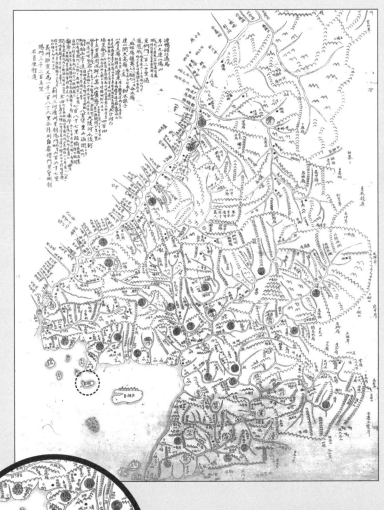

"모수帥(모문룡)는 계획성이 없는 무인이라
탐욕스럽기만 해 떼를 길러내며
국왕의 나라(조선)에 무리한 요구를 함으로써
우리나라(명)에 수치를 끼치고 있습니다."
— 원숭환이 모문룡을 참수한 다음
인조에게 보낸 첩문 중에서

때 도움도 받지 못했다. 인조는 물론이고 대신들도 모문룡이 큰소리를 칠 뿐 실제로는 싸울 용기나 의지가 없다는 사실을 간파했다. 심지어 그는 조선이 명을 배신하고 후금과 손을 잡는다고 거짓보고를 올리기도 했다. 자신이 조선을 감시하는 임무를 맡아야 한다는 점을 강조하기 위해서였다. 원숭환에게는 틈을 봐서 조선을 차지하겠다는 뜻을 드러내기도 했다. 모문룡의 이런 복잡한 속내를 간파하지 못하고 끌려다닌 것은 명백한 인조의 실책이었다.

모문룡은 사라졌어도 여전한 조선의 두통

/

권세와 행패가 극에 달하던 1629년 갑작스럽게 모문룡에게 최후가 찾아왔다. 평소 그를 못마땅해 했던 원숭환에게 처형당한 것이다. 하지만 가도는 모문룡의 죽음 이후에도 여전히 명의 영향력 아래 있었다. 모문룡을 죽인 원숭환은 측근인 부총관 진계성을 가도로 보내고 유해로 하여금 그를 돕도록 했다. 유해는 후금의 관리로 지내다 가도에 투항한 이로, 이름을 유흥치로 바꾸고 모문룡 밑에서 일을 했었다. 원숭환은 가도에 있는 노약자들을 등주로 보내고 군사들을 조련함으로써 가도를 후금 공략의 기지로 삼고자 했다.

하지만 원숭환의 계획은 모문룡의 남겨진 측근들과 유해에 의해 끝장나고 만다. 다음해, 원숭환이 후금군의 북경 공격을 막지 못했다는 이유로 체포되면서 가도에도 후폭풍이 몰려온 것이다. 1630년

4월, 유해가 불만세력들을 모아서 진계성을 전격적으로 기습해 처형해버리고 섬을 장악했다. 소식을 들은 인조는 명을 배신한 유해를 처벌한다면서 가도 정벌군을 일으켰다. 하지만 유해가 명 조정으로부터 별다른 처벌을 받지 않자 오히려 궁지에 몰리고 말았다. 과감할 때는 소극적이어서 피해를 입었고, 신중해야 할 때는 반대로 급하게 움직이는 바람에 이득을 얻지 못한 것이다.

유해는 모문룡 못지않게 행패를 부리면서 조선의 백성들을 괴롭혔다. 그러다가 1631년 3월 부하인 심세괴와 장도에게 피살당하고 만다. 가도를 통치하는 일이 생각보다 쉽지 않자 다시 후금으로 투항하려고 했다가 반발을 산 것이다.

"조선의 전함이 필요하다"

/

인조 9년(1631) 6월 8일, 평안병사 유림이 급박한 장계를 올린다. 후금군 기병 만여 기가 갑작스럽게 압록강을 건너와서 가산 서쪽인 용천과 정주 등을 차단해버린 것이다. 정묘호란 이후 잔뜩 긴장해 있던 인조와 대신들은 또 다시 침략해오는 줄 알고 놀랐지만 그들의 목적은 다른 곳에 있었다. 중남을 비롯한 사신들이 홍타이지의 서신을 가지고 나타난 것이다. 평안감사 민성휘가 후금이 가도를 공격할 배를 요구했다는 내용의 보고를 추가로 올리면서 상황이 파악된다. 유해의 투항으로 가도를 손에 넣을 기회를 잃은 후금이 군대를 동원한 것이다.

조정에서는 부원수 정충신에게 병사들을 이끌고 평양에 가서 만약의 사태에 대비하는 한편, 절대로 배를 빌려줘서는 안 된다고 선을 긋는다. 공교롭게도 비슷한 시각에 인조는 등래순무 손원화가 보낸 도사 왕순신 등과 만나고 있었다. 그들 역시 배를 요구했는데 유해의 죽음 이후 혼란에 빠진 가도와의 왕래를 위해서였다.

인조는 일단 배를 빌려달라는 요구를 물리치고 조총 등을 선물로 건넸다. 반면 후금은 순순히 물러나지 않았다. 한양에 온 후금 사신 호차는 조정 대신과의 접견에서 배를 빌려주지 않겠다는 얘기를 듣고는 화를 내면서 회담장을 박차고 나갔다. 하지만 조선에서 식량 공급을 약속하자 배를 빌려달라는 요구를 거둬들였다. 후금의 사신 중남이 돌아가면서 인조와 대신들은 한숨을 돌린다. 명의 도사 왕순신과 후금 사신 중남은 아슬아슬하게 스쳐 지나갔고, 조정에서는 이들이 길에서 서로 마주치지 않게 하려고 안간힘을 썼다. 양쪽 사신들이 돌아가는 것으로 위기는 지나갔다. 하지만 인조의 처리 방식은 많은 대신들의 의구심을 샀다.

김여규가 아니라 신달리다!

/

위기가 한창이었던 6월 18일 인조는 이원익을 만난다. 임진왜란 때 활약했던 이원익은 이때 85세의 고령이어서 조정에서 물러난 상태였다. 지방에 머무르던 그가 한양으로 올라왔다는 소식을 듣고 인조가 그를 불렀다. 제대로 걷지 못해서 환관의 부축을 받을 정도로 쇠약했지만 이원익은 인조에게 이번 일의 문제점을 조목조목 짚었다.

평소에 미리 방비하지 못해 오늘날에 이르게 되었으니 어떤 방법으로 처리해야 할지 모르겠습니다. 그리고 하삼도의 군사는 믿을 수 없으니 서울의 정병을 속히 조발하여 보내소서. 또 어영군은 조발을 허락하지 않아 사람들이 모두 불쾌하게 여기고 있습니다. 나라의 존망이 이번 거사에 달려 있으니 상께서 진작시키는 일을 하지 않으면 누가 나라를 위해 목숨을 바치려 하겠습니까. 또 저들이 노략질을 한다면 대응해야 되지만 우리가 먼저 공격하는 것은 불가한 듯합니다.

이원익은 비상사태를 막을 준비가 되어 있지 않고, 중앙군인 어영군을 동원하지 않아서 백성들이 우려스러워 한다는 점을 지적했다. 아울러 감정적으로 먼저 움직여서는 안 된다고 못을 박았다. 이원익의 따끔한 충고에 인조는 천여 명의 어영군을 출동시켰다고 변명한다. 이 시기 부족한 재정 속에서 어렵게 양성한 대부분의 군대는 국경을 지키는 대신 중앙에 배치되었다. 이괄의 난 직후에 한양 북부를 지키기 위해 설치된 총융청과 남한산성을 수비할 수어청이 대표적인 사례다. 인조반정 때 동원된 공신들의 사병을 모아서 만든 어영청 역시 시간이 지날수록 확대 개편되면서 숫자가 늘었다.

하지만 이렇게 늘어난 병사들은 대부분 한양과 인조를 호위하는 임무를 맡았다. 중앙군이 늘어나는 만큼 지방군의 규모는 줄어들거나 혹은 부실화되었다. 그래서 후금과의 전쟁이 벌어지면 청천강 이북은 포기해야 한다는 청북 포기론이 등장할 정도였다. 국가에게서 백성과 영토를 포기해야 한다는 얘기가 자연스럽게 나올 정도로 당시 분위기가 좋지 않았다.

이런 상황에서 모문룡의 행패를 막지 못하고 방치하는 상황까지 이어지자 나라를 등진 사람들이 차츰 늘어났다. 당시를 기록한 문헌들에는 그들의 행적이 자세하게 나와 있다. 이괄의 난 때 죽은 한명련의 아들 한윤과 조카 한택은 그렇다 치고 정묘호란 시기쯤 되면 자발적으로 후금에 투항하는 사람들이 생겨난다.

건륭제 때 만들어진 《만주팔기씨족통보》에는 조선인 출신 가문의 내력이 나온다. 모두 일곱 성씨 마흔셋 가문이 나오는데 한윤을 제외하고 가장 눈에 띄는 이는 단연 신달리다. 조선 역주 출신인 그는 정묘호란 즈음에 동생과 가족들을 데리고 압록강을 건너 후금으로 향한다. 한윤이나 한택과는 달리 명확한 망명 이유가 나오지 않지만 모문룡의 횡포와, 조정이 이를 막지 못하자 실망한 나머지 후금으로의 투항을 선택한 것으로 보인다.

그의 본명은 김여규고, 의주에 살던 김덕운의 아들로 알려져 있다. 그는 세 동생과 함께 투항하면서 이름을 각각 선달과 이달, 삼달, 사달로 바꿨다. 선달이라는 이름이 만주어로 불리면서 신달리가 된 것으로 추정된다. 결국 어떤 형태로든 인조와 대신들의 방치와 무관심이 신달리 형제의 후금 투항에 큰 영향을 미친 것이다.

후금은 투항한 그에게 역관 임무를 맡긴다. 신달리는 주어진 임무를 아주 잘 수행했는데 특히 투항하거나 항복한 조선인들의 동태를 살피는 일에 열심이었다. 애초 임무가 역관이 아니라 감시자였을지도 모르겠다. 그는 후금에 비슷한 시기에 투항한 등납미라는 조선인 역관이 은밀히 정탐을 해서 조선에 서신을 보내는 것을 알아낸다. 결국 서신을 중간에 가로챈 그의 고발로 인해 등납미는 처형당한다.

그뿐만이 아니었다. 신달리는 누르하치의 열네 번째 아들인 예친왕 도르곤의 하인인 은니비라는 조선인 역시 조선에 은밀히 후금의 사정을 알려주고 있음을 알아낸다. 이번에도 중간에 서찰을 훔쳐내는 데 성공한 그의 활약 덕분에 은니비 역시 처형당하고 만다.

신달리의 활약은 병자호란으로 이어진다. 청군과 함께 조선으로 들어온 그는 조선군의 매복을 알아채고 계책을 내서 무찌름으로써 홍타이지의 신임을 받는다. 그는 강화도를 점령한 다음 포로로 잡힌 소현세자를 비롯한 왕족들을 보호하는 임무를 완벽하게 수행함으로써 자신의 진가를 드러낸다. 홍타이지는 신달리의 공로를 높이 사서 그에게 조선군 포로로 구성된 조선팔기의 좌령을 지휘하는 자리를 내렸다.

신달리는 산해관을 둘러싸고 벌어진 송산 전투에도 참전해서 큰 공을 세운다. 신달리의 동생들과 아들도 계속 청 조정에서 활약한다. 신달리의 손자인 김상명은 건륭제 밑에서 군기대신의 자리에 오르는데 만주인이 아닌 이가 군기대신의 자리에 오른 경우는 그가 유일했다. 그의 출세는 어머니가 건륭제의 유모였기 때문에 가능했다는 설이 있다. 건륭제 다음으로 옹정제가 즉위하면서 잠시 지위가 흔들렸지만 김상명은 곧 신임을 회복하면서 자리를 유지했다.

신달리의 막내동생인 사달, 즉 계달리는 복건 원정 중에 친명세력인 정성공의 군대와 싸우다가 전사했다. 삼달의 손자인 김간은 호부상서를 역임했는데 각종 편찬 사업을 주도해서 청 인쇄술의 발전에 큰 업적을 남겼다. 그의 손녀는 귀비가 되어서 건륭제의 총애를 받았다. 그나마 조선에 다행인 점은 김상명과 김간은 자신들을 청으로 끌려온 포로의 후예라고 여기면서 조선과의 외교 문제에 발 벗고 나서서 큰 도움을 줬다는 것이다.

"조선의 전함은 이제 필요없다"

/

조선은 결국 후금이 요구한 배를 건네주지 않으면서 버티기에 성공한다. 홍타이지의 관심이 대릉하성으로 기울어지면서 인조와 대신들은 한숨을 돌렸지만 엉뚱한 곳에서 일이 터졌다.

모문룡의 처형 이후 가도는 혼란에 빠진다. 후임 격인 진계성과 유해가 잇달아 살해당하면서 권력의 공백이 찾아온 것이다. 이러한 혼란은 등래순무 손원화가 가도에 있는 명 유민들을 자국으로 송환하면서 가라앉는 듯했다. 그러나 그 과정에서 모문룡 휘하에서 지냈던 장수들의 불만이 높아져 갔다.

모문룡은 조선에서 뜯어낸 재물을 부하들에게 나눠줌으로써 신임을 얻었다. 하지만 그의 죽음 이후 견제와 의심을 받게 되면서 모문룡의 수하들은 하나둘씩 가도를 떠나야만 했다. 그 가운데 공유덕과 경중명, 이구성의 불만이 제일 심했는데 한때 모문룡이 자신의 성을 줘서 양자로 삼을 정도로 총애했기 때문이다. 모문룡의 죽음 이후 세 사람은 등래순무 손원화의 휘하로 들어간다. 잠자코 지내던 이들은 1631년, 기회를 틈타서 반란을 일으킨다.

반란이 일어나자 명에 불만을 품고 있던 자들이 모여들면서 반란군 수는 기하급수적으로 늘어난다. 반란군은 늘어난 군세를 이용해 등주와 내주를 차지했다. 후금과 싸우느라 정신이 없던 명 조정에서는 이들을 토벌할 틈이 없어서 용서해주는 조건으로 투항하라고 회유한다. 하지만 반란군을 이끌고 있던 공유덕과 경중명 등은 그럴 생각이 전혀 없었다. 등주와 내주를 차지하고 기세를 떨치고 있는데 구차하게 항복하고 싶지 않다는 심산이었다.

그러면서 그들은 북경까지 진군하겠다고 큰소리를 친다. 산동반도에 있는 등주는 북경의 관문 역할을 하는 항구이자 후금이 차지한 요동과 마주보고 있는 곳이다. 거기다 등주와 내주의 항구에 정박해 있는 배들이 모조리 반란군의 손아귀에 들어가고 말았다. 상황이 급해지자 명은 관군을 동원해 토벌에 나선다.

공유덕과 경중명이 이끄는 반란군은 등주성에서 관군에게 포위된다. 반란군의 기세는 순식간에 꺾였고, 관군의 공세가 계속되었

沙船圖

《고금도서집성古今圖書集成》에 실린 명 수군의 사선. 공유덕과 경중명이 수군을 이끌고 투항함으로써 후금은 더 이상 조선에게 전선을 빌릴 필요가 없어졌다. 조선 또한 섬에서 농성하는 방식을 더 이상 쓸 수 없게 되었다

다. 그 와중에 반란군 수뇌부 가운데 한 명인 이구공은 관군이 쏜 포탄에 맞아서 전사했고, 모승록은 공유덕을 살해하고 투항하려다가 발각되어서 죽임을 당했다. 공유덕과 경중명은 간신히 관군의 포위망을 뚫고 탈출해서 패잔병들을 수습했다. 그리고 바다로 나가서 장자도에 정박했다.

조선에서는 이들이 서쪽으로 가서 후금에게 투항하리라 예측했다. 조선의 이런 의심은 후금군 기병 50여 기가 중강에 나타나서 동태를 엿보자 확신으로 바뀌었다. 물론 그 이전에도 이영방이나 조대수 같은 명군의 장수들이 항복한 경우는 많았다. 하지만 이들에게는 배가 있었다. 만약 후금이 전함을 손에 넣는다면 산해관을 우회하느라 멀리 몽골로 돌아갈 필요도 없이 바로 바다를 건너와서 등주와 내주를 공격하는 것이 가능해진다. 공유덕과 경중명이 큰소리를 쳤듯이 그곳에서 북경까지의 거리는 코앞이었다. 명에게는 발등에 불이 떨어진 셈이었고, 조선 역시 마찬가지였다.

명과 후금 사이에서 균형을 잃고 쓰러진 인조

/

정묘호란 때 인조가 강화도로 도망친 일에서 알 수 있듯 조선은 바다를 일종의 방벽으로 여겼다. 따라서 후금이 배와 그것을 움직일 수 있는 병력을 손에 넣는 일은 어떻게든 피해야만 했다. 명 관군의 추격전은 아슬아슬하게 실패했다. 이때 벌어진 마지막 전투에서 명군의 요청으로 조선군 조총병들도 참전했다.

그럼에도 공유덕과 경중명이 이끄는 반란군은 압록강 연안의 구련성에서 기다리고 있던 후금군과 합류하는 데 성공했다. 이로써 후금은 이만의 병력과 백여 척이 넘는 배, 그리고 그 배에 실린 엄청난 숫자의 홍이포를 손에 넣을 수 있게 된다.

그해 8월 항복한 공유덕과 경중명이 이끄는 후금의 수군이 여순을 급습한다. 후금의 습격으로 이곳을 지키던 도독 황룡이 전사하고 정박 중이던 배도 빼앗겼다. 가도에 주둔 중인 심세괴 역시 철수를 결심했다가 포기할 정도로 위협을 받는 상황이었다. 이제 명의 운명은 마지막을 향해 가게 된다.

그 와중에 조선은 후금으로부터 항복한 공유덕과 경중명의 부대에게 먹일 식량을 공급해달라는 요청을 받는다. 후금은 만여 명이 넘는 투항자들에게 줄 식량이 급하게 필요했던 상황이라 조선에 손을 내민 것이다. 그러면서 가도에는 식량을 공급해주면서 자신들의 요구를 물리치는 것은 있을 수 없는 일이라고 엄포를 놓았다.

조선은 갈팡질팡하면서 고민한다. 격론 끝에 인조는 후금의 요구를 거절한다. 정묘화약 체결 이후 가장 강경하게 나간 것이다. 인조는 명으로부터 후금과의 관계를 의심받고 가도를 지원해주라는 요청을 받은 상황이라 받아들일 수 없다고 생각했다.

인조의 이런 결정은 조선이 명과 후금 사이에서 취했던 아슬아슬한 균형을 무너뜨리고 말았다. 양쪽에서 긴 신세가 된 조선은 그야말로 정신을 차리지 못할 정도로 흔들렸다. 후금은 조선이 명을 돕는다고 꾸짖으며 온갖 방법으로 협박하면서 업신여겼다. 명 역시 조선이 후금과 손을 잡았다고 의심하면서 무리한 요구를 일삼았다. 양쪽의 요구를 들어주느라 조선은 나라의 형편이 기울어질 정도였다.

그런 상황에서도 어떻게든 아슬아슬하게 균형을 잡아갔지만 공유덕과 경중명의 후금 망명 당시 조선은 명을 도와 그들을 저지하고자 했다. 조선군 조총병이 명군과 어깨를 나란히 하고 자신들을 막아서는 것을 본 후금은 더 이상 조선을 믿지 않게 되었다. 그리고 후금이 배까지 손에 넣은 이상 조선은 믿음을 저버린 대가를 치러야 했다.

여덟 번째 장

무릎을 꿇어도 죄,
꿇지 않아도 죄

홍타이지,
황제를 선언하다

1632. 2. 24

인조, 윤방을 도제조로
임명하고 추숭도감 신설

1635. 2.

에제이 칸, 원의 옥새를 들고
후금에 항복

1636. 4. 11

나덕헌과 이확, 홍타이지의
황제 즉위식에서 배례 거부

1636. 11. 25

홍타이지, 하늘에 제사를
지내며 조선 정벌을 천명

이확 등을 협박해 축하의 반열에 참가하게 하자 이확 등이 죽기를 작정하고 따르지 않았더니, 오랑캐의 차사가 이확 등을 구타해 그들의 의관이 모두 다 찢어졌다. 비록 간혹 엎어지며 자빠졌으나 이확 등은 끝내 허리를 굽히지 않는다는 의사를 보이니, 이를 보던 오랑캐에게 항복한 한인 가운데 심지어 눈물을 흘리는 자까지 있었다.

— 《연려실기술》 제25권 〈인조조 고사본말〉 '병자노란과 정축 남한출성'

인조 14년(1636) 4월 11일 심양 황궁

봄부터 흉흉하고 어처구니없는 소식이 전해졌다. 바로 전 해인 갑술년(1635)에 홍타이지는 대대적인 몽골 원정을 떠났다. 빠른 기동을 위해 팔기군이 출동했고, 홍한수가 속한 조선 팔기는 심양에 남았다. 원정을 떠난 것은 아직 항복하지 않은 북원의 마지막 황제인 릭단 칸의 잔당을 토벌하기 위해서였다.

보르지긴 씨족 출신의 릭단 칸은 몽골을 정복하려는 누르하치와 홍타이지에게 수십 년 간 저항했지만 번번이 패배하면서 세력이 약화되었다. 그러면서 휘하 부족들을 점점 더 가혹하게 통치했다가 반발을 사게 되었다. 그 틈을 타서 후금은 계속 세력을 넓혔고, 많은 몽골 부족들이 릭단 칸의 횡포를 피해 홍타이지 밑으로 들어갔다. 릭단 칸은 반항하는 부족들을 공격했지만 그럴수록 이탈이 심해졌고, 결국 남는 것은 출신 부족인 차하르뿐이었다.

홍타이지의 공격을 견디지 못한 릭단 칸은 차하르 부족 십만을 이끌고 청해로 피신해 재기를 노렸다. 그리고 몇 년 후 티베트 원정을 떠나던 와중에 병에 걸려서 세상을 떠나고 말았다. 칸의 지위는 아들인 에제이가 이어받았다. 그 소식을 들은 홍타이지는 떨쳐 일어나 몽골로 원정을 떠났다. 홍타이지가 이끄는 후금군의 공격을 받은 에제이는 부족원들을 이끌고 항복했다. 그러면서 원 황제에게 대대로 전해져 내려오는 옥새를 바쳤다.

몽골을 완전히 복속시키고 옥새를 얻은 홍타이지의 기쁨은 하늘을 찔렀다. 한때 중원은 물론 유럽까지 정복한 용맹한 몽골족이 뭉칠 경우 홍타이지와 후금에게는 크나큰 걸림돌이 될 수 있었기 때문이다. 그런 몽골을 복속시켰으니 홍타이지로서는 감개무량할 수밖에 없었다. 그런 분위기에 발맞춰 홍타이지에게 황제의 자리에 오르라는 요청이 쇄도했다. 범문정이나 이영방 같은 한인 관료들은 물론 후금 패륵들이 앞다퉈 올린 요청에 홍타이지는 아직 때가 아니라고 손사래를 쳤다. 하지만 계속된 요청에 홍타이지는 못 이기는 척 승낙한다. 다만 조선도 동참해야 한다는 조건을 걸었다.

결국 조선에 마부대를 사신으로 보내기로 결정했는데, 빈손으로 돌아온 것은 물론 후금을 공격하라는 조선 임금의 명령서까지 탈취해가지고 왔다. 술병을 들고 집으로 찾아온 전영갑에게 그 소식을 들은 홍한수는 어처구니가 없었다.

"대체 어떻게 국서를 탈취당할 수 있었던 거지?"

홍한수의 물음에 전영갑은 쓴웃음을 지었다.

"나라에 망조가 든 거지."

전영갑의 말에 홍한수는 잔기침을 하면서 모닥불에 나뭇가지를 던져 넣었다. 독한 고량주를 한 모금 마신 홍한수가 투덜거렸다.

"당장 쳐들어가겠다는 말이 나오겠는 걸?"

"아니, 좀 더 지켜볼 것 같아."

"왜?"

"언제든 손에 넣을 수 있잖아. 굳이 화낼 필요도 없고, 무엇보다 지금은 때가 아니잖아."

"그럼 언제 쳐들어가겠다는 얘기야?"

"겨울이겠지. 길이랑 강이 꽝꽝 얼어서 말을 달리기 쉽잖아. 정묘년에도 겨울에 쳐들어갔었어."

"이제 끝장이군."

홍한수의 말에 전영갑이 물었다.

"누가 끝장이라는 거야?"

전영갑의 반문에 홍한수는 아무 말도 하지 못했다. 십 년 전부터 그는 조선인 홍한수가 아니라 조선팔기 좌령에 소속된 후금 군인이었다. 가슴이 답답해진 홍한수는 술병에 든 고량주를 벌컥벌컥 마셨다. 가슴속이 타들어가자 홍한수는 저도 모르게 얼굴을 찡그렸다. 그 모습을 보던 전영갑이 엉덩이를 털고 일어났다.

"내일 아침에 일찍 경비 서야 하니까 고만 마시고 쉬어."

"무슨 경비?"

"즉위식인가 뭔가 한다고 했잖아."

전영갑이 문을 닫고 나간 이후에도 홍한수는 타오르는 불길에서 눈을 떼지 못했다. 잊힌 기억과 이제는 떠오르지 않는 가족들의 얼굴을 생각할 때마다 진한 눈물이 쏟아져 내렸다.

다음날, 갑옷을 입고 무장한 조선 팔기의 좌령은 심양의 황궁 앞에 집결했다. 아침부터 엄중한 호위를 받으며 패륵들과 몽골 사신들이 뻔질나게 드나들었다. 황궁 주변은 팔기군들이 엄중하게 경비를 섰다. 조선 팔기들에게는 궁궐의 외곽을 지키는 임무가 주어졌고, 홍한수가 속한 니루는 천단에서 멀찌감치 떨어져 있는 작은 문인 만안문을 지켰다.

패륵들과 대신들이 배열하고, 잠시 후 홍타이지가 등장했다. 노란색 곤룡포에 붉은 술이 달린 모자를 쓴 홍타이지는 곧장 천단 앞으로 나아갔다. 그리고 그 앞에 무릎을 꿇고 머리를 조아렸다. 그러자 배열해 있던 패륵들과 대신들이 따라서 절을 했다. 세 번 무릎을 꿇고 아홉 번 고개를 조아리는 삼배구고두례三拜九叩頭禮였다. 절을 마친 홍타이지가 무릎을 꿇은 가운데 제관이 축문을 읽었다.

화창한 4월 하늘 위로 제관의 낭랑한 목소리가 퍼지자 건물의 처마에서 졸고 있던 새들이 푸드덕 날아갔다. 천단에서의 절차가 다 끝나자 홍타이지는 동쪽에 마련된 천막으로 향했다. 천막 안에는 황금으로 장식한 옥좌가 놓여 있었다. 홍타이지가 옥좌에 앉자 좌우로 패륵과 측근들이 도열했다. 대신들은 홍타이지 앞에 도열했는데 그들에게 표문이 내려졌다. 각자 출신 지역의 언어로 쓰인 표문의 내용을 들은 대신들이 일제히 무릎을 꿇고 삼고구고두례를 행했다. 다들 우렁찬 목소리로 황제 즉위를 축하한다고 떠들면서 분위기는 엄숙하면서도 활기차게 무르익었다.

그런 분위기가 한순간에 얼어붙은 것은 조선에서 온 사신들 때문이었다. 춘신사 나덕헌과 회답사 이확은 수많은 대신들과 몽골에서 온 사신들이 일제히 무릎을 굽히고 절을 하는 와중에도 꼿꼿하게 서 있었던 것이다.

"뒈지려고 환장했군."

조총을 든 채 만안문에서 경비를 서고 있던 전영갑이 혀를 차면서 중얼거렸다. 그 옆에 서 있던 홍한수는 아무 말도 못 한 채 그 광경을 바라봤다. 두 사람이 뻣뻣하게 서 있자 술렁거림이 퍼져나갔다. 후금 관리들 몇이 두 사람에게 달려와서 삿대질을 하는 게 보였다. 하지만 두 조선 사신들은 꼼짝도 하지 않았다. 멀리서 그 광경을 보던 홍한수가 옆에 서 있던 전영갑에게 말했다.

"난리났군."

"그러게, 중요한 일에 찬물을 끼얹은 셈인데 말이야."

"저러다 큰일나는 거 아냐?"

"오랑캐에게 무릎을 굽히느니 차라리 죽고 말겠다고 생각하겠지."

"이런 상황이면 무릎을 꿇어야지."

"여기서야 그렇겠지만 조선으로 돌아가면 어쩌겠어. 다들 죽이라고 난리치겠지."

홍한수는 무릎을 꿇지 않으려고 버티는 사신들을 보면서 아무리 강할지언정 한낱 오랑캐에 불과한 후금에게 무릎을 꿇을 수 없다고 고집을 피우는 조선의 상황을 떠올렸다. 두 사람이 얘기를 주고받는 사이에도 두 조선 사신을 둘러싼 분위기는 점점 더 나빠졌다. 후금 관리들은 두 사람이 고개를 가로젓자 발로 걷어차서 무릎을 꿇게 만들려고 했다. 하지만 조선 사신들은 얻어맞으면서도 끝끝내 무릎을 꿇지 않았다. 그러자 아예 멱살을 잡아서 넘어뜨렸지만 쓰러진 조선 사신들은 벌떡 일어났다. 그러면서 홍타이지의 황제 즉위를 축하하던 분위기는 순식간에 엉망이 되고 말았다. 옥좌에 앉아서 그 모습을 지켜보던 홍타이지는 신하들과 함께 자리를 떴다. 그러자 수십 명의 후금 관리들이 몰려와서 삿대질을 하고 발길질을 하면서 관복이 다 찢어졌다. 잠시 후, 팔기군들이 와서 두 조선 사신들을 어디론가 데려갔다. 조마조마한 심정으로 바라보던 홍한수는 한숨을 내쉬었다.

"끌고 가서 죽이는 건 아니겠지?"

전영갑은 고개를 절레절레 저으면서 대답했다.

"그럴 필요도 없잖아."

두 조선 사신이 사라지고 소동이 끝나자 즉위식도 마무리되었다. 후금의 대신들은 밖으로 나갔는데 몇 명은 멀리 떨어진 만안문 쪽으로 나갔다. 문을 지키고 있던 두 사람은 조총을 치켜든 채 부동자세를 취했다. 홍한수는 곁눈질로 만안문을 지나가는 후금 대신들의 눈가가 촉촉하게 젖어 있는 것을 봤다. 그 모습을 같이 지켜 본 홍한수가 전영갑에게 속삭였다.

"봤어?"

"응, 명나라 출신인가 봐."

며칠 후 두 사람은 고국으로 돌아가는 조선 사신들을 호위하는 임무를 맡았다. 좌령의 책임자인 신달리는 두 사람에게 조선 사신들 옆에서 그들이 무슨 얘기를 나누는지 엿듣고 보고하라는 지시를 내렸다. 말을 탄 나덕헌과 이확의 얼굴 여기저기에는 멍든 흔적들이 남아 있었다. 침울한 표정의 두 사람은 투구를 푹 눌러쓴 홍한수와 전영갑이 조선 사람이라고는 생각하지 못했는지 나란히 말을 타고 가면서 이런저런 얘기를 나눴다. 나덕헌이 나이가 많았고, 이확이 적은 편이었다.

"어찌할까요?"

이확의 물음에 나덕헌이 길게 한숨을 쉬었다.

"자네는 어찌하면 좋겠나?"

"참람한 말이 적혀 있을 게 분명한데 어찌 전하께 바칠 수 있겠습니까?"

"내 생각도 같네. 하지만 국서를 어찌 마음대로 할 수 있단 말인가."

"그나저나 오랑캐 추장이 감히 황제를 칭하다니, 놀라울 따름입니다."

"어찌 이런 일이 벌어지는지 모르겠네. 명나라 선비들이 여기에 와서 관직을 받고 일하는 것도 그렇고 말이야."

나덕헌의 말에 이확의 목소리가 더 커졌다.

"이 자들이 대명국을 남조라고 칭하는 걸 들으셨습니까?"

이확의 얘기에 나덕헌이 고개를 끄덕거렸다.

"이렇게 기세등등한 자들인데 어찌 감당할지 걱정이군."

"아무것도 모르는 유생들은 또 난리를 치겠지요?"

"우리도 죽이라고 할지 모르겠군."

나덕헌의 말에 이확이 흠칫 놀랐다.

"목숨을 걸고 무릎을 꿇지 않았는데요."

"그 자리에 있던 게 죄라고 할 수 있지. 거기다 국서도 받지 않았 는가."

"그럼 어찌해야 합니까?"

"자넨 죽는 게 두렵나?"

이확은 나덕헌의 물음에 고개를 저었다.

"그렇지는 않습니다. 허나 하지도 않은 일로 오명을 쓰는 것은 견 디기 어렵습니다."

"나라의 운명이 그 때문에 이 지경에 이르렀네."

"그게 무슨 말씀이십니까?"

"나쁜 평을 듣지 않기 위해 현실을 직시하지 않고 외면하고 있지 않은가 말이야. 아닌 말로 후금의 철기들을 어찌 막을 수 있겠는가?

대책을 세운 다음에야 논의해야 할 일들을 먼저 말하고 있으니 앞뒤가 뒤집힌 게 아닌가 해서 하는 말이야."

"실은 저도 그게 걱정입니다. 대명국도 감당하지 못하는데 어찌우리가 이겨낼 수 있겠습니까? 청북의 백성들은 언제 오랑캐들이쳐들어올지 몰라서 전전긍긍하고 있는데 말입니다."

"어서 돌아가서 이 사실을 임금께 고하고 대책을 논의해야지."

두 사람의 대화는 그것으로 끝났다. 심양 외곽까지 호위를 하고돌아온 홍한수와 전영갑은 신달리에게 보고 들은 것들을 보고했다. 코웃음을 친 신달리가 말했다.

"멍청한 놈들, 세상이 바뀐 지가 언젠데 아직도 그걸 모르다니. 곧 쓴맛을 보게 될 거야."

"그게 무슨 말씀입니까?"

홍한수의 물음에 신달리가 히죽 웃었다.

"칸께서 그런 수모를 당하고도 조선의 사신을 참수하지 않고 돌려보낸 이유가 뭐라고 생각하느냐? 바로 명분을 쌓기 위해서지."

"조선은 약한 나라고, 아무런 위협이 되지 않습니다. 굳이 쳐들어갈 이유가 있습니까?"

"이유야 차고 넘치지, 폐하 앞에서 무릎을 꿇지 않았고, 사신을모욕하고 심지어 죽이려고 들었다. 거기다 우리와 싸운다고 준비를하라는 유시문까지 발각된 판국이다."

"그렇다고 해도…."

홍한수는 전영갑이 옆구리를 찌르자 말을 잇지 못했다. 신달리가 두 사람에게 말했다.

"남조와의 결전이 코앞으로 다가왔다. 그 전에 조선을 미리 굴복시켜 놔야지."

신달리의 입에서도 이제 자연스럽게 대명이나 명나라라는 이름 대신 남조라는 단어가 나왔다. 콧수염을 한 손으로 비비 꼰 신달리가 덧붙였다.

"남조와 싸울 때 필요한 물자들도 얻어내고 말이야."

"이번에는 결판을 내겠죠?"

전영갑의 물음에 신달리가 고개를 끄덕거렸다.

"당연하지. 조선 왕의 목을 베어버려서 아예 싹까지 잘라버리겠지."

아무렇지도 않게 얘기하는 신달리의 전망을 들은 홍한수는 온몸에 소름이 돋았다. 보고를 마치고 돌아온 홍한수는 얼마 후에 조선 사신들이 통원보에서 국서를 놔두고 돌아갔다는 소식을 들었다. 그 사이 후금은 국호를 청淸으로 바꿨고, 홍타이지는 황제를 칭하게 되었다. 그리고 신달리의 말대로 겨울이 되면 조선에 쳐들어간다는 소문이 돌았다. 훈련을 위해 병영에 모인 홍한수는 대열 가운데에 서서 걱정스러운 눈길로 남쪽을 바라봤다.

칭기즈칸의 후예를 정복한 후금

/

1634년, 홍타이지와 후금에게 끝까지 저항했던 몽골의 릭단 칸이 병을 얻어서 세상을 떠난다. 칭기즈칸의 후예이자 북원北元의 마지막 황제이기도 했던 릭단 칸은 공교롭게도 임진왜란이 일어난 1592년 태어났다. 보얀 체첸 칸의 손자인 그는 아버지가 일찍 세상을 떠나자 1603년 칸의 후계자로 지목되었고, 다음해 칸의 자리에 오른다.

명에 의해 대륙에서 쫓겨났지만 여전히 몽골은 강력한 기마군단을 보유하고 있었다. 칸의 자리에 오른 릭단 칸은 휘하의 차하르 부는 물론 다른 몽골족들을 이끌고 명을 침략했다. 하지만 만주에서 누르하치의 여진족이 기세를 떨치기 시작하면서 차츰 위기에 처한다. 릭단 칸에게 불만을 품은 다른 부족들이 누르하치와 손을 잡은 것이다. 릭단 칸은 누르하치에게 항의하는 서찰을 보냈고, 누르하치 역시 이에 응수하면서 양쪽은 돌이킬 수 없는 사이가 된다.

릭단 칸은 누르하치와의 대결을 위해 일단 명과 화해했다. 명 역시 누르하치를 견제하기 위해 릭단 칸에게 막대한 은을 건넸다. 릭단 칸은 부족별로 흩어진 몽골을 다시 통합하기 위해 노력한다. 관리들을 부족에 파견해서 통치하려고 했고, 누르하치의 팔기군을 흉내 낸 군대 조직을 만들려고 했다. 그러는 한편 티베트에서 승려를 초빙해 불교를 부흥시키려고 시도했다. 그러면서 스스로를 살아 있는 부처라고 칭했는데, 종교의 힘을 빌어서 몽골을 통합하려고 했던 것으로 보인다.

이러한 시도는 우리나라 역사에서도 찾아볼 수 있다. 바로 후고구려를 세운 궁예弓裔다. 한때 이름 없는 승려에서 군주의 자리에까지 오른 그는 미륵을 자처했다. 하지만 주변을 정리하고 장악하는 과정에서 부인과 아들을 비롯해 측근들을 잔혹하게 죽였고, 결국 왕건의 반란에 왕위에서 쫓겨나 목숨을 잃는다. 궁예는 종교의 힘을 이용해서 갑자기 커진 나라를 통합하려고 했지만 섣부른 공포감만 주면서 실패하고 말았다. 종교에 기대고자 한 릭단 칸의 시도 역시 실패로 돌아갔다.

내부 반발이 거세지자 릭단 칸은 누르하치와의 대결을 통해서 위기를 넘기려고 했다. 하지만 1621년, 후금이 도읍으로 삼은 심양을 공격했다가 실패하고 만다. 그러자 릭단 칸에게 실망한 몽골 부족들이 후금과 손을 잡았다. 릭단 칸은 배반한 부족들을 공격하지만 후금이 보낸 원병에게 패배하면서 물러나야만 했다.

1627년, 릭단 칸에게 불만을 품은 부족들이 손을 잡고 반란을 일으켰다. 릭단 칸은 반란군을 격파하고 그들의 본거지를 약탈하면서 기세를 올리지만 이런 상황이 반복되면서 릭단 칸의 세력은 점점 약해졌다. 반란을 일으켰다 패배한 부족들이 원한을 품고 후금과 손을 잡은 것이다. 1632년, 홍타이지가 이끄는 후금군이 몽골 초원에 나타난다. 불만을 품은 몽골 부족들까지 이에 합세하자 릭단 칸은 십만에 달하는 차하르 부족원들을 이끌고 서쪽 오르도스로 물러난다. 십만 명이 몰려들면서 오르도스에는 기근이 찾아왔다.

위기가 계속되고 배반이 이어지자 릭단 칸은 주변을 가혹하게 대했고, 이는 연쇄적인 이탈과 배반을 부르면서 그의 세력은 차츰 약해졌다. 청해로 다시 이동한 릭단 칸은 1634년, 병으로 세상을 떠난다. 릭단 칸의 죽음을 전해 들은 홍타이지는 휘하 장수들을 보내 잔당을 소탕한다. 릭단 칸의 후계자인 에제이와 일족들은 홍타이지가 보낸 장수들에게 붙잡혀서 항복하게 되고, 심양으로 끌려온다. 그러면서 홍타이지는 뜻밖의 전리품을 얻게 되는데 바로 원元의 옥새다. 크게 기뻐한 홍타이지는 에제이를 차하르 친왕으로 책봉하고 자신의 딸과 혼인시켜서 사위로 삼는다.

몽골을 정복하고 복속시킨 것은 홍타이지는 물론이고 후금의 운명을 다시 바꿔놓았다. 같은 유목민족이자 기마에 능숙한 몽골의 존재는 홍타이지에게 매우 신경이 쓰일 수밖에 없었다. 실제로 릭단 칸은 휘하의 기마군단을 이끌고 누르하치와 대적했고, 심양을 포위한 적도 있었다. 명은 몽골을 이용해 후금을 견제하려고 막대한 은을 소모하기도 했다.

만약 명과 몽골이 제대로 손을 잡고 공격했다면 후금도 버티기가 어려웠을 것이다. 그러나 후금에게는 다행스럽게도 명과 몽골의 내부 사정이 복잡했던 탓에 각개격파에 성공할 수 있었고, 특히 릭단

●누르하치와 그의 뒤를 이은 ●●홍타이지. 홍타이지는 내몽골을 평정한 다음 국호를 대청大淸이라 짓고 연호를 숭덕이라고 개원했다. 이어서 1636년 조선을 굴복시켰다

칸의 죽음과 몽골의 복속은 후금에게 마음 놓고 명이나 조선을 공격할 수 있는 길을 열어줬으며, 아울러 홍타이지를 황제의 자리에 오르게 해줬다. 신하들이 홍타이지에게 제위에 오르라고 한 첫 번째 명분 또한 바로 몽골의 복속과 옥새를 얻었다는 것이다. 홍타이지는 계속 거절했지만 그가 황제의 자리에 오르는 일은 이제 시간 문제였다.

버려지는 조선의 시간

/

후금에서 홍타이지에게 황제의 자리에 오르라는 논의가 한창일 무렵, 조선의 내부 사정 역시 복잡하게 돌아갔다. 공유덕과 경중명이 후금으로 투항할 당시 명의 손을 들어준 이후, 조선은 후금의 보복이 있을까봐 전전긍긍했다. 하지만 후금은 몽골을 정복하고 명을 공격하느라 조선에 신경을 쓰지 못했다.

그 중요한 시기에 조선은 국력을 기르는 대신 엉뚱한 문제에 매달렸다. 재조지은으로 대표되는 명분은 명의 쇠약과 후금의 강성이라는 현실을 쉽게 부정할 수 있게 해주는 근거가 되었다. 전쟁에 대비하기 위해 특권을 포기하고 기득권을 내려놓아야 한다는 고통스러운 결정 또한 회피하게 만들었다. 이러한 안이함은 합리적인 냉정한 결정을 막아버리면서 피할 수 있었거나 적은 피해만 입고 끝날 수 있었을 전쟁을 왜란에 이은 충격으로 악화시켰다.

《연려실기술》을 비롯한 당시 문헌들을 보면 사람들이 속으로는 오랑캐가 쳐들어올 것을 두려워해 겁을 먹었지만 섣불리 얘기했다가는 비난을 받을까봐 입을 다물었다는 얘기들이 나온다. 경직된 사회 분위기와 그걸 통제하지 못한 조정 탓에 최명길 같이 화친을 주장하는 쪽은 매국노로 매도당하기 일쑤였다. 이런 분위기 속에서는 섣불리 외교 정책을 취하기가 어려웠다.

군사적인 부문에서도 같은 문제가 반복되었다. 오랑캐에게 무릎을 꿇을 수 없다고 핏대를 올리던 사람들도 조선군이 후금의 철기를 이길 수 있다고 믿지는 않았다. 임진왜란을 겪으면서 조선의 기병들은 자취를 감췄다. 왜군의 조총에 견디지 못한 까닭도 있지만 재정이 악화되면서 보병보다 양성하는 비용이 더 많이 드는 기병에까지 손을 댈 여력이 없었다. 따라서 조선이 후금에게 쓸 수 있는 군사적인 대응 방법은 성에 들어가서 지키는 것과 조총병을 양성하는 것뿐이었다.

그런데 성의 경우에는 평야나 도로 근처에 있을 경우 집중 공격을 받고 함락당할 위험성이 높다. 이에 따라 도로에서 멀리 떨어진 험준한 산세에 의지한 산성이 만들어졌다. 이런 방어 방식에는 큰 약점이 하나 존재했는데, 길을 비워두게 되면 적의 진격을 막을 수 없게 된다는 것이다. 임진왜란 때의 왜군은 지역을 하나하나 점령해 나가야 했기 때문에 어쩔 수 없이 산성을 공격해야만 했고, 보병이 주력이라 이동 속도도 느렸기 때문에 충분히 대응이 가능했다.

하지만 기병이 주력인 후금군은 산성을 지나쳐서 바로 한양으로 진격할 가능성이 높았다. 이런 문제점을 간파한 광해군은 후금이 쳐들어오면 한신이 살아나고 제갈공명이 온다고 해도 우리나라의 병사로는 막을 수 없는 형편이라고 말하면서 반대를 무릅쓰고 화친을 추진했다. 이러한 사정은 반정으로 집권한 인조 역시 잘 알고 있었지만 문제점을 해결하는 데까지는 나아가지 못했다.

그 결과 정묘호란 때 조선이 믿었던 산성들은 후금군의 공격에 차례대로 함락당했다. 이후 조선이 지켜야 할 산성은 좀 더 깊은 산으로 들어가야만 했다. 그러면서 후금군의 진격을 막을 수 있는 수단은 사라져 버리고 말았다. 이런 배치는 병자호란 때 치명적인 패배로 이어졌지만 조선으로서는 달리 선택할 방법이 없었다.

마지막 기회를 놓친 조선

/

설상가상으로 정묘호란이 끝난 직후부터 조선에서는 새로운 문제를 둘러싼 갈등이 벌어진다. 바로 인조의 아버지 정원군의 추숭 문제였다. 유교의 근본은 종법을 근본으로 하는 봉건제도다. 조선은 성리학을 기반으로 성립된 국가이기 때문에 종법은 특히 중요하게 취급되었다. 종법은 가장의 역할에 무게를 두었고, 장자 상속을 통해서 가장의 지위가 이어지는 것을 기본으로 했다. 이것은 가장의 정통성과 직결된 문제로서 왕가의 경우 군주의 정통성 문제와도 연결된다. 따라서 인조가 반정을 통해 왕위에 오른 직후부터 아버지인 정원군을 왕으로 추존하려고 했던 노력들은 자식된 도리이면서 동시에 왕권 강화와도 연관이 된다. 또한 자신의 후손들이 왕위를 이어가게 하는 데에도 발판이 될 수 있었다.

인조의 이런 시도는 1626년, 어머니가 세상을 떠나자 왕비의 예에 맞춰서 삼년상을 치르는 데서 시작되었다. 그러나 인조의 삼년상은 영의정 이원익을 필두로 조정 대신들의 반대에 부딪혔다. 이원익은 인조가 임금이기는 하지만 어머니는 왕후가 아니기 때문에 왕비의 예에 맞는 장례를 치를 수 없다고 간했다. 하지만 인조는 그런 반발을 무시하고 어머니의 장례를 왕비의 예에 맞춰 치른다.

이어서 인조는 아버지를 임금의 자리에 올려서 정통성을 확보하고 후계 구도를 튼튼하게 하려고 했지만 다시 성리학적 관점에 어긋난다는 조정 대신들의 반발에 부딪혔다. 이런 과정 속에서 인조와 조정 대신들의 갈등은 극에 달한다. 이런 논의는 정묘호란을 거치고 조선을 둘러싼 외부 환경이 극도로 악화되어가는 과정에서도 멈추지 않고 이어진다. 여기에 이귀를 비롯한 인조의 측근 세력들이 추존 논쟁에 가담하면서 갈등은 더 심해졌다.

1632년, 인조는 추숭도감을 만들어서 아버지 정원군을 기어코 왕의 자리에 앉히려고 한다. 조정 대신들과 성균관 유생들은 성리학적 방식에 맞지 않는다고 반발했지만 이귀를 비롯한 소수의 찬성 세력들을 등에 업은 인조는 그들을 무시하고 정원군에게 '원종元宗'이라는 시호를 올리고 왕으로 추존한다. 그리고 후금의 홍타이지가 릭단 칸의 가족들을 생포하고 옥새를 얻고 기뻐하던 1635년, 원종의 위패를 종묘에 모시는 것으로 추숭 논쟁을 마무리 짓는다. 그 과정을 통해 인조의 부모는 원종과 인헌왕후가 되었다.

인조 개인에게는 권력을 유지하기 위해 필요한 일이었을지 모르지만 긴박했던 당시 국제정세를 생각하면 국가 지도자로서는 쓸데없는 짓이었다. 그 과정에서 후금과의 관계나 국방력 증강과 같이 국가의 생존에 중요했던 문제들은 뒤로 밀려날 수밖에 없었다.

관념적으로 상황을 바라보는 태도의 약점이 바로 여기에 존재한다. 얻을 것이 이른바 정신승리밖에 없기 때문에 더욱 명분에 집착할 수밖에 없고, 그럴수록 점점 현실과 멀어질 수밖에 없어지는 악순환에 빠진다. 공교롭게도 추숭논쟁이 시작되고 끝난 십여 년은 큰 재난을 앞둔 조선에게 주어진 마지막 준비 기회였다.

정묘호란을 겪으며 조선은 후금이 가진 힘을 실감했다. 그리고 명과 모문룡이 자신들을 도와주지 못한다는 사실도 깨달았다. 광해군의 얘기대로 상소문 같은 것으로는 후금의 철기를 막을 수 없다는 냉정한 현실을 알게 된 것이다. 하지만 조정 대신들과 성균관 유생들은 명분론에만 매달려서 후금과 화친할 수 없다고 목소리를 높였다. 현실이 너무 어처구니없자 아예 부정을 해버린 것이다. 조선이 후금의 침략에 대비하기 위해서는 많은 부분을 근본적으로 뜯어고쳐야 했다. 무엇보다 국방력을 강화하기 위해서는 막대한 비용이 필요했고, 그 비용을 충당하기 위해서는 기득권층의 희생이 필요했다. 예컨대 조선의 국방력 강화는 사실상 세금을 면제받은 사대부들이나 왕족들의 희생을 전제로 한다. 하지만 사대부들은 자신들이 부담을 져야 하는 어떠한 방식도 받아들이지 않았다. 그런 사대부들을 질타한 인조 역시 종친들에게 나눠준 특권을 회수해서 국방력을 증강하는 데 써야 한다는 주장을 받아들이지 않았다.

자신들의 기득권을 놓지 않겠다는 이기적인 임금과 사대부들 덕분에 후금의 침략에 대비할 대책은 공허한 말장난이나 쓸데없는 논란에서 맴돌았다. 그렇게 후금이 착착 전쟁 준비를 하는 사이, 조선의 시간은 속절없이 흘러갔다.

읽지 못한 정세, 쌓이는 오해, 들킨 속마음

/

그러는 와중에 어처구니없는 사건이 벌어진다. 1636년 2월, 후금의 사신 용골대가 국경을 넘는다. 사신 행렬에는 다른 때와는 달리 몽골인들도 다수 포함되어 있었다. 그들이 홍타이지가 황제의 자리에 오를 것이라고 전한 내용은 더 충격적이었다. 조정은 벌집을 쑤신 것처럼 난리가 났고, 사신의 목을 베어야 한다는 상소가 빗발쳤다.

인조는 조정 대신들의 의견을 따라 황제 추대에 관한 내용이 적힌 국서의 접수를 거부했다. 설상가상으로 후금의 사신들이 인조의 왕비인 인열왕후의 빈소를 조문하러 왔다가 무장한 조선군을 보고 발길을 돌리는 일이 벌어졌다. 사신을 접대할 임무를 맡은 관리들이 비난을 받을까봐 일부러 소홀하게 대접하는 와중이었고, 조문 역시 처음에는 빈전에서 치르려고 하다가 자리가 좁다는 이유로 창경궁의 금천교에 따로 천막을 치고 그곳에서 맞이했다.

푸대접을 받았다고 여긴 사신들이 화가 난 상황에서 돌발 사태가 벌어지며 상황이 더 악화되었다. 창경궁 후원에서 훈련을 하던 훈련도감의 포수들과 교대를 하던 금군들이 근처에 모여든 것이다. 아마 '오랑캐 사신'을 구경하고자 한 것 같은데 당사자들의 눈에는 자신을 둘러싼 풍경이 다르게 비쳤을 것이다. 자신들의 목을 베라는 상소가 올라가고 분위기가 험악한 상황에서 무장한 군사들이 주변을 둘러쌌기 때문이다.

놀란 후금의 사신들은 서둘러 궁궐을 빠져나갔다. 그리곤 객관으로 돌아가지 못하고 민가로 흩어져 말을 잡아타고 도성을 빠져나갔다. 허둥거리는 후금의 사신들을 향해 아이들이 돌과 기왓장을 던졌다. 서로에 대한 오해가 쌓이면서 최악의 결과를 만들어낸 것이다.

후금의 사신들이 도성을 빠져나갔다는 사실을 전해들은 인조는 몹시 당황했다. 인조는 사신들을 푸대접한 객관의 관리들을 처벌하는 한편, 대신들과 대책을 논의한다. 이 자리에서 강화도로 피난을

청에서 본 조선 관리와 관부. 건륭제 시기 편찬된 《사고전서四庫全書》에 실린 그림들이다

〈아극돈봉사도〉 20폭 중 16폭. 1725년(영
조 1) 청 사신 아극돈이 조선을 다녀간 과
정을 그렸다. 16폭은 모화관에서 영조가
아극돈을 영접하는 장면이다. 병자호란
이전과는 사뭇 다른 모습이다

떠나야 한다는 얘기까지 나오는데, 이를 통해 조선 조정에서 실제로는 후금의 군사력을 얼마나 두려워했는지 알 수 있다.

조선 조정에서는 일단 서둘러 사신들에게 전령을 보내 오해를 풀 것을 요청한다. 한편 평양까지 한걸음에 도망친 후금의 사신들은 성 안으로 들어가지 않고 산 위에서 노숙을 했다. 인조가 보낸 파발꾼이 이와 같이 경계하는 후금의 사신들을 찾아가서 인조의 국서를 전했다. 사신 용골대는 전령의 몸을 뒤져 다른 문서도 찾아냈다. 인조가 평안감사 홍명구에게 보내는 문서로, 후금의 침략을 막기 위해 군대를 정비하고 식량을 모으라는 내용이었다.

사실 내막을 알기 전까지는 인조가 지방 관리에게 보낼 문서가 어떻게 후금 사신의 손에 들어갔는지 궁금했다. 그래서 일종의 음모론까지 생각했었는데 실상은 어처구니없게도 조선 조정에서는 전령에게 두 개의 문서를 같이 보낸 것이었다.

조선의 속마음이 드러난 문서를 챙긴 용골대는 국경을 넘어 후금으로 돌아간다. 상황이 이렇게 악화되었지만 당장 조선에 무슨 일이 벌어지지는 않았다. 홍타이지의 황제 즉위 문제부터 마무리 지어야 했기 때문이다. 약 두 달 후인 1636년 4월 11일 홍타이지의 즉위식이 열렸고, 그 자리에 참석한 조선의 사신인 나덕헌과 이확은 주변의 위협과 협박에도 불구하고 끝끝내 무릎을 꿇지 않았다. 홍타이지는 잔치에 찬물을 끼얹은 그들을 죽이거나 처벌하는 대신 국서를 들려 얌전히 돌려보낸다. 하지만 이것을 가지고 돌아갔다가 크게 처벌받을 것을 우려한 두 사신은 통원보에 버리고 돌아간다.

왜 11월 26일인가?

/

이제 전쟁은 불가피한 것처럼 보였다. 발등에 불이 떨어지자 인조도 정신을 차렸는지 내탕금을 풀어서 군자금으로 사용하고 무과를 실시하면서 전쟁에 대비했다. 후금 대신 청이라는 국호를 내세운 홍타이지는 조선을 공격할 준비를 착착 진행했다. 그리고는 아주 여유롭게 마부대를 의주부윤 임경업에게 보내서 11월 26일에 군대를 일으켜서 조선을 공격하겠다고 날짜까지 통보해준다. 11월에 심양에 도착한 조선의 역관에게는 평양에서 빼앗은 인조의 문서를 보여주면서 서로의 맹약을 어겼다고 비난했다. 그러면서 왕자와 척화를 주장한 대신들을 보내지 않으면 황제가 직접 군대를 이끌고 조선으로 쳐들어갈 것이라고 했다. 전쟁이 터질 와중에 작은 희망의 불씨가 보인 것이다. 그것을 본 최명길은 서둘러 화친을 제안한다. 그가 올린 상소문에는 조선이 처한 상황이 잘 드러나 있다.

> 싸워서 지킬 계책도 결정하지 못하고 또 화를 완화시킬 책략도 하지 않은 채 하루아침에 오랑캐의 기병이 쳐들어오면 체찰사는 강화도로 들어가 지키고 원수는 물러가서 황주산성을 지킬 것입니다. 그렇게 되면 백성들은 어육魚肉이 되고 종묘와 사직은 파천할 뿐입니다. 이런 지경에 이르면 누가 장차 그 허물을 책임질 것입니까?

통렬하면서도 명확한 지적이다. 《연려실기술》에는 당시 사람들이 마음속으로는 화친을 생각했지만 손가락질을 받을까봐 아무 말도 못했다고 나와 있다. 이렇게 두려움과 체면 때문에 현실을 직시하지 못한 대가는 참혹한 패배로 돌아왔다. 그렇다면 후금에서는 왜 11월 26일이라고 침략 날짜를 못 박았을까? 그 전 날인 11월 25일이 홍타이지가 하늘에 제사를 지내는 날이기 때문이다.

북쪽에서 불어오는 바람

/

아침 일찍 덕성문을 나선 홍타이지는 비서원 대학사 범문정, 예부 승정 만다르한 등 관료들을 이끌고 천단으로 향했다. 천단의 동쪽 끝에 선 홍타이지는 하늘을 향해 무릎을 꿇었다. 그리고 범문정이 바친 향을 피우면서 하늘에 제사를 지냈다. 조선을 정벌할 이유에 대해 하늘에 고하는 의식이었다.

이 자리에서 홍타이지는 조선이 불구대천의 원수 명과 손을 잡고 침략을 감행했다면서 아무런 원한이 없음에도 불구하고 먼저 공격을 했다고 비난했다. 그 후로도 모문룡을 도와줬기 때문에 정묘년에 쳐들어가서 짓밟아버릴 수 있었지만, 화의하고 형과 동생의 관계를 맺기로 약속했다고 말했다. 그러나 조선은 약속을 지키지 않고 모문룡을 계속 후원하는 한편, 명을 도왔다고 비난했다. 자신이 배를 빌려 달라고 하면 거부하고 명이 배를 빌려달라고 하면 지체

없이 응했다면서 감히 우리를 차별했다고 분노했다. 그것도 모자라 자신이 보낸 사신을 죽이려고 위협했으며, 우리와 맞설 준비를 하라는 교지까지 보냈으니 약속을 파기한 것은 조선이라고 말했다.

하늘에 제사를 마친 홍타이지는 태묘, 즉 누르하치의 묘에 가서 다시금 조선을 정벌할 뜻을 밝힌다. 하늘에 제사를 지내는 것으로 전쟁의 명분을 확보한 홍타이지는 휘하의 팔기군은 물론 몽골군까지 동원하라는 지시를 내린다. 그리고 11월 29일, 조선을 정벌할 뜻을 밝힌다.

여기서 홍타이지는 조선은 자신이 사신으로 보낸 용골대를 핍박하고, 국서를 열어보지도 않았다고 지적했다. 아울러 조선이 겉으로는 화해를 하는 척하면서 전쟁을 준비하라는 교서를 지방관들에게 보냈다면서 전쟁의 정당성과 불가피함을 역설했다. 그러면서 전쟁에 나설 팔기군과 몽골군이 지켜야 할 군령도 발표한다. 의로운 전쟁이니 절대로 함부로 사람을 해치거나 재물을 약탈하지 말고, 사찰과 무덤 역시 훼손하지 말라고 했지만 동시에 저항하는 자는 백성이든 군사든 살려두지 말라는 지시도 내린다.

그리고 전쟁 당사자가 될 조선 백성들에게도 포고문을 발표했다. 여기서 홍타이지는 이번 전쟁의 책임이 자신을 무시한 조선의 임금과 대신들에게 있다고 밝힌다. 그러면서 사르후 전투 때 조선이 명을 도운 것부터 모문룡을 지원했던 일과 자신에게서 도망친 자들을 명으로 보낸 것을 비난했다. 또한 조선이 겉으로만 중립이라고 했을 뿐 사실상 명에게 기울어져 있다면서 진짜로 중립이라면 아무도

도와주지 않아야 하는 것 아니냐고 비꼬았다. 마지막으로 그는 조선의 백성들에게 저항하지 말고 자리를 지키라고 하면서 만약 도망치거나 저항을 한다면 죽음을 면치 못할 것이라고 협박했다.

결국, 전쟁의 시작

/

홍타이지가 제사를 지내고 교서를 발표하는 사이, 명령을 받은 팔기군과 몽골군이 속속 심양으로 집결했다. 홍타이지는 일부 부대를 심양을 비롯한 주요 도시와 국경지대에 배치해 자신이 조선을 공격하러 떠난 사이 혹시나 있을지 모를 명의 공격에 대비했다.

완벽하게 준비를 마친 홍타이지는 1636년 12월 2일 친왕들과 패륵들을 이끌고 출정한다. 팔기군의 주력은 물론이고, 몽골군과 항복한 명 출신 장군들까지 참가한 원정군 규모는 대략 12만 정도로 팔기군 7만, 몽골군 3만, 그리고 공유덕과 경중명이 이끄는 명 출신 군대 2만 명이었다. 약 3만 정도를 동원했던 정묘호란 때보다 네 배가 넘는 규모였으며, 홍타이지가 직접 이끈다는 점도 눈길을 끈다.

남쪽으로 진군한 청군은 12월 6일 통원보에 도착했고, 8일에는 봉황성에 도착했다. 한편 조선에서는 역관 박난영을 심양으로 파견하기로 뒤늦게 결정한다. 막상 전쟁에 대비하려고 하자 역량이 턱없이 부족하다는 사실을 깨달은 것이다. 하지만 박난영을 파견하는 일조차 반대에 부딪혀 차일피일 미루다가 11월 16일에나 결정되었다. 심양으로 향하던 박난영은 어마어마한 규모의 청군과 맞닥뜨렸고 포로로 잡히고 말았다.

우왕좌왕하던 조선은 뒤늦게 화친을 하기로 마음먹었지만 너무 늦고 말았다. 12월 9일, 홍타이지가 이끄는 청군은 압록강에서 북쪽으로 30리 떨어진 곳에 도착한다. 홍타이지는 뒤따라오는 공유덕과 경중명에게 전령을 보내 홍이포를 비롯한 중요한 전략물자들을 잘 수송하라는 지시를 내린다. 이제 전쟁의 바람이 압록강을 건너 조선으로 들이치는 상황이 되었다.

그 후로 38년,
반복되는 비극

병자호란의 시작

1636. 12. 2

홍타이지의 청군,
조선으로 출정

1636. 12. 14

인조, 청군을 피해
남한산성으로 이동

1637. 1. 22

청군, 강화부를 함락.
인조에게 항복 요구

귀국이 산성을 수없이 쌓았는데 만약 내가 대도로 바로 경성으로 향한다면 산성이 무슨 수로 막을 수 있겠소? 귀국이 믿는 것은 강화도인데 내가 조선 팔도를 다 유린해도 조그만 섬 하나로 어찌 나라를 지키고 이룰 수 있단 말이오. 척화를 주장하는 자들은 모두 유신인데 그들이 붓 끝을 휘둘러서 나를 물리칠 수 있겠소?

— 나만갑의 《병자록丙子錄》 중에서

인조 14년(1636) 12월 29일 남한산성

"저기가 남한산성인가 봐."

어깨에 조총을 걸친 채 눈 쌓인 길을 행군하던 홍한수는 전영갑의 말에 고개를 들었다. 눈을 소복하게 뒤집어 쓴 소나무 사이로 회색 성벽이 희미하게 보였다. 마부대가 이끄는 선봉대가 한양을 점령했다는 소식이 들려오자 청군 진영은 아연 활기를 띠었다. 홍한수가 속한 조선팔기의 좌령은 홍타이지가 이끄는 본군에 속했다. 12월 10일 얼어붙은 압록강을 건너서 의주에 도착한 지 20여 일 만이었다. 길이 꽝꽝 얼어붙어 있었고, 조선군은 그림자도 보이지 않았기 때문에 한양까지 오는 동안 추운 것을 빼고는 힘든 것이 없었다. 조마조마한 심정이었던 홍한수는 어처구니가 없었다.

"조선군은 대체 어디로 간 거야?"

그의 물음에 나란히 걷던 전영갑이 바닥에 침을 뱉었다.

"낸들 알아. 전쟁하러 가는 게 아니라 놀러가는 것 같군."

조선군은 청군이 쳐들어오자 험준한 산성으로 들어가서 꼼짝도 하지 않았다. 덕분에 한양으로 내려가는 길은 텅 비어버렸던 것이다. 단지 갈 곳을 잃고 방황하는 백성들만 하염없이 오가다가 붙잡힐 뿐이었다. 압록강을 비롯한 강들은 강추위에 모두 얼어붙어서 배를 타고 건널 필요도 없었다. 십여 년 만에 다시 찾은 조국이었지만 침략자의 편에 선 탓에 마음이 편치 않았다. 그런 홍한수에게 전영갑이 말했다.

"이제 우린 청나라 사람이야. 그러니까 딴 생각 말아."

"내 마누라랑 자식이 여기 있는데 무슨 소리야!"

"변발에 청나라 갑옷을 입고 있는 널 보면 퍽이나 알아보겠다. 잔말 말고 이번에 돌아가면 청나라 여자랑 살림 차려. 내가 마누라한테 얘기해서 알아봐 줄게."

"내일 모레면 환갑인데 무슨 살림을 차려."

"늙을수록 옆에 누구라도 있어야 한다니까. 그래야 신달리도 널 더 이상 괴롭히지 않지."

이런저런 얘기를 주고받는 사이, 대열이 멈췄다. 칼날 같은 바람이 불어와서 얼굴을 할퀴었지만 병사들은 기침소리 하나 내지 않았다. 말을 타고 앞뒤를 오가던 신달리가 병사들에게 말했다.

"여기가 우리가 맡을 곳이다. 각자 짐을 풀고 무기를 점검하라. 잠시 후에 황제께서 친히 순시를 할 것이니, 경계를 엄중하게 하고 흩어지지 마라."

여기저기서 한숨 소리와 함께 짐을 내려놨다. 그리고 눈밭에 앉아서 조총을 점검했다. 그러는 사이 멀리서 함성과 함께 총소리가 들려왔다. 놀란 홍한수가 조총을 들고 주변을 두리번거렸다. 멀리서 노란색 일산과 '대청국 관온인성황제大淸國寬溫仁聖皇帝'라는 글씨가 새겨진 푸른 깃발이 다가오는 게 보였다. 신달리가 다급하게 뛰어다니면서 외쳤다.

"폐하께서 오신다!"

잠시 후, 말에 탄 황제의 모습이 보였다. 주변에는 패륵들과 장수들이 엄중하게 호위했다. 병사들은 황제가 보이자 만세를 외치며 두 손을 번쩍 들었다. 분위기에 휩쓸린 홍한수도 만세를 불렀다. 그렇게 황제가 모습을 드러내자 남한산성은 쥐 죽은 듯이 조용해졌다. 황제는 청군의 진영을 다 둘러보고 해가 떨어진 다음에야 돌아갔다.

다음 날, 홍한수가 속한 좌령은 신달리의 지시에 따라 산으로 올라갔다. 산 주변에는 먼저 도착한 마부대와 예친왕 도도의 팔기군이 진을 쳐 놓았다. 진영 주변에 눈 무더기가 잔뜩 쌓여 있기에 뭔가 살펴보던 홍한수는 그것들이 장작이나 돌무더기가 아니라 어린 아이들의 시신이라는 것을 알아차리고는 입을 다물지 못했다.

"왜 아이들을?"

"어미를 잡아오면서 데려왔다가 귀찮으니까 밖으로 던져버렸겠지. 못 본 척해, 제발."

옆에 선 전영갑이 성을 내면서 말하자 홍한수는 애써 시선을 돌렸다. 청군 진영 안에는 붙잡혀 온 조선 백성들이 많았다. 남자들은 나무를 베어오거나 물을 길어왔고, 여자들은 불을 때고 음식을 만드는 일을 했다. 곱상한 여자들은 천막 안을 드나들었는데 안에서 뭘 하고 있을지는 안 봐도 뻔했다. 산으로 올라간 홍한수가 본 것은 소나무를 잘라다가 세우고 거기에 새끼줄을 두른 목책이었다. 산중턱을 따라 빙 둘러서 만들어진 목책 앞에 선 신달리가 말했다.

"이 목책을 지키는 것이 너희들의 임무다. 만약 남한산성에서 나오는 자가 이곳을 지나가거나 반대로 남한산성으로 들어가는 자가 이곳을 지나간다면 엄하게 처벌받을 것이다."

단단히 으름장을 놓은 신달리의 말에 병사들은 목책 주변에 자리를 잡고 남한산성 쪽을 지켜봤다. 성첩에 깃발이 바람에 펄럭거리고, 병사들이 군데군데 서성거리는 게 보였다. 홍한수 옆에 자리 잡은 전영갑이 투덜거렸다.

"임금은 대체 뭘 했는데 우리가 여기까지 오는 동안 코앞에 있는 강화도로 못 들어간 거야?"

"또 도망치기 싫었나 보지. 이괄의 난이랑 정묘년 때 두 번이나 도망쳤잖아."

"체면 때문에 그랬다고?"

전영갑이 믿기지 않는다는 표정으로 묻자 홍한수는 고개를 끄덕거렸다.

"그러고도 남지."

"하긴, 곧 죽어도 오랑캐에게는 머리를 숙일 수 없다는 사람들 천지잖아."

그렇게 시간이 흘러가는 동안 산 아래에서 한 무리의 청 군인들이 말과 소를 끌고 올라왔다. 그리고 두 사람이 있는 목책 주변에 아무렇게나 놔두고는 도로 내려갔다.

"뭐 하는 짓거리야?"

나무에 기댄 채 아래를 내려다본 홍한수의 물음에 전영갑이 대답했다.

"저걸로 유인하려나 봐."

"누굴?"

전영갑은 대답 대신 남한산성 쪽을 바라봤다. 홍한수가 설마 하는 표정으로 물었다.

"이렇게 대놓고 유인하는데 걸려들겠어?"

조마조마한 마음으로 지켜보던 두 사람은 남한산성에서 아무런 조짐도 보이지 않자 안도했다. 그렇게 시간이 흘러가고 있는데 갑자기 남한산성의 성문 위로 깃발이 내걸리면서 북소리와 나팔소리가 들렸다. 성문이 열리면서 조선군이 쏟아져 나왔다. 목책을 지키고 있던 좌령 소속의 조선 출신 포수들이 일제히 방포했다. 두 사람도 대충 조준을 하고 방아쇠를 당겼다. 하지만 기세를 떨친 조선군은 멈추지 않고 내려왔다. 목책 여기저기에 흩어져 있던 포수들은 이 기세에 밀려 물러났다. 홍한수는 다급하게 소매를 잡아끄는 전영갑에게 말했다.

"신달리가 도망치면 가만 안 놔둔다고 했잖아!"

"같은 조선 사람 손에 죽고 싶어? 다들 도망치고 있잖아."

홍한수는 전영갑의 손에 이끌려 산 아래로 도망쳤다. 조선군은 목책을 부수고 불태운 다음에 흩어져 있던 말과 소를 취하느라 정신이 없었다. 산 아래 개울가까지 도망친 두 사람은 수풀 아래 숨어 있던 팔기군을 보고는 숨이 멎었다. 남한산성 밖으로 나온 조선군을 지긋하게 바라보던 팔기군이 일제히 일어났다. 뿔피리 소리와 함께 산기슭에 기병들이 나타난 것도 거의 동시였다. 팔기군 기병들이 조선군의 퇴로를 차단하는 사이 개울에 숨어 있던 팔기군이 밀고 올라갔다. 삽시간에 포위당한 조선군은 제대로 싸워보지도 못했다. 화약도 부족했는지 여기저기서 화약을 달라는 소리가 들려왔다가 곧 사라졌다.

전투는 오래가지 않았다. 퇴로가 끊기고 화약이 떨어진 조선군은 무기력하게 저항하다가 몰살당했다. 간신히 살아남은 몇 명만 남한산성으로 도망치는 게 보였다. 청군에게 살육당한 조선군의 시신에서 흘러나온 피가 눈밭을 붉게 적셨다. 개울가에서 숨을 몰아쉬며 지켜보던 홍한수는 이를 드러내며 웃는 청군 사이로 피범벅이 된 채 쓰러진 조선군들의 시신에서 눈을 떼지 못했다.

며칠 후, 홍한수가 속한 조선 팔기의 좌령에게 이동하라는 명령이 떨어졌다. 천막 안에서 짐을 꾸리던 홍한수에게 밖으로 나가서 얘기를 듣고 돌아온 전영갑이 속삭였다.

"근왕군이 올라오나 봐."

"어디서?"

"전라도랑 경상도. 길을 끊으려고 먼저 움직인대."

"이제 진짜 조선군이랑 총부리를 겨눠야 하는 건가?"

다 꾸린 짐을 바라보며 홍한수가 한숨을 쉬자 전영갑이 짐에서 장죽과 연초를 꺼내면서 대답했다.

"안 싸우면? 그냥 있다가 총에 맞아 죽을 거야?"

"그러고 싶은 심정이야."

"미쳤어! 끝까지 살아남아야지."

화를 낸 전영갑이 자기 짐을 들고 밖으로 나갔다. 홍한수도 잠시 후 짐을 챙겨서 뒤따랐다. 그 사이 장죽에 연초를 넣고 불을 붙인 전영갑이 나무에 기댄 채 서 있었다. 그가 다가가자 전영갑이 말없이 장죽을 건넸다. 홍한수가 건네받은 장죽을 힘껏 빨아서 연기를 내뿜자 전영갑이 낮은 목소리로 말했다.

"마누라랑 애들은 뭐라도 챙겨오길 바라는 눈치던데 말이야."

"당연하잖아."

"그런데 비녀 하나 가져가기 싫어."

땅이 꺼져라 한숨을 쉰 전영갑이 뒤통수를 긁적거렸다.

"다 잊어버린 줄 알았는데 말이야."

"나한테는 다 잊어버리라며?"

"잊는다고 잊어지면 그게 사람이겠어?"

홍한수는 가늘게 웃으면서 대꾸한 전영갑에게 장죽을 돌려줬다.

집결을 알리는 뿔나팔 소리가 들려오자 두 사람은 깃발이 세워진 곳으로 향했다. 깃발 아래 서 있던 신달리는 포수들이 모이자 목청 높이 외쳤다.

"이제 우리는 남쪽으로 내려가서 북상하는 적군을 물리친다. 싸워서 공을 세우는 자는 포상이 있을 것이요! 그렇지 않고 패주하거나 딴 마음을 품는 자는 목을 베어서 진중에 돌릴 것이다."

"우린 어디로 갑니까?"

조총을 든 포수의 물음에 신달리가 대꾸했다.

"이천으로 향한다. 경상도에서 올라오는 적군을 막으러 갈 것이다."

신달리가 거칠고 탁한 목소리로 지시를 내리는 사이 예친왕 도도와 패륵 악탁이 이끄는 팔기군이 진영을 빠져나갔다. 뒤이어 누르하치의 사위이자 용맹함으로 이름이 높은 양굴리도 부하들을 이끌고 남쪽으로 향했다. 대열을 정비한 좌령의 포수들도 신달리를 따라 남쪽으로 이동했다.

문제 1: 전투를 할 수 없을 정도로 부족한 병력

/

병자호란 초반, 조선의 대응은 아무리 긍정적으로 보려고 해도 그럴 수가 없다. 최악의 판단 착오와 비합리적이고 타협이 없는 고집, 자기 안위만 챙기려는 생각들이 겹치면서 상황을 좋지 않은 방향으로 이끌었다. 물론 조선이 청의 침략에 대비해서 아무것도 안 한 것은 아니었다. 나름 군대를 증강하고 일본에서 조총을 수입하는 한편, 화약을 대량 생산해서 전쟁에 대비했다.

하지만 그런 준비들은 대부분 한양 인근과 강화도에 집중되었다. 최전선인 의주의 청북방어사 임경업 휘하 병력은 고작 팔천이었다. 반면 호위청과 어영청, 훈련도감 소속의 병력들을 계속 충원한 한양의 병사 수는 만 명이 넘었고, 남한산성 역시 수어청 소속의 병력이 1만 2,700명에 달했다.

전투를 할 수 있는 병력이 부족한 현상은 조선군의 치명적인 약점이었다. 임진왜란 동안 조선이 실질적으로 동원할 수 있는 병력은 십만 미만이었고, 전쟁이 끝나고 광해군이 다스리는 시기가 되어서도 좀처럼 병력을 늘릴 수 없었다. 명부상으로는 18만 명을 동원할 수 있었지만 실제로는 3분의 1에 불과한 것으로 파악되었다. 병력을 늘리기 위해서 여러 조치들이 취해지기는 했다. 대표적인 것이 바로 속오군제의 도입이다.

1594년, 류성룡이 선조에게 건의해서 생겨난 속오군은 오늘날로 치면 향토 예비군 격이다. 속오군에 속한 병력들은 모두 지방의 농민들로 평상시에는 농사를 짓다가 겨울철 농한기에 소집되어서 훈련을 하고 매년 한 번씩 진법 훈련을 하도록 되어 있다.

정묘호란 직후에는 속오군들의 훈련과 통제를 위해서 영장 제도가 도입되기도 했다. 영장은 속오군을 통솔해서 훈련시키는 임무를 맡았다. 국가의 입장에서는 손쉽게 병력을 동원할 수 있었지만 소집당하는 입장에서는 겨울에도 쉬지 못하고 훈련을 해야 하는 어려움이 있었다. 거기다 훈련에 참가하는 비용과 장비를 모두 자비로 부담해야 했기 때문에 당사자인 농민들의 반발이 심했다. 머릿수를 채우기 위해서 공노비와 사노비까지 합류시켰지만 천한 것들과 함께 훈련을 받을 수 없다는 농민들의 반발이 거세졌다. 그밖에 원칙적으로 병역이 면제되는 향교의 유생들 가운데 정원 외에 대해서도 군인으로 편입시키려고 했지만 역시 큰 반발에 부딪혔다.

또 다른 해결책은 호패법의 실행이다. 이 제도를 실행하면 군역을 피해 숨어 있는 인원을 찾아낼 수 있다는 장점이 있다. 하지만 호패제의 실시는 큰 반발을 사면서 광해군 때는 물론이고 인조 때에도 제대로 시행되지 못했다. 정묘호란 직전 시행된 호패제도는 민심을 얻기 위해 폐지되었다.

설사 호패제도가 제대로 시행되어서 충분한 병력을 얻었다고 해도 오래 유지하지 못할 가능성이 높았다. 군량 부족 문제를 해결하지 못했기 때문이다. 임진왜란을 직접 겪은 류성룡은 《징비록》에서 전쟁에서 가장 중요한 것으로 군량을 꼽았다. 병력을 훈련시키고 유지하기 위해서는 군량이 절대적으로 필요하다. 군인이란 식량을 생산하는 활동에 투입되지 않고, 특정 장소에 대규모로 집결함으로써 군사 활동을 전개하는 존재이기 때문이다.

하지만 군량 조달은 결코 쉬운 일이 아니다. 생산은 물론이고 필요한 장소까지 운반하는 데 막대한 노동력과 시간이 든다. 이런 문제들은 국가의 재정이 튼튼해야만 해결 가능한데 임진왜란으로 큰 피해를 입은 조선으로서는 감당하기 어려웠다. 조선 조정에서는 임시변통으로 공명첩을 발행해 군역을 면제시켜 주거나 명예직인 관직을 주는 방식으로 식량을 모았다. 하지만 이런 정책은 신분제를 흔들 뿐만 아니라 군역을 회피하는 수단이 되어버리기 때문에 장기적으로는 악영향을 끼쳤다.

특히 인조 시절에는 가도에 주둔한 모문룡에게 군량을 공급해야 하는 부담까지 져야 했다. 재정은 심각한 적자였는데 인조는 이를 해결하기 위한 근본적인 대책조차 시행하지 않았다. 조정 대신들은 인조에게 내탕금을 풀고, 왕실이 보유하고 있는 어장과 염전들을 국가에 귀속시켜야 한다고 주장했다. 하지만 인조는 들은 척도 하지 않았고, 국가 재정 상황을 인식하고 있는 조정 대신들 또한 자신의 기득권을 포기하는 모습을 보이지 않았다. 서로 손에 쥐고 있는 것들을 포기하지 않으려고 욕심을 부리면서 국가의 운명은 나락으로 떨어졌다.

문제 2: 시대에 뒤떨어진 전술

/

군사적인 부문에서도 문제점이 있었다. 임진왜란은 조선이 건국 후에 처음 겪는 대규모 침략이었다. 그 전까지 침략이란 고작해야 수천 명의 여진족이나 왜구들이 변경을 노략질하는 수준이었다. 따라서 조선군이 운용했던 기병과 활을 이용한 전술은 이들을 상대하는 데 대단히 효과적이었다. 거기에 그들이 접하지 못한 화약 무기의 사용이 더해지면서 큰 효과를 발휘했다.

하지만 임진왜란 때 왜군이 보유한 조총은 조선의 모든 무기체계를 무력화시켰다. 활보다는 멀리 가지도, 정확하지도 않았지만 짧은 시간의 훈련만으로도 충분히 사격이 가능했으며 관통력은 더 뛰어나서 조선군이 입은 갑옷을 쉽사리 뚫었다. 이순신 장군도 사천해전에서 부상을 당했고, 부하인 정운은 부산포 해전에서 저격을 당해서 전사하고 만다. 무엇보다 왜군은 조총 집단 사격으로 조선군의 장점이라고 할 수 있는 기병의 공격조차 막아냈다. 거기다 15만이 넘는 왜군이 펼치는 대규모 회전과 기동은 조선이 겪어보거나 감당할 수준이 아니었다.

조선은 해답을 명에서 찾았다. 조선군에서는 임진왜란 당시 조선을 돕기 위해 파병된 명군이 운용한 절강병법을 받아들이고자 그 요체가 담긴《기효신서》를 도입했다. 거기에 발맞춰 조선을 괴롭힌 조총의 대량 생산에 박차를 가하는 한편, 조총을 연마할 포수들을 양성하는 훈련도감을 설치했다. 원래 도감은 임시 관청으로 시간이 지나면 없어져야 했지만 훈련도감은 조선 말기까지 그대로 유지되었다. 조선은 임진왜란이 터진 다음해인 1593년부터 조총과 화약을 생산했고, 훈련도감에서 양성한 포수들이 사용했다. 나아가 포수들을 훈련시키기 위해 항복한 왜구들을 교관으로 임명하기도 했다.

임진왜란을 경험하며 조선은 활을 버리고 조총을 쓰기 시작했고, 30여 년이 지난 병자호란 무렵에는 조총의 품질이 일본에 뒤지지 않는다는 평가를 받는다. 또한 조총은 기병이나 궁수에 비해서 양성하는 비용이 적게 들었기 때문에 임진왜란 이후 재정난에 시달리던 조선에 여러 모로 적합했다. 특히 별다른 훈련을 하지 못하는 속오군에게 적합한 무기이기도 했다. 문제는 그 시간 동안 상대해야 할 적이 바뀌었다는 것이다.

여진족은 왜와 여러 모로 달랐다. 여진족이 운용하는 군의 상징은 기병으로, 철기라고 불릴 정도로 속도와 돌파력이 뛰어났다. 여진족은 이러한 특성을 살려 특정 지역을 점령하는 대신 약탈을 하고 바람처럼 돌아갔다. 적과 마주치면 곧장 말을 몰아서 돌격해왔는데 상대방은 그 기세에 엄청난 공포와 부담을 가질 수밖에 없었다. 빠르게 달리는 말에 갑옷을 입은 팔기군은 활로 명중시키기도 어려웠다. 화포 역시 부정확했고, 무엇보다 재장전에 시간이 오래 걸렸기 때문에 돌파당하기 일쑤였다.

철기를 상대하는 총병이 가진 한계는 사르후 전투에서 그대로 드러났다. 평야에서 후금군과 마주친 조선군은 한 차례 일제 사격을 하고는 그대로 돌파를 당했다. 후금군에 의해 진영이 돌파당한 조선군은 글자 그대로 전멸을 당했다. 살아남은 세력은 서둘러 산 위로 올라간 중영뿐이었다. 물론 조선 역시 이런 문제점을 알고 있었기 때문에 교대로 일제사격을 하는 법을 연습하거나 말뚝을 박고 호를 파서 포수들을 보호하려고 애를 썼다. 하지만 기병의 돌격을 조총을 든 보병으로 막아야 한다는 것은 정묘호란과 병자호란 기간 내내 조선군의 발목을 잡았다.

또한 임진왜란 때 효과를 봤던 청야수성 전술도 먹히지 않았다. 왜군의 목적은 지역을 차지하고 식량을 확보하는 것이기 때문에 조선군이 지키고 있는 성을 공격해야만 했다. 따라서 조선군이 잘 준비되어 있고, 무기가 충분하다면 왜군의 공격을 막아낼 수 있었고, 나아가 적잖은 피해를 강요할 수도 있었다. 하지만 유목민족인 여진족은 성에 욕심을 내지 않았다. 주 목적이 약탈이었기 때문에 수비가 탄탄한 성을 공격할 이유가 없었다. 대신 빠른 진격으로 성을 고립시키는 방식을 즐겨 썼다.

거기다 조선이 임진왜란 때의 경험을 살린답시고 성들을 전부 깊고 험준한 산속에 지어놓은 것도 문제가 되었다. 산속에 틀어박혀 길을 이용해 빠르게 기동하는 청군을 막을 방법은 없기 때문이다. 만약 청이 그런 성들을 하나씩 하나씩 공략해야만 했다면 모르겠지만 애초부터 그들은 성을 노리지 않았다.

그렇다고 청군이 공성전에 취약한 것도 아니었다. 청군은 후금 시절 요동의 성들을 차례차례 함락시킨 경험을 가지고 있었다. 화포는 물론 운제 같은 공성장비들을 효과적으로 사용할 줄도 알았다. 무엇보다 공유덕과 경중명이 항복할 때 받은 홍이포를 비롯한 화포들은 성을 지키는 일을 더욱 어렵게 만들었다.

이런 전술상의 변화를 빨리 감지하고 대책을 세웠어야 했지만 조선이 처한 상황에서는 어려운 일이었다. 유일하게 그리고 그나마 효과적이었을지도 모를 이괄의 북방군은 반란으로 인해 사라지고 말았다. 기가 막힌 점은 그 반란이 무고에 의해 어쩔 수 없이 일어났다는 것이다. 반란 이후 무관들은 끊임없는 감시와 의심을 받았고, 마음대로 진법 훈련조차 할 수 없는 상황에 처했다.

문제 3: 존경받지 못하는 선비

/

가장 큰 문제는 기득권층의 자발적인 희생과 헌신이 없었다는 점이다. 정묘호란 직전 시행된 호패제로 인해 충격적인 사실이 밝혀진다. 향교의 유생으로 등록된 수가 4만이었는데 그 중 2만 7,000명이 군역을 피하기 위해 정원 외로 등록한 것이었다. 이들은 대부분 지방의 사대부들로 온갖 방법을 써서 향교의 유생으로 등록함으로써 자신에게 주어진 부담을 떨쳐버렸다. 그들이 외면한 군역은 공노비와 사노비 같이 평소에는 인간 취급도 받지 않던 미천한 자들이나 하루하루 먹고살기 힘든 농민들에게 전가되었다.

임진왜란 당시 의병이 들불처럼 일어났던 까닭은 지역에서 존경받던 선비들이 사재를 털어서 의병을 일으키고 앞장서서 싸웠기 때문이다. 하지만 이 시기에는 의병도 보이지 않았고, 그들을 이끌 사대부도 보이지 않았다. 임진왜란 이후 심해진 당파 싸움으로 인해 조정에서 외면당한 사대부들이 늘어났기 때문이다. 인조반정으로 인해 북인이 완전히 조정에서 밀려났는데 이들은 병자호란 당시 인조가 항복했다는 소식을 듣고는 소를 잡아 잔치를 열었을 정도였다. 국가로부터 아무런 혜택이나 도움도 받지 못하고 그럴 희망조차 사라져 버렸기 때문에 벌어진 일이다. 그런 상황이 되면 조국이 아니라 '너희 나라'가 되어버릴 수밖에 없다.

국가 지도층의 수준 또한 큰 문제였다. 임진왜란 때 선조의 곁에는 류성룡과 이원익, 이항복과 이덕형이 있었다. 하지만 인조의 곁에는 이귀와 김류, 김자점이 있었다. 몇 십 년 사이에 인재들이 갑자기 사라졌을 리는 없고, 인조가 그들을 곁에 두지 못했다고 봐야 한다. 그나마 최명길이 눈에 띄지만 주화파라는 비난을 받으며 운신의 폭이 좁아졌다.

이러한 인사 문제는 결국 군주인 인조에게 책임이 있다. 단지 반정공신이라는 이유만으로 자격 없는 이들을 측근으로 삼은 다음 그들이 이괄의 난부터 정묘호란까지 벌인 온갖 삽질을 지켜보면서도 아무 말도 하지 않았다. 당연하게도 그런 무능과 직무 방기에 대한 처벌 또한 없었다. 고작해야 김류가 '적의 침입을 허용한 지방관들과 장수들을 처벌하고, 그들의 가족까지 연좌해서 처벌해야 한다'고 주장했을 때 만약 그 법을 적용하면 김류 역시 처벌을 면하지 못할 것이라고 응수하는 정도였다. 당시 김류의 관직은 체찰사로 전쟁 발발 시에 총사령관 역할을 맡고 있었다. 따라서 전쟁에서 패배하게 되면 도원수와 함께 가장 큰 책임을 져야 했다. 그런 직책에 있는 사람이 마치 남의 일처럼 패배를 얘기했으니 인조가 얼마나 기가 막혔을지 짐작이 간다. 그럼에도 인조는 끝끝내 새로운 인재를 찾지 못했다. 아니, 찾지 않았다.

산성으로는 막지 못하는 철기

/

조선을 침략한 청군의 작전은 간결하고 명확했다. 최대한 빨리 한양을 점령하고 임금을 사로잡는 것이다. 12월 3일, 홍타이지는 사신으로 조선을 왕래한 경험이 있는 마부대에게 군사 삼백을 이끌고 선발대로 가라는 명령을 내렸다. 상인으로 변장한 마부대의 선발대는 최대한 빨리 한양에 도착하는 임무를 맡았다. 그리고 예친왕 도도 등에게 정예병 사천을 주고 이들을 뒤따르게 했다.

홍타이지는 침략군을 본대와 좌익으로 구분했는데 예친왕 도르곤이 이끄는 좌익에게는 선발대를 따라 최대한 빨리 남쪽으로 진군해 한양을 포위하는 임무를 맡겼다. 자신은 본대를 이끌고 큰 길로 진군하면서 저항하는 조선군을 격파하고 성을 함락시키는 일을 수행하기로 했다. 멀리 초원에서 달려온 몽골군은 해안가로 진격해서 주변을 공략한 후 안주에서 합류하도록 했다. 공유덕과 경중명 등이 이끄는 항복한 명군들로 이뤄진 부대는 홍이포를 후송하면서 뒤따르라는 명령을 내렸다.

오랫동안 전쟁을 치른 청군은 수많은 장수들과 병사들이 마치 하나의 기계처럼 착착 움직였다. 12월 10일 압록강을 도하한 홍타이지는 의주를 거쳐 곽산에 도착했다. 의주부윤 임경업은 청군이 쳐들어오자 병사와 백성들을 데리고 백마산성으로 들어가서 전투를 벌일 준비를 했다. 하지만 청군은 백마산성을 지나쳐서 곽산으로 향한다. 곽산의 능한산성에는 선천과 정주의 조선군과 피난민들이 들어온 상태였다. 홍타이지의 청군이 항복을 권하자 정주목사 안영남은 자결하고 피난민들은 성문을 열고 항복한다. 홍타이지는 청군에게 항복한 조선의 백성들을 죽이거나 약탈하지 말라고 명했지만 대신 조선인들에게도 변발하라는 명령을 내렸다.

별다른 전투 없이 첫 승리를 거둔 홍타이지는 후속부대를 이끄는 공유덕과 경중명 등에게 전령을 보내 빨리 홍이포를 가져오라는 명령을 내렸다. 그러면서 이동 경로 상에 있는 백성들을 약탈하지 말고 단지 홍이포를 수송할 소를 교체하라고 지시했다. 반면 가도 인근의 백성들은 죽이거나 약탈해도 상관없다는 잔혹한 명령을 내렸다. 오랫동안 청의 골칫거리가 되었던 가도에 주둔한 명군에게 협력했던 일을 죄목으로 삼은 것이다. 홍타이지의 청군은 주변을 정찰하며 조선의 백성을 사로잡아 정보를 캐내면서 남하해 안주성을 포위했다. 먼저 출발한 마부대의 선봉대는 곧 한양 인근에 도달했다. 선봉대를 따라간 후속부대 역시 평양성에 도착해서 평양감사 홍명구에게 항복을 요구했다.

제대로 싸워보지도 못하고 패배한 조선군

/

그 사이, 인조와 조정은 아무런 정보도 얻지 못하고 허둥거리기만 할 뿐이었다. 심양으로 보낸 역관 박난영을 다시 소환해야 하는지 말아야 하는지, 보내기로 한 사람을 처벌해야 하는지 말아야 하는지 갑론을박을 하느라 바빴던 탓이다. 그렇게 시간을 흘려보내던 12월 13일, 북방수비를 맡은 원수 김자점으로부터 청군이 압록강을 넘어서 안주에 도착했다는 장계가 올라온다.

사실 장계는 좀 더 일찍 올라갈 수 있었다. 청군의 침입에 대비해서 의주 건너편 용골산에 봉화를 두었는데 12월 6일 이후부터 연달아 봉화가 올랐던 것이다. 하지만 원수 김자점은 역관 박난영을 환영하는 행렬일 것이라고 무시했다. 그러다가 12월 9일, 군관 한 명을 보내 의주를 살펴보게 했다. 의주에 이미 청군이 득실거리는 걸 본 군관이 황급히 달려와서 보고했지만 김자점은 오히려 거짓 보고를 했다고 화를 내면서 처형하려고 했다. 하지만 뒤이어 청군이 몰려온다는 보고를 받고는 비로소 장계를 올렸다.

원수 김자점이 이렇게 미적거리는 사이 청군은 바람처럼 한양으로 날아들었다. 길은 텅 비어 있었고, 겨울이라 단단하게 얼어붙은 상태라 말이 달리기 더없이 좋았다.

김자점으로부터 뒤늦게 보고를 받은 인조가 대신들을 소집해서 회의를 연다. 김류는 빨리 강화도로 피난을 떠나야 한다고 청했지만 인조는 좀 더 상황을 살펴보고자 했다. 이미 두 번이나 도성을 버리고 도망쳤던 탓에 먼저 도망가고 싶지는 않았을 것이다. 하지만 김류의 거듭된 간청에 결국 인조는 강화도로 피난을 떠나기로 결정한다. 그리고 임금이 한양을 비울 때 도성을 지키는 유도대장으로 심기원을 임명하는 등 몇 가지 조치들을 취한다. 하지만 인조의 미적거림은 치명적인 결과를 가져온다. 다음날인 14일, 청군이 이미 개성을 지났다는 보고가 들어온 것이다.

그렇게 한양이 발칵 뒤집히는 동안 청 본군은 안주를 포위하고 항복을 종용하는 중이었다. 홍타이지는 인조가 강화도로 도망치면 자신은 한양에 머물면서 조선 팔도 전역에 장수들을 보내겠다고 큰소리를 쳤다. 그러면서 혹시 인조가 용이 되어서 바다로 도망치면 살 수 있을지 모른다는 조롱까지 남겼다. 한편 영변을 지키고 있던 부사 이준은 안주성의 상황을 살피기 위해 기병 50기를 보냈지만 청 기병 20기와 교전을 벌이다 패배했다. 조선 기병은 20명이 전사하고 한 명이 생포되었다. 안주성을 지키는 평안병사 유림은 항복하라는 홍타이지의 요구를 거절한 채 성을 굳게 지켰다. 그러자 홍타이지는 안주성 주변을 약탈한 다음 본군을 이끌고 남하했다.

한편 본군과 따로 행동하던 청군 좌익 역시 장산과 창주를 함락시키면서 순조롭게 남하했다. 그렇게 진군하다가 12월 14일, 영변의 철옹성에 도착한 청군 좌익은 부원수 신경원이 이끄는 조선군의 저항에 부딪힌다. 며칠 동안 치열한 전투가 이어졌지만 청군은 철옹성을 함락시키지 못했다. 시간이 지체되는 것을 우려한 청군은 포위망을 풀고 그대로 남하한다. 철옹성을 지키던 신경원은 남하하

〈아옥석지모탕구도阿玉錫持矛蕩寇圖〉. 몽골 준가르와의 전투에서 장창을 들고 돌격하는 청 기병 아유시(아옥석)의 모습을 묘사했다. 병자호란에 참전한 청 기병들은 빠른 속도 뿐만 아니라 절묘한 간격 조절로 조선군의 조총 사격에 능숙하게 대응했다. 주세페 카스틸리오네(중국명 랑시닝郞世寧) 작

는 청군을 추격했지만 함정이었다. 청군의 포위망에 갇힌 조선군은 괴멸되었고, 신경원은 포로로 잡히고 말았다. 청군은 다시 북상해서 철옹성을 포위했다. 주력부대와 지휘관이 성 밖으로 나갔다가 전멸 당한 탓에 사기가 떨어진 철옹성의 조선군은 제대로 싸워보지 못하고 패배하고 만다. 12월 19일, 철옹성을 함락한 도르곤은 20일에 안주성에 도착한다.

뒤늦게 청군이 남하한다는 소식을 듣고 피난을 떠날 준비를 하

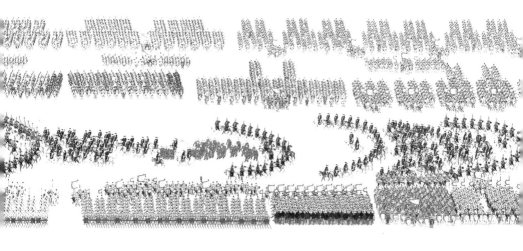

〈건륭대열도乾隆大閱圖〉 가운데 제4권인 〈행진行陣〉. 청 4대 황제인 건륭제의 열병의식을 묘사했다. 그림 안에서만 만 명이 넘는 인원이 그려진 데에서 청군의 규모와 세력을 짐작케 한다. 주세페 카스틸리오네 작

던 인조는 청군이 이미 한양 북쪽인 양철평, 오늘날의 녹번구 불광동 인근에 나타났다는 보고를 받는다. 청군은 12월 3일에 심양을 출발해 약 열흘 만인 14일에 한양에 당도한 것이다. 김포로 가서 배를 타고 강화도로 가려던 인조의 계획은 틀어지고 말았다. 도감장관 이흥업이 급히 기병 80기를 이끌고 출격했지만 창릉 부근에서 순식간에 전멸당한다. 청 측의 기록에는 맞서 싸우러 나온 조선군 기병 72기를 모두 죽였다고 나온다.

그저 흘려보내기만 한 시간

/

다들 어찌할 바를 모르는 가운데 최명길이 나섰다. 그가 내세운 계획은 자신이 적진으로 나아가 얘기를 나누면서 시간을 끄는 사이 인조는 급히 남한산성으로 피난을 떠나는 것이었다. 최명길이 계획대로 마부대를 찾아가서 만남을 가지는 사이 인조는 황급히 남한산성으로 들어간다. 이때 타고 가던 말의 마부가 도망치는 바람에 세자가 직접 고삐를 잡아야 했다. 소식을 들은 한양의 백성들이 맨발로 도망치다가 남한산성으로 가는 임금의 행렬과 뒤엉켰다. 수구문으로 빠져나간 인조 일행은 얼어붙은 송파 나루를 건너서 남한산성에 도달한다.

한숨 돌린 인조에게 김류가 서둘러 강화도로 가자고 재촉한다. 다음날 새벽, 야음을 틈타 인조는 남한산성을 빠져 나왔지만 길이 얼어붙어서 도저히 움직일 수 없었다. 설상가상으로 말에서 내려 걷던 인조가 넘어지는 일까지 벌어지자 결국 강화도로 가려는 시도는 무산되고 말았다. 최명길이 목숨을 걸고 벌어놓은 시간을 흘려보낸 것이다.

마부대의 선발대를 따라온 예친왕 도도가 합류하면서 청군은 곧장 남한산성을 포위했다. 아직 홍타이지의 본군이 도착하기 이전이고 숫자도 적었기 때문에 청군 역시 사신을 보내서 활발하게 협상을 벌였다. 청의 요구는 세자를 인질로 보내고 척화를 주장한 대신들 또한 세자와 함께 청으로 보내야 한다는 것이었다. 남한산성에 있던 소현세자는 자신이 직접 나아가겠다고 했지만 결론이 나지 않았다.

그 사이 청군 선봉대를 이끈 예친왕 도도는 한양과 인근 지역으로 흩어져서 백성들과 관리들을 사로잡아 정보를 캐낸다. 이를 통해 본대를 이끌고 남하하는 홍타이지는 인조와 세자가 남한산성에 있고, 왕비와 다른 왕자들은 강화도로 피난을 떠났다는 사실을 알아차렸다. 아울러 남한산성에서 나와서 강화도로 향하다가 길이 험해서 실패했으며, 성 안에 식량이 부족하고 무기도 별로 없다는 사실도 보고받는다. 조선에 살고 있던 여진족들에게서는 남한산성에 갇힌 인조를 구하기 위해 전국의 근왕병들이 몰려온다는 새로운 정보를 얻었다.

예친왕 도도는 즉시 병사들을 차출해서 근왕병을 막는 한편, 혹시나 있을지 모를 인조의 탈출을 막기 위해 강화도로 향하는 나루터도 점령하도록 했다. 12월 26일, 임진강에 도달한 홍타이지는 공성전에 필요한 홍이포를 서둘러서 가져오라고 후속부대에 명령하는 한편, 뒤에 남은 조선군을 처리하라고 지시했다.

한편 남한산성에 갇힌 조선군은 근왕군이 올 것이라는 희망을 품은 채 간간이 출격해서 청군을 공격했다. 당시 조선군이 남한산성을 구원해줄 것이라고 믿은 지원군은 김자점의 군대였다. 황주의 정방산성에서 주둔 중이던 그의 부대는 그 규모가 일만을 넘었고, 중앙군인 어영청과 훈련도감 소속이라 농한기에나 모여서 훈련을 받는 속오군에 비해 훨씬 정예였다.

정방산성에서 적이 지나가는 것을 지켜보던 김자점은 수안군수였던 이완에게 매복을 지시한다. 동선령에 매복한 이완은 소수의 병사들을 보내 계곡 안으로 청군을 유인한 후에 조총과 화포를 일제히 쏴서 섬멸했다. 하지만 곧이어 지나가는 홍타이지의 본군에는 감히 손대지 못했다.

그 사이 남한산성에서 임금이 포위되었다는 소식이 전해지자 김자점은 뒤늦게 남하하기로 결심한다. 하지만 12월 25일 김자점의 부대는 황해도 토산에서 청군의 기습을 받고 큰 피해를 입고 만다. 김자점의 부대를 기습한 청군은 예친왕 도르곤이 이끌던 청군의 좌익으로, 선둔촌에서 생포한 조선 백성들에게 김자점이 이끄는 조선군이 남하한다는 정보를 얻고 추격해왔다. 제대로 경계를 하지 않던 조선군은 예친왕 도르곤이 이끄는 청군을 토산에서 합류하기로 한 아군으로 오해하고 만다. 덕분에 기습을 당한 조선군은 제대로 싸워보지도 못하고 큰 피해를 입었다. 습격에서 겨우 살아난 김자점은 양근의 미원이라는 곳에서 진을 치고 전쟁이 끝날 때까지 꼼짝도 하지 않는다.

한심하게 갇힌 자와 느긋하게 가둔 자
/

남한산성에 갇힌 자들은 시간이 지날수록 피도 함께 점점 말라가는 심정이었을 것이다. 남한산성에는 약 일만이천의 수비군과 인조를 따라온 일행이 있었는데 식량은 약 일만육천 섬이 있었다. 이는 군대가 한 달 정도 먹을 양에 불과했다. 산성 내 사람들은 한시라도 빨리 근왕군이 청군의 포위를 풀고 구출해주기만을 기다렸다. 하지만 시간이 지날수록 청군의 포위망은 더 견고해졌다. 청군은 남한산성 주변에 울타리를 쌓고 새끼줄로 방울을 연결해놨다. 누군가 목책을 넘게 되면 소리가 나서 발각이 될 수밖에 없었다. 12월 29일, 한양을 지나친 홍타이지의 본군이 마침내 남한산성을 포위했다. 이제 시간은 가둔 자의 편이 되었다. 인조는 대책을 세우기 위해 모인 조정 대신들과 함께 울면서 지나간 시간을 후회했다.

연소한 자가 사려가 얕고 논의가 너무 과격해 끝내 이 같은 화란을 부른 것이다. 당시에 만약 저들의 사자를 박절하게 배척하지 않았더라면 설사 화란이 생겼다고 하더라도 그 형세가 이 지경에까지는 이르지 않았을 것이다.

신하들 역시 울면서 인조에게 사과했다. 하지만 반정의 명분을 명 사대事大에서 찾았기 때문에 인조는 첫 단추부터 잘못 끼운 셈이었다. 거기다 지나간 시간 동안 어떠한 대책도 세우지 못했던 책임 또한 전적으로 인조와 그의 측근들에게 있었다.

12월 29일, 김류가 남한산성을 지키던 장수들을 모아서 성 밖으로 출격해 청군을 공격하라고 지시했다. 몇 차례 소소한 전과를 거두기는 했지만 청군 역시 이에 대비하고 있었기 때문에 다들 출격을 만류했다. 그러나 김류는 고집을 꺾지 않았다. 결국 함정인 줄 알고 출격했던 조선군은 기다리고 있던 청군에게 포위당하고 만다. 거기다 화약까지 적게 분배해준 탓에 제대로 싸워보지도 못한 채 일방적으로 당할 수밖에 없었다. 김류는 자신의 잘못을 감추기 위해 사상자의 숫자를 줄이는 한편, 보고를 제대로 하지 않았다는 핑계로 부하에게 책임을 전가했다.

그 전투 이후로 인조와 조정 대신들은 싸워서 이긴다는 생각을 버리게 되었다. 오직 남은 희망은 근왕군이 오거나 원수 김자점이 이끄는 군대가 오는 것뿐이었다. 그러나 남한산성에 갇힌 인조를 구출하기 위한 근왕군은 속속 도착했지만 제대로 협동작전을 펼치지 못하는 바람에 각개격파당하고 만 상황이었다.

이에 앞서 12월 26일, 원주영장 권정길이 병사들을 이끌고 검단산에 진을 친 다음 화포를 쏘고 불을 들어 남한산성과 신호를 주고받았다. 갇힌 자들은 자그마한 희망을 얻었다. 그러나 검단산까지 진출한 조선군은 다음날 청군에게 포위되어 전멸당한다. 다음날인 27일에는 충청감사 정세규가 이끄는 병력이 남한산성에서 남쪽으로 40리쯤 떨어진 험천현에 도착한다. 하지만 미리 기다리고 있던 청군이 산봉우리로부터 공격해오자 제대로 싸워보지도 못하고 패배하고 만다.

그럼에도 토산 전투에서 큰 피해를 입은 김자점은 경기도 양근의 미원에서 멈춘 채 꼼짝도 하지 않았다. 한양을 지킬 임무를 맡았던 유도대장 심기원 역시 삼각산에서 크게 패배하고는 미원으로 이동해서 김자점과 합류한다. 뒤이어 검단산에서 패배한 병사들과 함경 감사 민성휘가 이끄는 군대까지 합류하면서 군대 규모가 이만에 가깝게 늘어났지만 김자점은 꼼짝도 하지 않았다. 그렇게 갇힌 자의 시간은 하염없이 흐르면서 파국을 향해 갔다.

예정되었던
슬픈 결말

삼전도의 굴욕과
병자호란 이후의 조선

1637. 1. 30

인조, 청 홍타이지에게
삼배구고두례를 행하며 항복

1645. 4. 26

소현세자,
청에서 귀국한 후 의문사

1675. 4. 6

안단, 37년 만에 탈출해
귀국했으나 봉황성으로 압송

길의 좌우를 끼고 상을 인도하여 갔다. 사로잡힌 자녀들이 바라보고 울부짖으며 모두 말하기를 "우리 임금이시여, 우리 임금이시여. 우리를 버리고 가십니까" 하였는데, 길을 끼고 울며 부르짖는 자가 만 명을 헤아렸다. 인정 때가 되어서야 비로소 서울에 도달해 창경궁 양화당으로 나아갔다.

—《인조실록》인조 15년(1637) 1월 30일자

홍한수 전' 열 번째

인조 15년(1637) 1월 30일, 삼전도

융복 차림의 조선 임금이 삼전도에 모습을 드러내자 웃음소리가
사라지고 고요함이 내려앉았다. 용골대와 마부대의 인도를 받은 임
금의 뒤에는 세자와 몇몇 관리들이 뒤따랐다. 조총을 들고 동문 쪽
에 서 있던 홍한수는 그들의 몸짓과 숨소리에서 감출 수 없는 치욕
과 두려움을 느꼈다. 오랑캐에게 무릎을 꿇고 항복해야만 하는 처
지를 어찌 받아들일지 짐작이 가고도 남았다.

삼전도에는 넓게 진영이 펼쳐져 있었고, 가운데에는 홍타이지가
있는 노란색 천막이 자리 잡았다. 천막은 일부러 높은 단 위에 지어
져 사람들이 올려다보게 되어 있고, 주변에는 칼과 창으로 무장한
팔기군이 늘어섰다. 약간 떨어진 곳에는 악공들이 있었는데 대부분
포로 신세였던 명 출신 사람들이었다.

임금은 홍한수가 서 있는 동문 밖에서 멈췄다. 용골대가 진영 안으로 들어와서 홍타이지에게 다가갔다. 무릎을 꿇은 용골대가 홍타이지의 말을 듣더니 동문 밖에서 기다리고 있던 임금에게 돌아왔다.

"폐하께서 지난날의 일을 말할 필요가 없다면서 용단을 내려 이곳에 왔으니 기쁘고 다행스럽다고 하십니다."

통역을 통해 용골대의 얘기를 들은 임금이 힘없는 목소리로 대답했다.

"천은이 망극합니다."

용골대와 마부대를 따라 진영 안으로 들어온 임금은 홍타이지가 앉아 있는 천막 아래 무릎을 꿇었다. 그리고 옆에 선 청 관리의 말에 따라 무릎을 꿇고 머리를 땅에 대는 일을 반복했다. 삼배구고두례라고 부르는 이 방식은 홍한수에게는 익숙했지만 조선사람, 특히 임금은 단 한 번도 해보지 않은 예식이었다.

절차가 끝나고 일어난 임금은 용골대의 인도를 받아 천막 아래 단상에 올랐다. 홍타이지는 북쪽에서 남쪽을 향한 방향으로 앉아 있었고, 임금은 그 옆에 서쪽을 바라보도록 앉았다. 그 옆에는 홍타이지의 왕자들이 앉았고, 임금과 함께 나온 세자는 그 아래쪽에 앉았다. 그 반대편에는 함락당한 강화도에서 끌려온 대군과 신하들이 보였다. 다들 입을 굳게 다물고 있어 옷자락이 스치면서 나는 바스락거리는 소리와 작게 내는 기침소리까지 들릴 지경이었다. 어색한 침묵을 깨고 옥좌에 앉은 홍타이지가 말하자 통역이 임금에게 전했다.

"이제는 두 나라가 한 집안이 되었으니 여기 분들의 활 쏘는 솜씨를 보고 싶다고 하십니다."

통역의 얘기를 들은 임금이 고개를 가로저으면서 대답했다.

"이곳에 온 자들은 모두 문관이라 활을 쏘지 못합니다."

귓속말로 통역의 얘기를 들은 용골대가 엄한 표정으로 말했다.

"황제의 뜻이니 따르시지요."

진영 한쪽에 짚으로 만든 과녁이 세워지고 팔기군 궁수 한 명이 나왔다. 그리고 화살을 시위에 끼워서 당긴 다음 과녁을 향해 쐈다. 화살이 과녁 한복판에 명중하자 지켜보던 청 장수들과 병사들이 환호성을 올렸다. 반면 주뼛거리며 나선 조선의 궁수는 활도 제대로 잡지 못하고 쏘는 바람에 연거푸 과녁에 명중시키지 못했다.

활쏘기가 끝나자 술과 음식이 나왔다. 청 왕자들과 장수들은 한데 어울려서 웃고 떠드는 반면, 조선의 임금과 대신들은 침울한 표정을 감추지 못했다. 천막 안에 앉은 홍타이지는 그런 광경을 물끄러미 지켜보다가 손짓을 했다. 그러자 용골대가 화려한 장식의 안장이 올려 있는 백마를 끌고 왔다. 임금은 직접 고삐를 잡아서 말을 건네받고는 감사의 뜻을 표했다. 잠시 후에는 담비가죽으로 만든 겉옷인 초구도 가져왔다. 초구를 임금에게 건넨 용골대가 말했다.

"이 물건은 당초 주려는 생각으로 가져 왔는데, 이제 본국의 의복 제도를 보니 같지 않다고 하십니다. 그러니 억지로 착용케 하려는 것이 아니라 단지 정의를 표할 뿐이라고 하십니다."

말고삐를 내관에게 건넨 임금은 용골대에게 받은 초구를 융복 위에 걸치고는 감사의 뜻을 전했다. 홍타이지는 대신들에게도 초구를 나눠줬다. 임금처럼 겉에 껴입은 대신들이 무릎을 꿇고 고개를 숙였다. 그것으로 모든 의식은 끝이 났다. 홍타이지는 옥좌에서 일어나 말을 타고 진영으로 돌아갔고, 청의 왕자들과 장수들도 자리를 떴다. 그 자리에 남게 된 것은 홍한수 같은 병사들과 항복하러 온 임금과 대신들뿐이었다. 어찌할 바를 모르던 임금은 진영 한가운데 접이식 의자에 앉아서 하염없이 시간을 보냈다. 기다림의 시간을 지켜보는 동안 홍한수는 며칠 전의 일을 떠올렸다.

남한산성을 떠나 남쪽으로 내려간 홍한수와 전영갑은 어처구니없는 소식을 들었다.

"그게 정말이야?"

"그렇다니까, 조선군 사만이 쌍령에서 아주 전멸을 당했다는군."

소식을 전한 문경 출신의 포수 최씨는 눈이 사팔뜨기라서 어느 쪽을 쳐다보는지 알 수 없었다. 주변을 살핀 홍한수가 물었다.

"어쩌다가?"

"청나라군이 들이치니까 자기네들끼리 우왕좌왕하다가 서로 밟혀죽고 절벽에서 떨어져서 죽고 그랬다지."

"아무리 그래도 그렇지…"

전영갑이 말을 잇지 못하자 최씨가 혀를 찼다.

"글이나 볼 줄 아는 작자들이 군대를 움직이니 어찌 싸우겠어. 심지어 한쪽 진영에서는 폭발 사고도 일어났대."

"폭발이라니?"

"정확하게는 모르겠는데 포수들에게 화약을 나눠주다가 불이 옮겨 붙었나 봐."

"맙소사. 아무리 숫자가 많으면 뭐해. 제대로 싸우게 하질 못하는데 말이야."

전영갑이 화를 내자 홍한수는 쓸쓸하게 웃었다. 자신이 후금군에게 붙잡혔던 안주성 전투에서 남이흥이 한 얘기가 떠올랐던 탓이다. 최씨는 시신들이 낭떠러지에 산처럼 쌓여서 밟고 내려갈 수 있을 정도라는 진짜인지 가짜인지 모를 얘기까지 하고는 돌아갔다. 한숨을 쉰 두 사람은 서로의 얼굴을 말없이 바라봤다.

그때 멀리서 뿔피리 소리가 들려왔다. 예친왕 도도가 이끄는 청군이 일제히 말천이라는 개울을 넘어서 조선군이 진을 치고 있는 광교산으로 향했다. 말천 부근에는 청군의 기습에 전멸당한 조선군 보급부대의 시신들이 널브러져 있었다. 홍한수를 비롯한 포수들은 대오를 이루고 천천히 눈밭을 걸어갔다. 다들 화승이 꺼지지 않게 계속 입으로 불었다. 청 기병들은 호기롭게 말을 달렸다. 반면 광교산 정상에 목책을 치고 버티는 조선군은 침묵에 빠졌다.

목을 길게 빼고 살펴보던 홍한수는 목책을 따라 하얀 연기가 피어오르는 것을 보고는 흠칫했다. 뒤늦게 총성이 들리자 포수들이 모두 걸음을 멈췄다. 목책 가까이 다가갔던 청 기병들이 절반 넘게 쓰러져 있는 게 보였다. 당황한 청 기병들이 말머리를 돌렸다. 도망치는 그들을 향해 두 번째 일제 사격이 있었고, 몇 명이 비명을 지르면서 말 위에서 굴러 떨어졌다. 조총 사정거리 바깥까지 밀려난 청 기병들의 얼굴에는 당혹함이 서렸다.

기병들이 물러나고 포수들이 전진했다. 처음에는 대오를 이뤘지만 탄환이 날아들자 자연스럽게 숨을 만한 곳을 찾아 흩어졌다. 홍한수도 전영갑과 함께 바위 뒤로 몸을 숨겼다. 신달리는 고래고래 고함을 지르면서 숨지 말라고 했다. 그 모습을 본 전영갑이 이죽거렸다.

"지는 안 죽을 줄 아나 봐?"

그 말이 끝나기가 무섭게 신달리가 오른쪽 팔꿈치를 잡고 낮게 비명을 질렀다. 그리고 주변을 두리번거리더니 쓰러진 나무 뒤로 몸을 숨겼다. 포수들 역시 전진을 하지 못하자 다시 기병들이 나섰다. 노련한 기병들은 일부러 조총 사정거리를 아슬아슬하게 왔다 갔다 하면서 사격을 유도했다. 그렇게 사격을 유도한 후에 화약이 떨어지면 공격할 속셈이었다. 하지만 광교산의 조선군은 유인 작전에 넘어가지 않았다.

상대방이 넘어가지 않자 초조해진 기병들은 함성을 지르면서 진격했다. 말발굽에 튄 눈과 흙이 허공을 갈랐다. 그 틈에 홍한수와 전영갑도 앞쪽으로 조금 전진했다. 이번에도 광교산의 조선군은 섣불리 사격하지 않고 기다렸다. 그리고 청 기병들이 목책에 거의 도달할 무렵 일제히 사격을 가했다. 하얀 연기와 함께 총성이 일자 비명 소리와 함께 기병들과 말이 마구잡이로 넘어지는 게 보였다. 기병 일부가 헤치고 나와 목책을 타 넘으려고 했지만 철편과 창을 들고 대기하고 있던 병사들의 공격을 견디지 못하고 쓰러졌다. 조선군의 반격에 청 기병들은 속수무책으로 밀려났다. 눈밭에 엎드려서 그 광경을 보던 전영갑이 홍한수에게 말했다.

"쌍령에서는 제대로 싸워보지도 못했다던데 여기에서는 잘 싸우네."

"장수가 제정신인가 봐."

"그러게. 이크!

머리 위로 탄환이 지나가는 소리가 들려오자 홍한수는 냉큼 엎드렸다. 그래도 싸우는 시늉이라도 해야 해서 조총을 들고 대충 겨냥한 다음 방아쇠를 당겼다.

전투는 해가 질 무렵까지 이어졌다. 청 기병들은 광교산을 빙빙 돌면서 약한 지점을 찾아서 돌격을 감행했다. 하지만 조선군은 최대한 가까이 끌어들인 다음에 조총으로 일제히 사격했다. 가까이서 일제히 날아든 탄환은 말과 사람을 닥치는 대로 쓰러뜨렸다. 달달 볶아대던 신달리가 팔꿈치 부상을 이유로 물러나자 좌령의 포수들은 한결 홀가분한 마음으로 싸움을 지켜봤다. 물론 청군이 지켜볼 때는 간간히 사격을 했다.

예친왕 도도가 흥분한 표정으로 양굴리와 말머리를 맞대고 이런저런 얘기를 나눴다. 잠시 후 양굴리가 말고삐를 당겨서 부하들이 있는 곳으로 갔다. 투구를 고쳐 쓴 양굴리가 부하들에게 뭐라고 지시를 내리고는 숲속으로 달려서 사라졌다. 악탁은 그 자리에서 부하들을 독려해서 공격에 나섰다. 그 모습을 지켜보던 홍한수에게 전영갑이 속삭였다.

"앞을 공격하는 척하면서 약한 곳을 칠 생각인가 봐."

"먹힐까?"

"안 먹히면 이번 싸움은 패하는 거지. 정말 지독하게 버티네."

청군 일부가 말에서 내려 걸어서 광교산으로 올라갔다. 산중턱부
터 위쪽으로는 죽은 말과 병사들의 시신이 그득했고, 흘러내린 피
가 눈을 온통 적셨다. 청군은 동료들의 시신을 밟고 산으로 올라갔
다. 조선군이 있던 목책에서 요란한 총소리와 함께 불꽃이 터졌다.
어깨를 나란히 하고 걷던 청군의 몸에서 픽 하는 소리와 함께 피가
튀었다. 하지만 다들 악에 받친 듯 묵묵히 걸어서 올라갔다. 중간 중
간 조선군이 쏜 화포가 터지면서 조각난 몸이 허공에 떴다가 눈보
라와 함께 떨어졌다. 다른 청군이 여기저기 흩어져 있던 포수들에
게도 진격하라고 고함을 쳤다. 분위기가 심상치 않자 다들 일어나
서 산으로 올라갔다.

그 사이, 앞서 진격한 청 병사들은 목책까지 도달해서 조선군과
치고받는 중이었다. 포수들이 사격을 하고 장전하기 위해 뒤로 물
러나자 그 틈을 타서 청 병사 하나가 목책을 넘어가려다가 철편에
머리를 맞고 비명과 함께 꼬꾸라지는 게 보였다. 그 사이 장전을 마
친 포수들이 앞으로 나섰다. 챙이 있는 전립을 쓴 포수들의 얼굴이
보일 정도로 가까운 곳까지 밀려간 홍한수는 그들 사이에서 누군가
를 발견하고는 믿기지 않는다는 표정을 지었다. 우두커니 서 있는
홍한수를 전영갑이 잡아끌었다.

"미쳤어? 뭐하는 거야!"

"득길이야!"

"뭐라고?"

홍한수는 울먹거리면서 전영갑에게 외쳤다.

"내 큰아들 득길이라고!"

"어, 어디?"

"저기, 저기야."

전영갑의 물음에 홍한수는 손을 들어서 목책 뒤의 조선군 포수들을 가리켰다. 오래전에 헤어졌지만 펑퍼짐한 콧잔등하며 부리부리한 눈이 영락없이 득길이었다. 훈련도감 포수여서 혹시나 전쟁터에서 마주치지 않을까 생각해보기는 했지만 광교산에서 만날 줄은 꿈에도 몰랐다. 홍한수가 계속 서 있자 전영갑이 벌떡 일어나서 끌어앉혔다.

"아들은 아들이고, 그러다가 총 맞아."

"놔! 아들한테 갈 거야!"

"지금 가면 개죽음이라고!"

둘이 옥신각신하는 사이 조선군 포수들이 일제히 사격을 했다. 눈밭 여기저기에 박힌 총탄이 요란한 소리를 남겼다. 두 사람은 나란히 엎드렸다. 목책에 달라붙어 있던 청 병사들이 비명을 지르면서 널브러졌다. 살아남은 병사들은 등을 보이고 허겁지겁 도망쳤다. 희뿌연 화약 연기 사이로 아들의 모습이 사라지는 것을 본 홍한수는 깊은 한숨을 쉬면서 중얼거렸다.

"그래, 살아 있는 걸 봤으니 됐다."

퇴각을 알리는 북소리가 들려오자 홍한수는 계속 누워 있던 전영갑을 잡아끌었다.

"어서 내려가자."

"혼자 내려가. 난 못 움직여."

다 죽어가는 전영갑의 목소리를 들은 홍한수는 가슴이 철렁 내려앉았다. 가슴팍에서 피를 철철 흘리던 전영갑의 입에서도 피가 터져 나왔다.

"아이고, 왜 이래?"

"총 맞은 게 뭐 내 탓인가? 재수가 없는 거지."

"여기서 죽으면 어떡해!"

홍한수가 회한에 가득 찬 눈으로 바라보자 전영갑이 희미하게 웃었다.

"조선 놈이 조선 땅에서 죽는 게 뭐가 이상한데? 어서 내려가."

"널 두고는 못 간다."

"아들 봤잖아. 지금 죽으면 억울하지 않아? 난 괜찮으니까 어서 내려가."

"영갑아!"

홍한수가 몸을 흔들자 전영갑은 눈을 감으면서 중얼거렸다.

"눈이 참 시원하네."

기세를 올린 조선군이 목책을 넘어올 기미를 보였다. 홍한수는 눈을 감은 전영갑을 두고 조총을 질질 끌면서 광교산을 내려왔다.

청군이 공격하는 동안 서쪽을 공격하던 양굴리가 조총에 맞아서 전사했다는 소식이 들려왔다. 패배한 청군은 참담한 표정으로 동료들의 시신을 수레에 싣고 광교산을 벗어났다. 멀어져 가는 등 뒤로 승리한 조선군의 함성 소리가 메아리쳤다. 친구를 잃고 아들을 먼발치에서 봤던 홍한수는 떨어지지 않는 발걸음을 옮겨야만 했다.

희망은 그렇게 사라지고

/

남한산성에 갇힌 인조와 측근들은 매일 바깥에서 희망적인 소식이 오기를 기다렸다. 하지만 해가 바뀌어도 좋은 소식은 들리지 않았다. 오히려 남한산성으로 접근하던 근왕군들이 패배했거나 혹은 진격하지 않고 멈췄다는 소식만 들려왔다. 아니, 시간이 흐를수록 그런 소식조차 들려오지 않았다. 청군이 남한산성 주변에 울타리를 치고 방울이 달린 새끼줄을 걸어서 외부와의 연락을 차단하려고 했기 때문이다.

공유덕과 경중명이 이끄는 부대와 후속부대가 화포, 특히 홍이포를 가지고 남한산성에 도착하면서 상황은 오히려 더 악화되었다. 1637년 1월 2일, 경상도 일대에서 소집된 속오군 병력들이 남한산성에서 약 40리 정도 떨어진 경기도 이천의 쌍령에 도착한다. 약 사만 명 규모의 병력은 길의 좌우에 있는 언덕에 진을 쳤다. 좌병사 허완이 오른쪽 언덕에, 우병사 민영이 왼쪽 언덕에 진을 친 것이다. 안동영장 선약해는 좌병사 허완에게 진영을 옮길 것을 건의한다. 진영이 설치된 위치가 굽이진 길이 있는 곳으로는 경사가 져 있지만 전체적으로 야트막한 산자락이라 위험하다고 본 것이다. 하지만 허완은 선약해의 건의를 받아들이지 않는다.

한편 패륵 악탁이 이끄는 청군의 정찰대는 이런 조선군의 움직임을 낱낱이 살펴봤다. 다음날인 1월 3일 아침, 수십 명의 청 기병들이 좌병사 허완의 진영과 연결된 산줄기에 모습을 드러낸다. 상대방이 소수인 것을 확인한 조선군은 포수들을 내보냈다. 포수들이 조총을 쏘자 청 기병들은 슬금슬금 뒤로 물러났다. 그러자 포수들은 기세를 올리면서 마구잡이로 사격을 감행했다. 이미 명과 싸우면서 조총을 경험한 청 기병은 조총의 사거리를 아슬아슬하게 넘나들면서 사격을 유도했다. 포수들은 일반적으로 십여 발 정도를 사격할 탄약과 화약을 소지하고 있었기 때문에 이것을 소모시키려고 한 것이다.

청군의 예상대로 조선군 포수들이 가지고 있던 화약과 탄환은 금방 떨어지고 말았다. 빈손이 된 포수들이 우왕좌왕하는 것을 본 청군은 그들이 진영으로 물러나는 것을 보고는 곧장 돌격을 시도했다. 안동영장 선약해가 활을 쏘면서 저항했지만 청군은 그대로 진영에 돌입했다. 끝까지 저항하던 선약해는 칼에 베여 죽었다. 후속한 청 기병들까지 진영에 돌입하면서 아수라장이 펼쳐졌다. 조선군은 청 기병들의 공격을 피하기 위해 의식적으로 높은 언덕에 진을 쳤는데 좁은 곳에 많은 병력들이 밀집되면서 우왕좌왕하다가 공격에 제대로 대응하지 못했다. 상황을 파악하지 못한 조선군 병사들은 청 기병들을 피해 우르르 몰려가서 도망치다가 압사당하거나 절벽에서 떨어져 죽고 말았다. 좌병사 허완 역시 말을 타다가 넘어지면서 목숨을 잃었다.

조선군이 뿔뿔이 흩어지자 청 기병들은 손쉽게 도망치는 자들을 베었다. 그렇게 조선군을 가볍게 격파한 청군은 길 건너편에 있는 우병사 민영의 진영을 공격한다. 민영 휘하의 조선군은 그나마 준

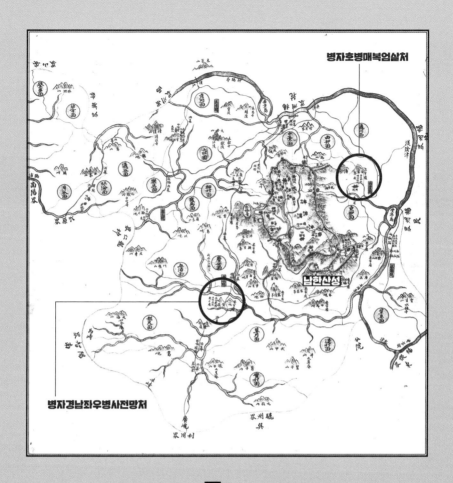

〈광주전도廣州全圖〉. 남한산성이 과장되게 그려진 까닭은 당시 읍치가 성내에 있었기 때문이다. 지도에서는 병자호란 당시 전적지를 상세하게 기록하고 있다. 예를 들어 경안역 남쪽에 있는 대쌍령에는 '병자경남좌우병사전망처丙子慶南左右兵士戰亡處', 즉 병자호란 당시 경남 좌우병사가 전사한 곳임을 표기했으며, 산성 주변에는 '병자호병매복엄살처丙子胡兵埋伏掩殺處', 청군이 매복 진지를 만들어 산성을 포위한 곳임을 기록하고 있다. 1872년 제작

비할 시간은 있었기 때문에 포수들이 목책이나 지형에 의지해 청군에게 조총을 쏘면서 제대로 전투를 벌일 수 있었다. 그리고 잠시나마 조선군이 맞서 싸우면서 희망이 생겼다.

하지만 민영의 조선군 역시 사격통제가 제대로 이뤄지지 않으면서 금방 탄환과 화약이 소모되고 만다. 화약이 떨어진 포수들이 분배하는 곳에 몰려가서 서둘러 화약을 달라고 재촉하는 와중에 폭발사고가 일어나고 말았다. 포수들이 들고 있던 조총에서 튄 불 붙은 화승이 화약에 떨어진 것으로 보인다. 엄청난 폭발이 일어나 사방으로 불꽃이 튀면서 충격을 받은 조선군이 허둥거리는 사이 청군이 돌입했다. 우병사 민영의 진영 역시 산등성이의 좁은 지역에 병사들을 밀집되어 있던 형태였기 때문에 제대로 된 대응은 불가능했다. 간신히 목책을 넘어서 도망친 조선군은 남쪽으로 도망치면서 뿔뿔이 흩어졌다.

이곳에서 죽은 조선군의 시신을 전투가 벌어진 지 석 달이 지난 후에도 미처 다 수습하지 못할 정도였으니 얼마나 많은 전사자가 발생했을지 짐작이 가고도 남는다. 남겨진 기록들을 보면 도망치다가 죽은 조선군의 시신이 산처럼 쌓였고, 절벽에 떨어진 시신들이 쌓이면서 나중에는 아예 평지처럼 되어버려 마지막에 도망친 병사들은 살아남았다고 나온다. 제대로 훈련받지 못한 군대가 공포에 휩싸이면서 도망치다가 압사와 추락사를 하면서 엄청난 인명피해를 입은 것이다.

지휘관들 역시 좌병사 허완과 우병사 민영, 충청병사 이의배, 안동영장 선약해, 창원부사 백선남 등 다수가 전사했다. 좌병사 허완의 진영에 최초로 돌입한 청군은 수십에 불과했고, 패륵 악탁이 병자호란 당시 이끌었던 병력의 규모는 삼천 정도였다. 따라서 청군은 조선군을 전멸시킨다는 목적보다는 시간을 끌거나 기습을 통해 상대방의 전력을 파악해볼 생각이었던 것으로 보인다. 하지만 조선군이 예상 밖으로 자멸하면서 쌍령에서의 전투는 일방적인 학살로 끝나고 말았다.

아쉬움을 남긴 작은 승리, 광교산 전투

/

전라도 지역에서 소집된 속오군들 역시 전라감사 이시방과 전라병사 김준룡의 자휘를 받아 북상 중이었다. 애초에는 경상도 지역에서 북상하는 병력들과 합류하려고 했지만 쌍령에서 패배하면서 계획은 실현되지 못했다. 1월 5일, 김준룡이 이끄는 조선군은 용인과 수원의 경계에 있는 광교산에 도착해서 진을 친다. 이들은 해가 떨어지자 불을 피우고 포를 쐈고, 남한산성에서도 불을 올리고 포를 쏘면서 호응했다.

남한산성에 있던 이들은 잠시나마 포위망이 풀릴 것이라는 희망에 부풀었다. 하지만 예친왕 도도와 양굴리가 이끄는 청군이 이들과 맞서 싸우기 위해 빠른 속도로 남하하는 중이었다. 1월 7일 광교산에 도착한 청군이 산 아래 있던 보급부대를 덮친다. 청군이 워낙 빨랐고, 눈보라가 쳤던 탓에 보급부대는 미처 알아차리지 못했다. 기습을 당한 보급부대는 우왕좌왕하다가 학살당하고 말았지만 그 사이 광교산에 있던 조선군은 반격을 준비할 소중한 시간을 번다.

기세를 올린 청군은 광교산에 있는 조선군을 공격했다. 하지만 김준룡은 당황하지 않고 청군이 가까이 다가올 때까지 기다렸다가 발포를 명령한다. 조총의 약점인 짧은 사거리를 감안한 이런 방식은 철저한 사격통제가 전제되어야만 한다. 조선군이 쌍령에서의 전투에서 패배한 까닭은 사격 통제가 이뤄지지 않으면서 이른 시기에 화약과 탄환이 떨어졌기 때문이다. 하지만 광교산의 조선군은 사격 통제가 원활하게 이뤄졌고, 그것이 버틸 수 있는 원동력이 되었다. 청군은 거듭 공격에 나섰지만 조선군이 최대한 가깝게 끌어들인 다음 일제 사격을 퍼부어대는 방식으로 저항하자 견디지 못하고 물러났다. 약이 오른 청군은 산 주위를 빙빙 돌면서 약점을 찾아봤지만 돌파구를 찾지는 못했다. 간혹 목책으로 구성된 방어선에 도달하더라도 포수 뒤에 대기하고 있던 살수들이 창과 철편으로 막아서면서 물러나야만 했다.

그렇게 하루 종일 대치가 이뤄지고 해가 떨어질 무렵, 갑자기 북서쪽 산기슭이 소란스러워졌다. 다른 곳의 청군이 시선을 끄는 사이 험준한 북서쪽 산기슭으로 기습을 가한 것이다. 잘 버티던 조선군이 무너질 기미를 보이자 김준룡은 즉시 예비대를 투입했다. 접전이 벌어지긴 했지만 조선군은 무너지지 않았다. 오히려 그 와중에 선봉에 서서 싸우던 청군 장수 양굴리가 전사하고 만다.

누르하치의 사위인 양굴리는 십대 중반부터 전쟁터를 누빈 백전노장으로 명성을 떨쳤다. 그런 양굴리의 죽음은 청군 진영에 엄청난 충격을 주었다. 결국 해가 떨어지자 청군의 공세는 멈추고 말았다. 하지만 승리한 조선군의 사정도 별로 좋지 않았다. 보급부대가 전멸당하면서 화약과 탄환이 떨어진 것이 결정적이었다. 조선군은 결국 밤을 틈타 수원으로 퇴각하기로 결정한다.

목책에 횃불을 걸어서 퇴각을 감추고 야간 행군을 통해 이동했지만 정작 수원에 도착한 병력은 얼마 되지 않았다. 상당수가 어두운 틈을 이용해 도망을 쳤기 때문이다. 정작 승리를 했지만 병사들은 그렇게 받아들이지 않았다. 따라서 광교산 전투는 청군을 물리치고도 더 이상의 전과를 거두지 못한 아쉬운 승리로 남게 되었다. 반면 청 측의 기록을 보면 광교산 전투에 대해서 애매하게 서술했다. 산 아래의 조선군을 짓밟고 산 정상을 공격하다가 양굴리가 동굴에 숨은 패잔병의 조총에 맞아서 전사했다는 정도뿐이다.

양굴리가 전사했다는 소식을 들은 홍타이지는 크게 슬퍼했다. 조선군이 버리고 간 말을 노획했다고 나오지만 조선군을 격파했다는 기록은 없는 것으로 봐서는 청 측에서도 패배를 숨긴 것으로 보인다. 청 입장에서는 조선군이 북상하는 것을 막았으니 전략적으로는 승리했다고도 볼 수 있다.

이렇게 근왕군이 패배하거나 혹은 승리했어도 물자 부족으로 물러나는 사이 남한산성의 상황은 나날이 악화되었다.

비굴한 항복이냐 어리석은 죽음이냐

/

새해가 되자 남한산성에서는 새해 인사를 핑계로 청 진영에 사람을 보내 형세를 살펴보게 했다. 하지만 술과 고기를 가지고 내려간 비국낭청 위산보는 홍타이지가 직접 온다는 충격적인 소식을 듣는다. 인조와 조정 대신들은 설마 하는 심정이었지만 홍타이지는 그날 조선군이 농성하는 남한산성을 둘러보고 북상하는 근왕군을 막기 위해 병력들을 파견하라고 지시했다. 홍타이지의 등장은 이번 전쟁이 정묘호란 때처럼 화친으로 끝나지 않을 것임을 암시했다. 홍타이지는 인조에게 아녀자처럼 숨어 있지 말고 나와서 항복하라는 내용의 문서를 보냈다. 인조는 구구절절 변명하는 내용의 답변을 했지만 홍타이지가 원하는 바는 그런 것이 아니었다.

1637년 1월 10일, 홍타이지가 인조의 답장보다 더 기다리던 것이 도착했다. 바로 홍이포를 비롯한 공성용 화포들이었다. 기다리던 근왕군의 승전보 대신 홍타이지의 등장과 청군의 증강은 남한산성의 분위기를 더욱 무겁게 만들었다. 식량이 떨어져 가고 추위가 심해지면서 성벽을 지키다가 얼어 죽는 병사가 나오기도 했다.

점점 항복을 해야 한다는 분위기가 높아졌지만 누구도 쉽사리 말을 꺼내지 못하는 가운데 국서를 보내는 문제를 놓고 최명길과 다른 신하들 간의 신경전이 벌어진다. 그 사이 홍타이지는 강화도와 가도를 공격하기 위해 배를 모으고 만들라는 지시를 내린다. 남한산성에 갇힌 인조와 조정 대신들이 국서에 넣을 문구를 가지고 갑론을박을 하는 사이 홍타이지는 조선의 목줄을 더더욱 세게 움켜쥘 준비를 한 것이다. 그리고 인조가 보낸 굴욕적인 내용의 답서에 항복하라는 답을 다시 보내고는 남한산성을 향해 홍이포를 쏘아댔다. 거위알만한 포탄은 남한산성 안까지 날아들었고, 간혹 맞아 죽는 사람까지 나오면서 성 내 사람들이 다들 공포에 떨었다. 남한산성의 높은 성벽은 포탄 앞에서 소용이 없었다.

한 차례 공격을 퍼부은 홍타이지는 임금이 남한산성을 나와서 항복하고 척화를 주장한 대신들을 넘기라고 요구한다. 인조는 자신이 나가면 붙잡아 청으로 끌고 갈 것이 뻔한데 왜 이 지경에 이르도록 듣고만 있었느냐고 화를 낸다. 하지만 상황이 계속 불리하게 돌아가면서 공손한 내용의 국서를 다시 써야만 했다. 1월 중순이 넘어가도록 구원군이 온다는 소식이 없자 이제 항복은 불가피해졌다. 다만 인조가 직접 성 밖으로 나가서 항복하느냐 아니냐 같은 절차적인 문제만 남았다. 1월 22일에는 봉림대군과 왕족들이 피난을 떠났던 강화도가 함락되었다는 충격적인 소식이 전해졌다.

수많은 오판과 희생 끝에 명에서 청으로
/
홍타이지는 원정을 준비하면서 이미 가도와 강화도를 공략할 준비를 한다. 예전에 수군이 없었을 때에는 손가락만 빨고 있었어야 했지만 지금은 상황이 달랐다. 공유덕과 경중명이 망명해오면서 수군과 화포 모두 충분히 확보된 상태였다. 거기다 정묘호란 때처럼 인조가 강화도로 들어가서 장기간 버틴다면 단기 결전을 원한 홍타이지의 계획이 어긋날 수 있었다. 비록 인조와 세자가 남한산성에 있었지만 강화도는 여전히 공략해야 할 가치가 있었다.

1월 22일 새벽, 예친왕 도르곤이 이끄는 청군이 선박과 뗏목을 타고 기습적으로 강화도를 공격한다. 상륙 지점은 갑곶진으로 이곳에는 충청수사 강진흔이 이끄는 전선 일곱 척이 지키고 있었다. 청군의 기습에 충청 수군은 세 척을 격침시키며 분투했지만 수적 열세를 이기지 못하고 퇴각하고 만다. 남쪽의 광성진에는 강화 수군 소속의 전선 33척이 있었지만 청군의 배후를 공격하는 척하다가 뱃머리를 돌려서 충청도로 도망치고 만다. 당시 강화도를 지키는 책임은 강도검찰사 김경징으로, 공신이자 인조의 측근인 김류의 아들이다. 그는 청군의 움직임이 심상치 않음에도 불구하고 제대로 대비를 하지 않았다. 강화유수이자 주사대장을 겸하고 있던 장신 역시 임무에 소홀하기는 마찬가지였다.

충청 수군을 물리치고 갑곶진에 상륙한 청군은 강화부중군 황선신이 이끄는 조선군의 저항에 부딪혔다. 하지만 황선신이 지휘하는 조선군은 백여 명에 불과했고, 김경징이 도주한 상태였기 때문에 큰 어려움은 없었다. 전투는 황선신이 전사하고 조선군이 흩어지는 것으로 끝났다. 날이 밝아 상륙한 청군이 강화성을 포위하자 봉림대군이 지휘하는 조선군이 저항에 나섰지만 중과부적이었다. 결국 봉림대군이 항복을 하면서 강화도는 청의 손에 넘어갔다.

비극은 다양한 형태로 나타났다. 김상용은 남문에서 화약으로 자폭해 스스로 목숨을 끊었고, 양반들의 처와 딸들은 목을 매거나 은장도로 목을 찔러 자결했다. 소현세자의 어린 아들만 겨우 강화도를 탈출하는 데 성공했다. 강화도가 함락되었다는 소식이 처음 전해졌을 때 인조를 비롯한 조정대신들은 다들 믿지 않았다. 하지만 청이 항복한 봉림대군의 서명이 적힌 문서를 보여주자 비로소 현실을 직시하기 시작했다. 강화도에는 봉림대군을 비롯해서 조정 대신들의 식구들이 피난을 가 있었기 때문에 그들이 받은 심리적인 타격은 이루 말할 수 없었다.

이 즈음이 되자 추위와 청의 공격에 지친 병사들이 척화를 주장한 대신들을 내보내자고 주장하면서 불온한 움직임을 보였다. 홍이포의 포격으로 성첩이 거의 다 부서지고 허물어진 데다가 식량도 떨어지고 추위에 시달렸기 때문에 항복하지 않고 질질 끄는 분위기를 더 참지 못한 것이다. 당시 실록에서는 싸우기 싫었던 무관들이 은밀히 부추겼다고 나오지만 사실 그럴 필요도 없었다.

급기야 1월 26일에는 병사들이 인조가 머무는 행궁 앞으로 몰려와서 척화를 주장한 대신들을 내보낼 것을 주장하면서 목소리를 높였다. 김류가 나서서 상을 줄 것이니 진정하라고 하자 그들은 상을 바라고 이러는 것이 아니라고 대꾸했다. 그 광경을 본 승지가 칼을 빼어들고 나서자 물러서기는커녕 적을 베는 데는 용감하지 못하고 오히려 이럴 때 나선다고 비웃으면서 오랑캐와 싸우는 선봉장으로 삼을 테니 속히 나오라고 조롱했다. 결국 인조가 다른 승지를 시켜

파손된 삼전도비와 이를 다시 세운 삼전도
비. 비가 만들어질 당시 이름은 대청황제공
덕비大淸皇帝功德碑로, 홍타이지의 명을 받아
조선에서 세웠다. 삼전도비는 기억해야 하는
역사와 지우고 싶은 역사 사이에서 오랫동안
표류했다. 고종은 영은문과 함께 삼전도비
를 무너뜨렸으나 일제강점기 조선총독부가
복구시켰다. 광복 이후 다시 땅에 묻힌 삼전
도비는 여러 차례 이전을 거듭하다 2010년
4월 25일 비석이 본래 있던 위치에서 30미
터 떨어진 오늘날 석촌호수 자리로 옮겨진
다. 사적 제101호

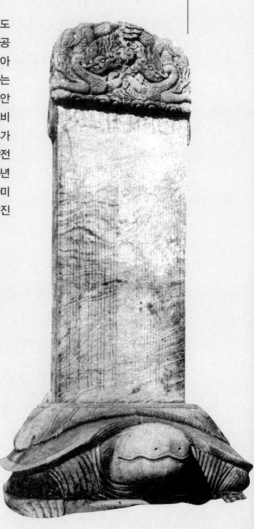

서 타이른 다음에야 소동이 진정되었다.

강화도가 함락되면서 봉림대군이 인질로 잡히고, 근왕군은 움직일 기미가 없는 데다 남한산성을 지키는 병사들까지 불온한 움직임을 보이자 인조는 홍타이지에게 무릎을 꿇기로 결심한다. 1월 30일, 남한산성을 나선 인조는 삼전도에서 기다리고 있던 홍타이지 앞에 무릎을 꿇고 머리를 바닥에 조아렸다. 삼배구고두례라고 부르는 이 의식을 통해 조선은 명과 결별하고 새로이 청을 섬겨야 했다.

인조는 항복 의식이 끝나고 인질로 끌려갈 소현세자와 헤어져서 창경궁의 양화당으로 돌아갔다. 한양의 건물들은 거의 잿더미가 되었고, 길에는 시신들이 이리저리 흩어져 있었다.

그 날 이후, 그들은 각자에게 주어진 운명의 길을 걷는다.

반복된 역사, 다시 찾아온 비극

/

삼전도에서 홍타이지에게 항복한 인조는 완벽한 친청파로 변신한다. 그리고 어리석고 완고한 선비들이 나라를 망쳤다고 큰소리를 쳤다. 하지만 나라를 고통으로 빠트린 이들은 다름 아닌 임금과 정책을 결정한 대신들이었다. 그럼에도 나라가 비극을 맞은 데 대해 책임지고자 하는 사람은 아무도 없었다.

정방산성에 있다가 토산에서 크게 패배하고 미원에서 전쟁이 끝날 때까지 꼼짝하지 않은 김자점은 강화도에 유배되었다가 일 년 만에 조정에 복귀했다. 그리고 인조의 뜻에 따라 소현세자의 부인 강빈을 처형하는 문제에 앞장서면서 신임을 얻어 영의정 자리에까지 오른다. 그는 인조 사후 효종이 즉위하면서 입지가 좁아지자 조선이 아직도 명의 연호를 쓰고 있고 북벌을 준비한다는 점을 청에 밀고한다. 하지만 청은 별다른 반응을 보이지 않았고, 오히려 아들의 역모에 휩쓸려 처형당한다.

인조의 측근이자 병자호란 당시 도체찰사였던 김류는 패전의 책임을 지고 사임했다가 복귀했다. 영의정까지 지낸 그는 김자점과는 달리 처신을 잘해서 효종 즉위 이후에도 살아남는다. 강화도 함락의 가장 큰 책임자인 그의 아들 김경징은 강계로 유배를 떠났다가 사약을 받는다. 같이 도망친 장신 역시 사약을 받는 데 그쳤다.

반면 충청 수군을 이끌고 용감하게 싸웠던 강진흔은 패전의 누명을 쓰고 목이 베이는 처벌을 받는다. 광교산에서 용감하게 싸워서 누르하치의 사위인 양굴리를 사살한 전라병사 김준룡은 전쟁이 끝나고 임금을 구원하지 못했다는 죄목으로 유배를 가게 된다. 하지만 병자호란 기간 동안 조선이 거둔 몇 안 되는 승리의 주인공이었기 때문에 곧 풀려나 경상도 병마절도사 등을 역임한다.

온갖 비난을 무릅쓰고 화친을 주장했던 최명길은 명과 은밀히 연락을 주고받았다는 혐의로 심양으로 끌려간다. 감옥에 갇힌 최명길은 그곳에서 김상헌과 마주치게 된다. 몇 년 후, 감옥에서 풀려나 조선으로 돌아온 최명길은 2년 후인 1647년 세상을 떠난다. 최명길이 쓴 항복문서를 찢어버리면서 극렬하게 척화를 주장했던 김상헌은 병자호란이 끝나자 관직을 버리고 낙향했다가 몇 년 후에 심양으로 끌려간다. 그곳에서도 절개를 굽히지 않았던 그는 명이 멸망한 다음 소현세자와 함께 조선으로 돌아온다.

인조와 함께 삼전도로 갔다가 인질이 되어서 심양으로 끌려간 소현세자는 명이 멸망한 후에 귀국을 허락받는다. 하지만 아버지와 갈등이 벌어지면서 얼마 가지 못해 의문의 죽음을 맞이한다. 인조는 소현세자의 부인 강빈이 자신을 독살하려 했다고 거짓 주장을 하면서 처벌했고, 손자들을 유배보냈다. 그리고 인조가 소현세자에 이어 세자로 삼은 봉림대군(훗날 효종)은 즉위한 다음 북벌을 주장하면서 친청파인 김자점 등을 제거한다.

가상의 인물인 홍한수나 그를 만드는 데 바탕이 된 김영철 같은 민초들이 겪은 고통과 고난은 말이나 글로 표현하기가 어려울 정도다. 이들의 고통은 오랫동안 끈질기게 이어졌다. 개성 근처에서 살다가 병자호란이 터지자 강화도로 피난을 갔던 열세 살 안추원은 포로로 잡혀서 심양으로 끌려가 노예가 된다. 그리고 청이 명의 도읍인 북경을 함락시키자 주인과 함께 그곳으로 옮겨간다. 이후 1664년, 주인집을 도망쳐 나와서 조선으로 향한다. 북경부터 만주를 거쳐 조선으로 향하는 머나먼 길을 걸어온 그는 28년 만에 조국으로 돌아온다. 조정에서는 그를 고향인 개경으로 보내지만 이미 오래전에 부모가 죽고 일가친척들이 흩어진 탓에 먹고살기가 힘들어졌다. 결국 그는 다시 북경으로 돌아가기 위해 압록강을 건너다가 적발되고 만다.

안단의 사정 역시 비슷했다. 안추원과 같이 병자호란 때 포로로 끌려간 그는 심양을 거쳐 북경에서 지냈다. 그러다가 주인이 집을 오래 비운 틈을 타서 도망을 친다. 봉황성을 거쳐서 압록강까지 오기까지 그가 겪은 고초는 이루 말할 수 없었다. 하지만 의주부윤은 37년 만에 조국으로 돌아온 안단을 묶어서 청으로 돌려보낸다. 안추원의 사례처럼 나중에 문제가 생길 것을 우려한 것이다. 결박된 채 청으로 끌려가던 그는 조국이 자신을 죽을 곳으로 몰아넣는다고 울부짖었다.

환향녀라고 불리면서 평생을 손가락질 받은 여인들의 사연은 아예 기록조차 남지 않았다. 다만 절개를 잃었으면서도 죽지 않고 부끄럽게도 살아 돌아왔다는 사관의 거친 붓놀림 속에 가느다랗게 흔적만 남길 뿐이다.

반복된 비극, 반복되지 않을 수 있었던 비극
/

1598년과 1636년, 각각 정유재란이 끝나고 병자호란이 시작된 해다. 38년 만에 비극이 반복된 것이다. 병자호란은 두 달여만에 끝났지만 그 피해는 7년간의 전쟁이었던 임진왜란 못지않았다. 거기다 오랑캐라고 부른 여진족에게 임금이 무릎을 꿇고 세자가 인질로 잡혀갔다. 수십만의 백성들이 심양으로 끌려가서 상당수는 돌아오지 못했다.

조선은 왜 임진왜란을 겪고도 병자호란을 피하지 못했을까? 바로 임진왜란을 겪었기 때문이다. 7년간의 참혹한 전쟁을 겪고 몸과 마음이 모두 피폐해진 탓에 현실을 고집스럽게 부정한 것이다. 그 완고함은 패배나 다름없는 승리의 후유증이었다.

사실 조선은 명과의 사대관계를 맺으면서 대규모 전쟁이 발발할 가능성을 배제했다. 기껏해야 여진족이나 왜구만 상대하면 되었기 때문에 상대적으로 적은 국방력을 유지해도 괜찮았다. 하지만 평화가 지속되면서 강대국이 아닌 이상 주변의 정세를 계속 파악해야 한다는 사실을 간과했다. 명이 멸망하고 청이 그 자리를 대신하는 과정은 오늘날 미국이 패권국의 위치에서 내려오고 중국이 그 자리를 대신 차지한다는 가정에 비교할 수 있다.

만약 그런 일이 당장 벌어진다면 우리는 1637년의 인조와 조정 대신들처럼 우왕좌왕하지 않고 담대하면서 침착하게 결정을 내릴 수 있을까? 아마 그렇지는 않을 것이다. 기억과 경험의 관성은 새로운 시도보다 훨씬 강력하다. 그렇다고 우리가 그런 주변 정세의 변화를 외면할 수는 없다. 예나 지금이나 우리가 살고 있는 지역은 패권과 패권이 충돌하는 곳이기 때문이다. 지금도 중국과 미국이 첨예한 갈등을 벌일 때마다 그 사이에 끼인 우리나라는 선택을 강요당하곤 한다. 역사는 반복된다. 그리고 반복된 역사는 비극으로 다가올 수 있다. 난과 난 사이 흘려보낸 38년과 명과 청 사이에 낀 조선을 역사로만 박제할 수 없는 까닭이다.

비극이 희극이 되지 않기 위해서는
어떤 선택을 해야 할까?

찰리 채플린은 삶이란 가까이서 보면 비극이지만 멀리서 보면 희극이라고 했다. 우리는 이 말을 어떤 사실로부터 거리를 둘수록 날 것 그대로의 모습들이 희미해지면서 바라보기 편해진다는 의미로 받아들인다. 그러나 임진왜란이 끝나고 병자호란이 일어나기 전까지 조선에게 주어진 38년이라는 시간은 후세의 입장에서 간격을 두고 바라봐도 희극이 되지 않는다. 38년은 어디서부터 잘못되었는지 원인을 하나로 모으기 어려울 정도의 비극적인 시간이었다.

조선은 중요한 시기를 흘려보낸 채 삼전도의 비극이라는 최악의 결과를 받아들이고 나서야 새로운 질서가 도래했다는 현실을 바라볼 수 있었다. 광해군이나 인조가 좀 더 현명했더라면, 최명길과 같은 현실주의자들의 목소리가 조금 더 컸더라면, 이괄과 같은 유능한 무인들이 살아남아 후금군과 제대로 싸웠다면. 역사에 만약은 없다지만 38년 동안 조선이 놓친 무수한 기회들을 살피며 이런저런 가정을 통해 상상해 봐도 정묘호란과 병자호란의 비극은 쉽사리 지워지지 않는다.

이 시기를 살펴본 사람들은 임금의 무능과 대신들의 탐욕, 선비들의 완고함에 혀를 차곤 한다. 하지만 그때 조선의 선택과 역사를 그렇게 멀리서 보는 희극처럼 정리하기에는 지금 우리의 현실이 그때와 너무도 가깝고 비슷하다. 임진왜란 이후 38년을 보내고 병자호란을 맞은 조선인들과 다르려면 우리는 어떤 길을 걷고, 어떤 선택을 해야 할까?

그 해답을 찾아보기 위해 조선이 흘린 38년의 시간을 돌이켜봤다. 그리고 준비하지 못하고 대비하지 않았으며, 책임지지 않은 일들이 겹쳐지면 우리에게 어떤 비극이 찾아올지 상상해봤다. 위정자들의 오판으로 국가가 위기에 처했을 때 그 책임은 언제나 평범한 사람들이 오롯이 감당해야 했다.

"그는 무인 집안 출신으로 강홍립을 따라 출정했다가 포로로 잡혀서 죽을 위기에 처한다. 하지만 우연하게 적군의 눈에 들면서 죽음을 면한다. 이후 탈출해 고향으로 돌아오는 데 성공하지만 고향에서의 삶도 녹록치 않았다. 결국 군역을 짊어진 그는 노구를 이끌고 뒤늦게 낳은 아들들과 찬바람을 맞으며 성벽을 지키다 숨을 거둔다."

홍한수의 모델이 된 《김영철전》의 주인공인 김영철의 이야기다. 김영철은 가상의 인물이지만, 김영철의 사연은 당시 조선인들에게 여상했다. 이들 수많은 김영철들과 홍한수들은 가족의 얼굴을 보고 싶다는 소소한 희망을 가졌던 죄 아닌 죄로 수십 년 간 고초를 겪다가 잠시간의 안식도 없이 다시 거대한 역사의 흐름에 휘말려 평생을 휘둘렸다. 그렇게 행복해지는 것이 법도에 어긋나는 시절을 견디면서 아픔을 습관처럼 겪었다. 그리고 김영철의 비극적인 삶은 병자호란 때 민초들에서 끝나지 않고 한국전쟁 이후 지금까지 반복되고 있다.

마르크스는 헤겔의 입을 빌려 역사가 한 번은 비극으로, 한 번은 희극으로 두 번 반복된다고 했다. 우리가 지루하고 따분한 역사를 배우는 까닭은 지나온 아픈 과거가 비극으로 되풀이되지 않도록, 그리고 희극으로 소비되지 않도록 조금 더 준비하기 위해서다. 우리는 과연 홍한수와 김영철들의 삶을 반복하지 않을 준비가 되어 있을까?

참고문헌

논문

계승범, 〈계해정변(인조반정)의 명분과 그 인식의 변화〉, 《남명학 연구》 26권, 2008

계승범, 〈광해군의 대외정책과 그 논쟁의 성격〉, 《한국 불교사 연구》 4호, 2014

고윤수, 〈광해군대 조선의 요동정책과 조선군 포로〉, 《동방학지》 123호, 2004

구범진, 이재경, 〈병자호란 당시 청군의 구성과 규모〉, 《한국문화》 72호, 2015

권내현, 〈정묘호란 의병장 정봉수의 활약과 조선왕조의 인식〉, 《한국사학보》 42호, 2011

권혁래 외, 〈심하전투 서사의 문학지리학적 고찰: 문학지도와 경관, 서사 중심으로〉, 《우리어문연구》, 2015

김만호, 〈임진왜란기 민인의 반왕조 활동〉, 전남대학교 박사학위 논문, 2015

김만호, 〈임진왜란기 왜군의 함경도 점령과 지역민의 동향〉, 《역사학연구》 38호, 2010

김용흠, 〈인조대 원종 추숭 논쟁과 왕권론〉, 《학림》 27권, 2006

김윤순, 〈누르하치의 扈倫4部 통합과 후금의 건국〉, 《강원사학》 26권, 2014

김일환, 〈서북 무인이 기억하는 병자호란과 심양 체험 —용만충의팔장사전을 중심으로〉, 《한국문학연구》 29호, 2005

김현미, 〈18세기 연행록 속의 병자호란: 고난을 기억하는 방법〉, 《국어국문학 141권》 140호, 2005

남의현, 〈明末 遼東政局과 朝鮮 —명 후기 변경의 위기와 질서변화를 중심으로〉, 《인문과학연구》 26호, 2010

노영구, 〈인조 초~丙子胡亂 시기 조선의 전술 전개〉, 《한국사 학보》 41호, 2010

민덕기, 〈임진왜란 초기의 전개상황과 그 배경〉, 《전북사학》 39호, 2011

박재광, 〈임진왜란기 왜군의 점령정책과 영향〉, 《군사》, 2001

박정민, 〈누르하치의 두만강 유역 진출과 조선의 藩胡 상실〉, 《인문과학연구》 43호, 2014

방기철, 〈임진왜란기 조선 관료가 바라본 왜군 : 평창군수 권두문을 중심으로〉, 《군사》, 2006

서동윤, 〈1637년 가도정벌을 둘러싼 기억의 전승과 조선중화주의〉, 명지대학교 박사학위 논문, 2014

우경섭, 〈17세기 전반 滿洲로 歸附한 조선인들 —"八旗滿洲氏族通譜"를 중심으로〉, 《조선시대사학보》 48호, 2009

유승주, 〈인조의 정묘호란 대책고〉, 《한국인물사연구》 3호, 2005

이민희, 〈기억과 망각의 서사로서의 만주 배경 17세기 전쟁 소재 역사소설 읽기: "최척전崔陟傳", "강로전姜虜傳", "김영철전金英哲傳"을 중심으로〉, 《만주연구》 11호, 2011

장세호, 〈원종의 추숭문제〉, 《한국사상과 문화》 50호, 2009

장정수, 〈선조대 對女眞 방어전략의 변화 과정과 의미〉, 《조선시대사학보》 67호, 2013

정원열, 김정근, 〈군사대비태세 차원에서 본 병자호란의 참패원인〉, 육군본부, 2014

지두환, 〈한국사학: 인조대 후반 친청파와 반청파의 대립 —심기원 , 임경업 옥사를 중심으로〉, 《한국사상과 문화》 9권, 2000

허태구, 〈인조대 대후금(대청) 방어책의 추진과 한계〉, 《조선시대사 학보》 61권, 2012

허태구, 〈최명길의 주화론과 대명의리〉, 《한국사연구》 162호, 2013

도서

《고대일록》, 정경운 저, 문인채 문희구 역, 서해문집, 2016

《광해군: 그 위험한 거울》, 오항녕, 너머북스, 2012

《병자년 남한산성 항전일기: 왕은 숨고 백성은 피 흘리다》, 나만갑 저, 서동인 역, 주류성, 2017

《역사평설 병자호란》 1~2, 한명기, 푸른역사, 2013

《역주 만문노당》 1~4, 고려대학교 민족문화연구원 만문노당 역주회, 소명출판, 2017

《책중일록: 1619년 심하 전쟁과 포로수용소 일기》, 이민환 저, 중세사료 강독회 역, 서해문집, 2014

기타

조선왕조실록 사이트 http://sillok.history.go.kr

고전번역원 사이트 http://www.itkc.or.kr

왜란과 호란 사이
38년
한국사에서 비극이 반복되는 이유

1판 1쇄 발행 2019년 11월 27일
1판 2쇄 발행 2020년 8월 6일

지은이 정명섭
펴낸이 고병욱

책임편집 허태영 **기획편집** 김경수
마케팅 이일권 김윤성 김재욱 이애주 오정민 **디자인** 공희 진미나 백은주
외서기획 이슬 **제작** 김기창 **관리** 주동은 조재언 **총무** 문준기 노재경 송민진

펴낸곳 청림출판㈜
등록 제1989-000026호

본사 06048 서울시 강남구 도산대로 38길 11 청림출판㈜
제2사옥 10881 경기도 파주시 회동길 173 청림아트스페이스
전화 02-546-4341 **팩스** 02-546-8053

홈페이지 www.chungrim.com
이메일 cr2@chungrim.com
페이스북 https://www.facebook.com/chusubat

ⓒ 정명섭, 2019

ISBN 979-11-5540-157-6 03910